Gerti Senger

Der neue Erotik-Knigge

Gerti Senger

Der neue Erotik-Knigge

*von A wie Abenteuer
bis Z wie Zärtlichkeit*

Herbig

1. Auflage März 1999
2. Auflage Juni 2001 – Sonderproduktion

© 1999 by F. A. Herbig Verlagsbuchhandlung GmbH,
München
Alle Rechte vorbehalten
Umschlaggestaltung: Wolfgang Heinzel
unter Verwendung eines Fotos von Gerti Senger
Foto Gerti Senger © ORF 1998
Layout und Satz: VerlagsService Dr. Helmut Neuberger
& Karl Schaumann GmbH, Heimstetten
Gesetzt aus der 10,2/12,8 Punkt Times Ten Roman
in QuarkXPress auf Macintosh
Druck: Jos. C. Huber KG, Dießen
Binden: Frauenberger, Neudörfl
Printed in Germany
ISBN 3-7766-2098-6

Inhalt

Abenteuer

Warum bei flüchtigen Abenteuern der Sex oft intensiver ist ...

Wenn ich einen Vortrag über Sex halte, bitte ich am Ende meine Zuhörer, Fragen zu stellen und Meinungen abzugeben. Manchmal entwickelt sich eine intensive Diskussion, und manchmal ist die Stimmung so intim, daß auch Heikles in aller Offenheit diskutiert wird.

So war es vor einigen Tagen. Eine 40jährige Frau sagte, daß sie die Frage schon länger beschäftige, warum sie den aufregendsten, befriedigendsten Sex immer nur bei irgendwelchen Abenteuern erlebe. Nachdem keine abfälligen Bemerkungen und Lacher zu hören waren, meldete sich ein Mann zu Wort. Er habe in seiner Ehe Affären, und dabei ergehe es ihm genauso wie der Vorrednerin. Was denn anders sei, wollte jemand wissen. »Schwer zu sagen«, meinte der Mann. »Ich bin anders, der Sex ist anders, alles ist anders.«

Was dieser Mann nicht in Worte fassen konnte, ist das Erleben von Sex in seiner Reinform: Wenn Gefühle, Rücksichtnahme und Gefallenwollen nicht im Spiel sind, können sexuelle Bedürfnisse egoistisch ausgelebt werden. Der/die Sexualpartner(in) bleibt konturlos im Hintergrund, ihre/seine Wünsche sind uninteressant. Jede Bewegung und jede Berührung orientieren sich nur an der eigenen Begierde, nur der eigene Trieb zählt.

»Glauben Sie, daß Sie in einem solchen Moment ein guter Liebhaber sind?« wollte ein Mädchen aus den letzten Reihen von dem Mann wissen. »Das weiß ich nicht«, antwortete er ehrlich. »Jedenfalls ist es mir Wurscht.« Er gebe zu, daß es ihm bei seiner Frau nicht gleichgültig sei, ob sie ihn als guten Liebhaber empfinde oder nicht. Er liebe sie und wolle von ihr als Mann anerkannt werden. Es sei ihm auch wichtig, sie glücklich zu machen. »Wenn ich mit meiner Frau zusammen bin, bemühe ich mich immer um ein langes Vorspiel. Ist es dann soweit, tue ich alles, um den Höhepunkt mindestens 20 Minuten hinauszuzögern. Ich verlangsame das Tempo oder denke an etwas Negatives. Gleichzeitig stimuliere ich sie zusätzlich mit der Hand. Alles dreht sich immer nur um meine Frau. Bei einem Abenteuer dauert das Ganze höchstens drei Minuten, und ich denke an nichts anderes als an mich.« Die erste Fragestellerin bestätigte, daß auch sie in diesen Momenten für die Wünsche und Bedürfnisse ihres jeweiligen Partners vollkommen unsensibel sei. »Ob er das, was ich tue, richtig, erregend oder abstoßend findet, überlege ich gar nicht«, gestand sie.

Stimmt, man denkt nur an sich selbst. Aber genau das macht den egoistischen Sex so intensiv! Macht es ihn auch unvergleichlich schöner? Paradoxerweise nein. Man erfüllt sich zwar ohne Umschweife alles das, wonach einem zumute ist – aber irgend etwas ist faul daran. »Es ist eine Art Ausnahmezustand«, erklärte die Diskutantin. »Das eigene Verhalten ist einem fremd.« So ist es tatsächlich: Zutiefst erfüllt kann man von der ohne jede Anstrengung gewonnenen Lust nicht sein, denn das egoistische Verhalten dabei widerspricht dem Normalverhalten.

Die Moral von der Geschichte? Zuviel Egoismus ist schlecht, zuwenig aber auch. Umfassend beglückend ist Sex offenbar nur dann, wenn man sich neben dem wohltätigen Verhalten auch ein bestimmtes Maß an Egoismus erlaubt ...

Aggression

*Zu vollständig befriedigendem Sex gehört nicht nur
Zärtlichkeit, sondern auch Aggression ...*

»Ich hasse es, wenn Alex nicht zärtlich ist«, gestand Martina bei unserem letzten Treffen. »Sex und Zärtlichkeit gehören für mich zusammen.« Ich blickte mich in der Runde meiner Freundinnen um. Alle nickten zustimmend. Nur Yvonne blieb zurückhaltend: »Also, ich weiß nicht«, sagte sie zögernd. »Sex lebt doch nicht von Zärtlichkeit allein.« So ist es. Wenn Sie beim Sex alles Unzärtliche von vornherein als herzlos und brutal ablehnen, schalten Sie selbst die Triebfeder sexueller Vitalität aus.

Mißverstehen Sie mich bitte nicht: Ich rede nicht der Gewalt das Wort. Einer Frau gegen ihren Willen Gewalt anzutun, ist unverzeihlich. Aber die verschiedenen Spielarten konstruktiver Aggressivität – dazu gehören das Nehmen und Genommenwerden, das Zupacken, die nackte Lust, Geilheit und machtvolle Initiative – sind ebenso Bestandteil einer sexuellen Beziehung wie die Zärtlichkeit. In letzter Zeit beobachte ich ein übersteigertes Bedürfnis nach Sanftheit und eine ebenso übersteigerte Abneigung gegenüber der aggressiven Seite der Sexualität. Alles, was sanft und zart ist, ist gut, alles, was heftig und entfesselt ist, ist pfui. In dieser blinden Ideologisierung der Zärtlichkeit und der Verdammung der Aggressivität sehe ich nicht den Beweis dafür, daß wir endlich alle zärtlicher werden. Im Gegenteil: Je kälter unser Umgang untereinander und mit der Natur erlebt wird, desto größer wird das Bedürfnis nach Zärtlichkeit. Das, was das alltägliche Leben an Zärtlichkeit vorenthält, soll beim Sex gutgemacht werden. Wie soll das funktionieren? Erstens verliert Zärtlichkeit alles Spontane und wird zu einem Programm, das eine Beziehung diktiert und einengt. Zweitens ist es nur unter Verzicht auf elementare erotische Erlebnisse möglich, das Schweißige und Heftige der Sexualität auszublenden und nur »schönen«, sauberen, zärtlichen Sex leben zu wollen.

Es ist erwiesen, daß zwischen dem Sexualzentrum und dem Aggressionszentrum anatomische Verbindungen bestehen. Kein Wunder, daß das rigorose Entkoppeln von Sex und Aggression vielen Frauen und Männern die wilde Freude und tiefe Befriedigung an der sexuellen Begegnung nimmt. Jahraus, jahrein nur Schmeichelsex, das schafft eine Pfeif-drauf-Stimmung, deren Folge schließlich eine zärtliche, aber entsexualisierte Bruder-Schwester-Allianz ist. Das Bedürfnis nach einer vitalen, durchaus auch aggressiven, sexuellen Beziehung ist zwar da, wird aber oft mit einem Dritten ausgelebt. Das Ergebnis einer Überdosis Zärtlichkeit kann auch eine gewaltsame Entgleisung im Sexuellen sein.

Wäre ein zärtlicherer Umgang miteinander und mit der Welt nicht sinnvoller als eine Verzärtlichung der Sexualität? Dann wären wir nicht darauf angewiesen, sozusagen als Gegenbewegung für ein unzärtliches Dasein beim Sex nur Sanftheit zu suchen. Zärtlichkeit und Heftigkeit, alles zu seiner Zeit. Sobald es möglich ist, diese gegensätzlichen Strömungen auszubalancieren, kann es weder in einer Beziehung noch in anderen Lebensbereichen zu Katastrophen kommen ...

Alkohol

Manchmal sind Hemmungen alkohollöslich. Aber an der sexuellen Grundeinstellung ändert sich nichts ...

Sandra geht grundsätzlich nie ohne ins Bett. Kurt braucht ihn, sobald er sich einer Frau gegenüber unsicher fühlt. Brigitte kann zumindest bei einem neuen Mann nicht darauf verzichten. Die Rede ist vom Alkohol, von dem sich Frauen und Männer sexuelle Enthemmung erhoffen. »Das Trinken vorher entspannt mich so angenehm«, sagt die 29jährige Sandra. »Ohne Alkohol kann ich einfach nicht loslassen«, glaubt die 34jährige Brigitte. Irrtum! Alkohol befreit nicht wirklich. Er mobilisiert zwar verdrängte Triebimpulse, und er weicht auch willensstarke Strukturen auf, aber der Gefühlsüberschwang bleibt nur an der Oberfläche. Im Alkoholdusel traut man sich zwar eher, Hemmungen fallenzulassen, doch kaum ist der Kopf wieder klar, sind die alten Hemmungen wieder da.

Natürlich macht ein Gläschen Schlumberger locker und warm. Die belebende und entspannende Wirkung von kontrolliert getrunkenem Alkohol kann niemand bestreiten. Aber wenn Sie Hemmungen grundsätzlich für alkohollöslich halten, sind Sie schlecht bedient. Sobald beim Sex Alkohol ständig der Dritte im Bunde ist, verkümmert nach und nach die eigene Kraft, mit der unangemessene Zurückhaltung abgebaut werden könnte. Anstatt erotisch selbstsicher zu werden, lassen Sie zu, daß sich so die vorhandenen Ängste noch mehr in Ihnen festsetzen können.

Ich höre vor allem von den Frauen immer wieder, daß sie die sexuellen Aktivitäten, die sie unter Alkoholeinfluß gemacht haben, im nüchternen Zustand nie und nimmer wagen würden. Vom Alkohol benebelt tut man Dinge, zu denen man sich sonst nicht hinreißen läßt, aber an der Grundeinstellung dem Sex gegenüber ändert sich

A Null Komma nichts. Nicht nur, daß sich Hemmungen nicht zuschütten lassen, es tritt sogar das Gegenteil ein: Man ist sich im nachhinein wegen seines ungewöhnlichen Verhaltens selbst fremd. Das verstärkt die Unsicherheit in sexuellen Dingen noch mehr. Schließlich glaubt man, ohne den Geist aus der Flasche überhaupt nicht mehr frei miteinander umgehen zu können.

Lassen Sie es nicht so weit kommen! Es ist zwar nicht notwendig, auf Alkohol ganz zu verzichten, aber mehr als zwei Gläschen sollten Sie »vorher« nicht trinken. Natürlich ist die Frage, wieviel eine Frau verträgt, individuell zu beantworten. Aber als Faustregel gilt: Die Genußfähigkeit beim Sex leidet nicht, wenn Sie nicht mehr als ein Glas pro Stunde trinken. Nützen Sie die erste spürbare Gelöstheit dazu, mit Ihrem Partner offen zu reden. Ein ehrliches Gespräch macht lockerer als das nächste Glas! Darüber hinaus entsteht durch Offenheit jene Intimität, die man sich vom Alkohol vergeblich erhofft. Denn auch die Nähe, die man im betrunkenen Zustand zu empfinden glaubt, entpuppt sich spätestens am nächsten Morgen als Trugbild. Alkohol hebt die Grenzen zwischen zwei Menschen nicht auf. Durch seine persönlichkeitsverändernde Wirkung erzeugt er trennende Schranken. Auch in puncto sexueller Genuß läßt er Sie im Stich. Die Geilheit, die im Kopf entsteht, dringt nicht bis zum Unterleib vor: Zuviel Alkohol legt den Reiz- und Reaktionsmechanismus lahm.

Wenn Sie die körperliche Liebe genießen wollen, sollten Sie Ihrem Partner tief in die Augen, aber nicht zu tief ins Glas schauen ...

Altersunterschied

Reife Frauen haben bei jungen Männern mehr Chancen als bei altersmäßig passenden Männern ...

Ich bin in einem Alter, in dem sich etliche Männer meiner Freundinnen für Mädchen interessieren, die jünger als ihre eigenen Töchter sind. Die Männer mit grauen Schläfen fühlen sich an der Seite eines jungen Mädchens wie junge Sprinter. Das Alter des süßen Baby-Vamps wird im Geiste vom eigenen Alter abgezogen: 52 minus 18 ist 34. Ein gutes Alter. Da hat man es als Mann geschafft, aber man gehört noch nicht zum alten Eisen. Eine Frau hat es nicht so leicht. Wenn eine 52jährige mit einem 18jährigen eine Affäre hat, darf sie sich die 18 von ihrem Alter nicht abziehen. Sie werden ihr dazuaddiert. 52 plus 18 ist 70. Da hat man als Frau gefälligst nicht mehr an Sex zu denken. Am besten, man kommandiert die Oma dazu ab, auf die Enkel aufzupassen. Gott sei Dank weigern sich immer mehr Frauen, sich ihre sexuelle Konkurrenzfähigkeit absprechen zu lassen.

Ich kenne genug Frauen, die sich mit 50, wenn die Kinder aus dem Haus sind und die Ehe flötengegangen ist, noch einmal umschauen und ausprobieren, wie es um ihre Attraktivität bestellt ist. Wenn eine Frau den Mut faßt, sich wieder auf den Markt zu werfen, ist noch nichts gewonnen. Gleichaltrige Geschlechtsgenossinnen, die sich das nicht trauen, lassen an ihrer liebesfrohen Schwester kein gutes Haar. Und die altersmäßig passenden Männer schauen eine vermeintlich überreife Frau gar nicht erst an. Kränken Sie sich nicht. Die jüngeren Männer sind um so interessanter.

Ich bekomme viele Anfragen von jüngeren Männern, wie sie es bloß schaffen könnten, an eine reife Frau heranzukommen. Ihr Interesse wäre ja da, sagen sie, allerdings fehlen von seiten der Frau die einladenden Signale. Das stimmt. Reife Frauen schämen sich, einem jungen

Mann »schöne Augen« zu machen. Sie glauben, sie müßten als Sexualobjekte von der Bildfläche verschwinden. Mehr noch: Die Vorstellung, daß eine reife Frau mit einem jüngeren Mann Spaß hat, erscheint ihnen unmoralisch. Also resignieren sie, obwohl sie durchaus Appetit auf junge Männer hätten.

Sollten Sie zu den Frauen gehören, die sich noch jung und unternehmungslustig fühlen, lassen Sie sich nicht dazu zwingen, »in Würde zu altern«! Sie sind noch nicht aus dem Rennen. Heute wissen mehr junge Männer denn je den erotischen Reiz einer reifen Frau zu schätzen. Es gibt nicht nur das Modell von Mann, auf das Sie sich bisher bezogen haben! Für eine reife Frau kommt eher ein jüngerer als ein nur kalendarisch passender Mann in Frage. »Sie« ist genuß- und orgasmusfähiger als junge Mädchen, »er« ist potenter als ein Mann mit grauen Schläfen. Nur eines fällt den jungen Männern schwer – den ersten Schritt zu tun. Sie hoffen, daß die Frau ihn macht.

Trauen Sie sich doch! Vorbeugend zu verzichten, bringt ihnen nichts. Es ist kein Zufall, sondern das Symptom eines kulturellen Wandels, daß sich junge Männer mehr und mehr zu reifen Frauen hingezogen fühlen. Gestalten Sie diesen Wandel ohne Gewissensbisse mit. Kulturelle Veränderungen voranzutreiben war immer schon Frauensache.

Älterwerden

Warum Sex nach wie vor als Privileg der Jungen, Schönen und Fortpflanzungsfähigen betrachtet wird ...

Mein Gott, ist jetzt viel vom Älterwerden die Rede! In ganz Europa werden in Ausstellungen Szenen des Alters gezeigt, und man befaßt sich immer häufiger mit der Last des Älterwerdens. Über die Lust im Alter wird nicht gesprochen: Das Thema »Sexualität« wird in allen Altersdebatten tabuisiert.

»Wir haben zwar schon weiße Haare«, schrieb mir ein Leser, »aber müssen wir deswegen auf Lust verzichten? Warum kann man nicht offen über den Sex im Alter reden?«

Ja, warum eigentlich? Weil die Vorstellung von Verlangen und Lust zwischen alten Menschen als anstößig, obszön und geschmacklos empfunden wird. Für die meisten Menschen ist sexueller Genuß und Freude an der Körperlichkeit an straffes Fleisch und faltenlose Haut geknüpft. Nicht für Sie? Wunderbar! Lassen Sie es mich wissen, ich lasse mich gern vom Gegenteil überzeugen. Denn üblicherweise erregt der alte begehrliche Mensch Widerwillen, weil er die Endlichkeit der leiblich-sinnlichen Existenz drastisch vor Augen führt. Ein 75jähriger, der offen zugibt, daß ihm seine Potenz wichtig ist, eine 69jährige, die eingesteht, daß sie Orgasmen braucht, irritiert die Verdrängungsstrategien des jüngeren Menschen: Solange er nicht sieht, daß das Haar ausfällt, die Haut an Elastizität verliert und die Muskeln schlaff werden, glaubt er, der liebe Gott läßt nur die anderen altern, ihn aber hat er auf wundersame Weise vergessen. Daher das Unbehagen und die unangemessene Aggression, sobald die Rede auf Sex im Alter kommt.

Wie groß das Tabu des Alterssex ist, beweist eine Analyse von 1000 Romanen, die in Illustrierten gedruckt wurden: In den Texten werden ältere Männer als Lieb-

haber nur in ironischem Ton und ältere Frauen aus-
nahmslos als asexuelle Wesen geschildert. Noch ein Beispiel gefällig? Bitte sehr: Zwei neue Umfragen in den
USA unter 500 Männern über 50 und 300 Ärzten zeigen,
daß 53 Prozent der Männer beim Arzt nicht über jene
Beschwerden sprechen, die ihre Sexualität beeinträchti-
gen. Na warum wohl? Weil es ihnen peinlich ist, in ihrem
Alter sexuelle Bedürfnisse überhaupt zu äußern.

Wenn ältere Frauen und Männer nicht über sexuelle
Probleme und Sehnsüchte sprechen, heißt das nicht, daß
sie diese nicht haben. Ihr schweigsamer Rückzug ist ein
stummer Schrei nach Toleranz für ihre sexuellen Bedürfnisse und Möglichkeiten.

Ich will niemandem einreden, daß Sex und Alter unter
allen Umständen eins sind. Wenn eine 50jährige Frau
froh darüber ist, daß sie die Last der Lust endlich hinter
sich hat, wird sie schon ihre Gründe dafür haben. Vielleicht konnte ihr auf Grund ihrer Biographie ihr Körper
nie eine Quelle der Freude sein. Aber wenn eine 66jähri-
ge aus dem verständnisvollen, zarten Sex der reifen
Jahre Befriedigung und Glück erfährt, soll sie sich nicht
darüber schämen müssen. Sexuelle Gefühle sind ein Teil
des Ichs und ein Teil eines Lebensbereiches, auf den der
reife Mensch dasselbe Recht wie ein 25jähriger hat. Falls
Sie mir jetzt mit der »Würde des Alters« kommen, sei
noch eines gesagt: Es gehört zur Würde des alten Menschen, frei über seine sexuelle Aktivität entscheiden zu
dürfen. Ihm diese abzusprechen, heißt, ihn in seiner
Würde zu verletzen.

Annoncen

Kleinanzeigen in Sachen Liebe sind keine Bankrotter-klärung, sondern aktives Mitwirken am eigenen Schicksal ...

Sophie hat wieder einen Partner. Stefan sieht nicht uneben aus. Er ist klug, hat Mutterwitz und eine beeindruckende Allgemeinbildung. Obwohl die Männer, die Sophie im Laufe der letzten Jahre angeschleppt hatte, allesamt unattraktiver und uninteressanter als Stefan waren, hatten sie bei ihren Freunden ein besseres Entree als er. Sophie hatte Stefan nämlich durch eine Anzeige kennengelernt. Die allgemeine Abwehr, die Stefan entgegenschwappte, gab mir zu denken:

Warum werden Verbindungen, die durch Anzeigen entstanden sind, so viel Widerwillen und Mißtrauen entgegengebracht?

Ich muß zugeben, ich lese die Anzeigenspalten, die der Partnersuche vorbehalten sind, für mein Leben gerne. Ich verschlinge sie förmlich. Warum das so ist, überlegte ich erst, als Stefan auftauchte. Kleinanzeigen, in denen sanfte, zärtlichkeitshungrige Blondinen eine starke Schulter zum Anlehnen suchen und sich ein einsamer Wolf den ergrauten Pelz kraulen lassen will, berühren mich zutiefst. Da werden ein ganzes Leben und die Hoffnung auf eine andere Zukunft in ein paar karge Worte eingeschmolzen. Es werden Bitten formuliert, Ängste eingestanden und Sehnsüchte verraten.

Böse Zungen behaupten, daß Menschen, die ihr Lebensglück per Anzeige finden wollen, von vornherein abzulehnen seien. Was soll man sich denn von einem Mann erwarten, der präzise Angaben in bezug auf das Aussehen der zukünftigen Frau seines Lebens macht? »Zuschriften bitte nur von dunklem, südländischem Frauentyp« – ist das nicht widerlich?

Ich finde: nein. In meinen Augen ist eine Anzeige nicht

das tyrannische Ausleseverfahren der Beziehungsgestörten, die sich auf das Abenteuer des Kennenlernens und gegenseitigen Abtastens, der Ungewißheit, der Liebe eben, nicht einlassen wollen. Zugegeben, es ist nicht der Zufall, der zwei Menschen zusammenführt, sondern eine Anzeige. Aber die »Vorauswahl« der Anzeige ist auch im allerersten visuellen und verbalen Schlagabtausch enthalten: Wie viele Kontakte versanden, nur weil die/der andere nicht auf Anhieb den Kriterien und Bedingungen entspricht, die man im Kopf hat! Lesen Sie doch einmal aufmerksam die Inserate! Existiert da nicht der gleiche Konkurrenzdruck wie in der Realität, derselbe Wunsch, wahrgenommen zu werden? Und was die Behauptung anlangt, daß Anzeigen der Schwanengesang der Verlierer, der resignierenden Einsamen seien, widerspreche ich auch in diesem Punkt. Wieviel Widerstand gegen das Schicksal, gegen Vereinsamung und gegen widrige Umstände steckt doch in dem Entschluß, eine Anzeige aufzugeben! Immerhin verläßt man damit die gewohnten Pfade der Verführung: Man selbst bleibt im verborgenen und versucht mit dem, was man von sich sagen kann, Gefallen zu erwecken. Nicht das reale Aussehen und die tatsächliche Persönlichkeit erwecken das Verlangen, sondern die Worte der Kleinanzeige. Was dabei herauskommt, ist nicht selten Liebeslyrik im Kleinformat. Nein, ich bleibe dabei: Die Kleinanzeigen in eigener Sache spiegeln nicht ein Ende wider, sondern einen neuen Anfang und die Fähigkeit, aktiv an seinem Schicksal mitzuwirken.

Anrufen

Warum viele Männer versprechen, sich telefonisch zu melden, und es dann doch nicht tun …

Claudia wird es nie kapieren. Anstatt Samstagnachmittag im Wald spazieren zu gehen, bleibt sie zu Hause. Und anstatt sich mit Karin abends einen Film anzusehen, fixiert sie das Telefon. Wenn es läutet, bekommt sie Herzklopfen. Meldet sich Karin, wird ihre Stimme flach vor Enttäuschung: »Ach, du bist es …« »Ich kann nicht kommen«, gesteht Claudia schließlich. »Ich warte auf einen Anruf von Rolf.« Das will Karin jetzt genau wissen.

»Ich melde mich morgen«, hatte Rolf Claudia gestern versprochen. Aha. Und warum meldet er sich nicht? Ist ihm ein Dachziegel auf den Kopf gefallen und leidet er an akutem Gedächnisschwund? Claudia, die schon am Vormittag aufs Einkaufen verzichtet hatte, damit sie Rolfs Anruf nur ja nicht versäumt, macht sich mit dem letzten Teebeutel ein Täßchen Tee und ruft Rolf an. Rolf hebt prompt ab und klingt so kühl und überrascht, als würde Claudia ihn um einen fünfstelligen Kredit bitten.

Claudia kann nicht begreifen, was in diesem Mann vor sich geht. Gestern noch hatte er ihr die süßesten, unglaublichsten Dinge ins Ohr geflüstert. »So etwas habe ich noch nie erlebt«, »Du bist einmalig«, »Ich könnte Tag und Nacht mit dir sein.« Und beim Abschied hatte er versprochen: »Ich melde mich morgen.«

Das heißt aber nicht, daß Rolf anrufen wird! Es heißt: »Ich bin zu nichts, aber schon zu gar nichts verpflichtet und melde mich erst dann, wenn du mir zufällig wieder einfällst und ich nichts Besseres zu tun habe.« Für Claudia heißt »Ich melde mich morgen«: »Ich bin verpflichtet, auf deinen Anruf zu warten. Versprochen ist versprochen.« Eben nicht. Männer haben zu Versprechungen dieser Art eine ganz andere Einstellung als Frauen. Frauen wie Claudia – und davon kenne ich eine Menge   *19*

– sind bei einer neubegonnenen Beziehung bedingungslos bereit, sich auf diesen Mann und diese Liebe ohne Einschränkung einzulassen. Männer wie Rolf – und auch davon kenne ich viele – erinnern mich an die Rüden, die auch dann noch das Bein heben und mühsam versuchen zu markieren, wenn sie kein Tropferl Wasser mehr in sich haben. Aber mit dem »Markieren« folgt ein Hund einem uralten Instinkt. Mit seinem Duft kennzeichnet er sein Territorium. Meiner Meinung nach tut Rolf dasselbe: Ein längst nicht mehr gültiger Instinkt läßt ihn eine Phrase gebrauchen, die heutzutage keine Bedeutung mehr hat, weil eine Frau keine falschen Versprechungen braucht, um sich auf eine Beziehung einzulassen. Claudia muß noch lernen, daß die süßen Worte vieler Männer nichts anderes sind als Duftmarken. Erst mal entschlüsselt, bleibt nichts anderes übrig, als die dürre Botschaft: »Ich bin dagewesen.«

Ausdauer

Übertriebene Ausdauer beim Sex zerstört oft das weibliche Verlangen …

»Stefan hält beim Sex so lange durch, bis ich ihn bitte, aufzuhören«, sagte Nora kürzlich. In ihrer Stimme schwang Verwunderung und Bedauern mit, als sie mir verriet, daß sie sich »ein Leben lang so einen Mann wünschte«, aber nun, wo sie ihn habe, »alles andere als begeistert ist.«

Ich kann Noras Verwirrung verstehen. Männer, die »durchhalten«, bis die Partnerin um Gnade fleht, sind meist keine Traumliebhaber, sondern sexuelle Arbeitstiere. So erfreulich es ist, wenn ein Mann seinen Höhepunkt kontrollieren kann, so enttäuschend ist ein Liebhaber, der kein Ende findet. Nicht nur, daß ein Akt, der zur unendlichen Geschichte ausartet, langweilig wird und den Liebesorganen zusetzt – eine sensible Frau spürt, daß ihr übereifriger Partner nicht wirklich gefesselt und hingerissen ist. So war es auch bei Nora: Ihr imponierte Stefans Ausdauer, aber sie fühlte, daß er nicht wirklich erregt war. Was fürs erste unlogisch klingt, ist gar nicht so selten: Es gibt Männer, die eine automatische Erektion haben. Sie sind höchst aktiv und auf jeden Seufzer der Geliebten konzentriert, aber selber überhaupt nicht erregt. Ihr Penis pariert wie ein scharfer Polizeihund. Während die Geliebte außer sich ist, behält er klaren Kopf und, paradoxerweise, ein hartes Glied.

Eine Zeitlang weiß eine Frau das Standvermögen ihres Gesponsen zu schätzen. Aber wenn er nicht auch seine letzte Erfüllung findet, weiß sie nicht, was los ist. Einerseits schließt sie von der beeindruckenden Erektion des Gefährten auf eine gefühlsmäßige Erregung. Andererseits spürt sie diese nicht. Sie erlebt zwar Lust, hat aber gleichzeitig das Gefühl, kaltblütig bearbeitet und manipuliert zu werden. Manche Frauen reagieren darauf

A mit Aggressivität, andere mit Traurigkeit. In jedem Fall führt der spürbare Erregungsmangel des Partners zum Tod des eigenen Verlangens. Wieviel befriedigender und berauschender ist da der Liebesakt mit einem Mann, der so aufgewühlt ist, daß er schneller als gewollt reagiert!

Sie fragen sich, warum in aller Welt ein Mann überhaupt Sex macht, wenn doch die innere Erregung fehlt? Gründe dafür hat er genug: den brennenden Wunsch, seiner Rolle als Mann zu entsprechen; den Zwang, sich als Meister der Liebe zu bestätigen; die verhängnisvolle Neigung, die sexuellen Bedürfnisse der Partnerin, nicht aber die eigenen zu berücksichtigen. Vor allem leiten diese Männer aus ihrer Erektion ihre Lust auf Sex ab. Ihr Penis ist für sie wie ein Liebesbarometer ... wenn er steht, gibt es Sex. Die Männer, die dann während des Liebesaktes die Erektion verlieren, weil sie eben nicht gefühlsmäßig erregt sind, halten sich fälschlicherweise für impotent. Dabei ist es doch normal, daß ein desinteressierter Liebesdiener den Dienst quittiert! Es ist auch normal, wenn sich ein weniger aufmüpfiger Kollege zusammenreißt, brav seine Arbeit leistet, letztlich aber den Orgasmus verweigert.

Die Moral von der Geschichte? Entgegen der männlichen Annahme ist der Knabe mit dem Wunderhorn kein guter Liebhaber. Ein Mann, der den Penis als Werkzeug gebraucht, hinterläßt nicht mehr Eindruck als ein guter Vibrator.

Auswahl

Es ist nicht empfehlenswert, sich einen Menschen auf die hohe Kante zu legen ...

Sie kennen sicher den Spruch »sich Geld auf die hohe Kante legen«. Für den Fall der Fälle soll ein Notgroschen griffbereit sein. Spare in der Zeit, dann hast du in der Not. Gut, das ist ein reifes Verhalten. Aber nicht immer. Zum Beispiel dann nicht, wenn man sich einen Menschen auf die hohe Kante legt: Schütteln Sie jetzt nicht den Kopf, das kommt öfter vor, als Sie denken. Ich kenne Männer, die immer mehrere Frauen gleichzeitig zur Auswahl haben möchten und deshalb eine ganze Liste von Frauen regelmäßig einmal in der Woche anrufen – man weiß ja nie. Zur Zeit beobachte ich mit zunehmendem Unbehagen eine gute Bekannte – nennen wir sie Christa. Christa signalisiert einem gewissen Richard ab und zu Interesse und Zuneigung, hält ihn aber gleichzeitig auf Distanz. Einmal führt sie mit ihm ein so zärtliches Flüstertelefonat, daß Richard der Schweiß aus allen Poren bricht. Ein anderes Mal bringt sie ihm aus Frankreich eine zuckerfreie Marmelade mit. Oder sie macht ihm von Angesicht zu Angesicht so süße Komplimente, daß Richard förmlich zu schielen beginnt. Richard, der arme Trottel, sieht in Christas Verhalten ein Versprechen auf mehr. Aber Christa will, wie auch beim Geld, im Fall der Fälle auf eine Reserve zurückgreifen können. Nach ihrer Scheidung war Christa lange allein gewesen. Diese Zeit der Einsamkeit und der Selbstzweifel will sie nicht noch einmal durchmachen. Sollte die Sache mit Karl schiefgehen – man weiß ja nie –, darf Richard Christas verwundete Seele hätscheln und ihr das Alleinsein erleichtern.

Ein feiner Plan: Christa investiert ein bißchen falsche Aufmerksamkeit und erwartet sich als Rendite echtes Gefühl. Christa glaubt souverän und klug zu handeln.

23

A

Was sie jedoch wurmt, ist die Tatsache, daß sie ihre doppelte Absicherung keinesfalls glücklich, ja sogar seltsam taub macht. Kein Wunder. Glück und Liebe lassen sich mit Sicherheitsstrategien nicht zwingen. Authentische Gefühle bergen immer auch Ungewißheit und Unberechenbarkeit. Ich hoffe für Christa, daß Richard seine armselige Rolle bald durchschaut. Je schneller Karl mit Christa Schluß macht, desto besser für ihn. Dann wird sie sich zwar unsicher und ängstlich fühlen, aber sie hätte die Chance, sich ihren Empfindungen zu stellen: Bedeutet ihr Karl vielleicht doch mehr, als sie ahnt? Ist es Richard, der mehr als ein Trostpflaster für sie sein könnte? Oder wäre es gar besser, noch ein Weilchen allein zu bleiben, bis sie wieder die Kraft hat, sich auf Gefühle einzulassen? Ohne Sicherheitsnetz, aber mit der Gewißheit, durch und durch lebendig zu sein …

Ausziehen

Wenn Hemmungen und Hüllen fallen, haben es Männer schwerer als Frauen ...

Sich für die erste Liebesnacht schön anzuziehen ist eine Sache. Sich in der Stunde X auszuziehen eine andere. Wenn Hemmungen und Hüllen fallen, haben es Männer besonders schwer. Gerade diejenigen, die gewohnt sind, angezogen gute Figur zu machen, haben oft die größten Probleme damit, textilfrei zu agieren. Sollten Ihnen bei der ersehnten Sexpremiere nicht gerade von leidenschaftlichen Frauenhänden die Kleider vom Leib gerissen werden, bringe ich Ihnen noch einmal die Ausziehregel Nr. 1 in Erinnerung: Ziehen Sie sich immer von innen nach außen aus. Also erst weg mit der Krawatte. Dann raus aus dem Sakko, den Socken, Hemd und Hose. Glauben Sie ja nicht, daß es gleichgültig ist, wann Sie was ablegen. Halbbekleidete Männer wirken – im Gegensatz zu Frauen – oft belustigend. Ich erinnere mich noch ganz genau daran, daß wir uns als halbwüchsige Mädchen Männer, die uns aus dem Gleichgewicht bringen konnten oder die wir als Lehrer bzw. Vorgesetzte fürchteten, halb angezogen vorstellten. In Unterhosen und Socken waren sie Witzfiguren, über die wir lächeln oder gar lachen mußten. Verlassen Sie als Mann nicht das Zimmer, um sich, so wie Sie es vielleicht gewohnt sind, im Bad oder im Schlafzimmer fertig auszuziehen und nackto blanco zurückzukommen. Es könnte sein, daß es der Dame mit oben nichts und unten wenig ungemütlich wird und sie sich wieder anzieht, während sich der hoffnungsfrohe Liebhaber für das Finale bereit macht. Apropos Finale: Nur Männer ohne erotisches Feeling legen ihre Uhr nicht ab! Selbst die flachste Uhr verursacht Schmerzen, wenn sie sich bei einer Umarmung in einen zarten Rücken bohrt.

Ist für einen Mann schon das eigene Entkleiden keine

AKleinigkeit, kann das Entblättern der Partnerin zum Spießrutenlauf werden. Dabei schätzen es die meisten Frauen, von ihrem Liebsten entkleidet zu werden! Wenn es soweit ist – ein Rat unter Freunden: Gekonntes Ausziehen beginnt schon lange vor dem ersten Zugriff! Beobachten Sie, was Ihre Liebste anhat, wo sich Knöpfe und Reißverschlüsse befinden. Es passierte nicht erst einmal, daß ein tatendurstiger Liebesdiener angesichts der verzweifelten Versuche seines Herrn, Haken und Knöpfe aufzuspüren, schlappmachte. Versuchen Sie erst gar nicht, einen Verschluß heimlich und unauffällig zu öffnen.

Sind Sie so weit, daß endlich die Hüllen fallen, gilt nun die umgekehrte Regel: Ziehen Sie Ihre Liebste von außen nach innen aus. Also erst die Kostümjacke, dann die Bluse und den Rock.

Auch wenn es Sie in den Händen juckt, öffnen Sie den BH nicht, bevor nicht das Darüber Ihrer Gefährtin gefallen ist. Ich weiß, daß sich Frauen nicht wohl fühlen, wenn der geöffnete BH aus dem Ausschnitt quillt oder als Knäuel die Körperkonturen deformiert. Macht nichts, wenn die Zeremonie lange dauert! Sie ist Teil eines Vorspieles, und Frauen genießen diese Intimität und Zärtlichkeit.

Vielleicht entblättern Sie als Frau sich selbst für Ihren Liebsten? Ach, wie das die Männer genießen! Denken Sie aber daran, daß BH-Träger nicht zu knapp sitzen sollten. Ein Dehnen, Strammen und Wegschleudern des Strumpfes können Sie sich sparen – es wirkt auf billige Weise professionell. Achten Sie darauf, daß Sie schöne Wäsche nicht schon ablegen oder sich ausziehen lassen, während Sie noch das Darüber anhaben! Merke, Schwester: Erst fällt das Darüber, dann erst das Darunter und zuletzt die Schuhe.

Daß der Anblick hauchzarter Dessous nicht nur den Mann, sondern auch Ihr Körpergefühl stimuliert, wissen Sie ohnedies. Sexy Wäsche läßt sexy fühlen.

Berührungen

B

Der Mangel an liebevollen Berührungen verursacht oft
Depressionen und Isolationsgefühle ...

Sie freuen sich, eine Freundin wiederzusehen. Aber drücken Sie sie spontan an sich? Sie fühlen sich Ihrem Liebsten ganz nah. Aber lassen Sie ihn das durch eine lustvolle Berührung spüren? Sie leiden mit einem Menschen, den Sie mögen. Aber schließen Sie ihn tröstend in die Arme? Ich glaube nicht. Die meisten von uns – ich schließe mich da nicht aus – haben mit nichtsexuellen Berührungen Schwierigkeiten. Dabei kann eine Berührung all das fühlen lassen, was für Ihre Gefühlslage Bedeutung hat: Erregung oder Beruhigung, Lust oder Geborgenheit, Ermutigung oder Trost. Kein Wunder, schließlich wird unser Leben von elementaren Berührungserfahrungen geprägt. Das Ungeborene wird vom behaglich-warmen Fruchtwasser umspült, das Neugeborene gewinnt durch die zärtlichen, schützenden Arme der Mutter Vertrauen zur Welt. Wenn ein Baby nicht gestreichelt, gehalten und liebkost wird, erleidet es erwiesenermaßen schwere seelische und körperliche Störungen. Erwachsenen ergeht es nicht anders. Die Haut hungert von Natur aus nach Berührungen: Die Gehirnareale, die für taktile Reize zuständig sind, sind wesentlich größer als die Regionen, die anderen Sinnesreizen entsprechen. Ich bin überzeugt davon, daß in so manchem Hallodri, der jeden Tag eine andere hat, ein hauthungriges Wesen steckt, das gehalten und gestreichelt werden will. Und ich weiß, daß unzählige Frauen oft nur deshalb mit einem Mann ins Bett gehen, weil sie gehalten und gestreichelt werden wollen.

Taktile Defizite, ach, was rede ich so geschwollen daher – der Mangel an liebevollen Berührungen verursacht Depressionen und Isolationsgefühle. Ärzte bestätigen, daß Hauterkrankungen ein Ausdruck für Hunger nach Hautkontakt sein können – die Haut schreit nach Berührungen! Trotzdem bleiben wir auf Distanz. Keine liebevolle Berührung, wenn jemand Kummer hat. Kein Drücken oder Halten, wenn man sich anlehnungsbedürftig fühlt. Nur wenn es um Sex geht, sind Berührungen nicht tabu: Berühren macht geil. Stimmt. Aber Berühren gibt auch Kraft, Trost, Wärme und Geborgenheit.

Ich finde, wir sollten öfter die Dinge tun, die uns als Kinder noch selbstverständlich waren: Küßchen geben – einfach so. Aus Lebensfreude oder Dankbarkeit. Händchenhalten, wenn ein Film spannend wird. Sich an einen anderen schmiegen, weil man Halt sucht. Schmusen, ohne auf Sex aus zu sein. Angreifen, streicheln, kitzeln, aus Lust am Hautkontakt. Berühren ist nicht verboten. Im Gegenteil. Es darf, es soll, ja, es muß berührt werden, wenn wir mit den Menschen, die wir mögen, und mit der Welt, in der wir leben, in Berührung bleiben wollen …

Bisexuell

Immer mehr Frauen wagen es, Lustgewinn auch bei Frauen zu suchen ...

Der Neid könnte einen fressen: Es gibt Frauen, die genießen »es« mit Männern, aber es gefällt ihnen auch mit ihresgleichen. Der Trend zur Zweigleisigkeit nimmt täglich zu. Die selbstbewußten Frauen von heute wagen es, dem bisher dominierenden Prinzip der männlichen Sexualität mit ihren phallischen Bedingungen ihre Vorstellungen von weiblicher Sexualität entgegenzuhalten. Frauenliebe regt Männerphantasien an. Weiche Lippen versinken ineinander, zarte Finger tasten über die Wölbung eines Busens und wagen sich weiter und weiter. Trotzdem ist ein Mann alles andere als begeistert, wenn er erfährt, daß seine Partnerin auch an einer Frau Gefallen findet. Vielleicht wundert das den einen oder anderen Mann, der bei »Bisexualität« nur an den vielzitierten »Dreier« denkt, bei dem er als Dritter im Bunde von der doppelten Dosis Erotik und Schönheit profitiert.

Meist bekommt ein Mann durch Zufall Wind davon, daß seine Partnerin auch auf Frauen steht. Aber, ätsch, sie läßt ihn an dieser pikanten Neigung nicht teilhaben. Was dann? Dann werden Ängste geschürt. Die Frauen fragen sich, ob sie »normal« sind und wohin sie eigentlich gehören. Bei einem Mann schafft Frauenliebe, von der er ausgeschlossen ist, Verwirrung und Unsicherheit. Ich weiß, daß viele Männer die Überlegenheit weiblicher Liebeskünste fürchten. Ob Männerängste dieser Art begründet sind, läßt sich nicht so leicht beantworten. Frauen, die sagen könnten, was die besondere Qualität eines gleichgeschlechtlichen Liebeserlebnisses ausmacht, hüllen sich in Schweigen. Und die sich nur »bi« gebärden, sind nicht kompetent.

Ein wenig von der Magie der Frauenliebe kann ich Ihnen verraten. Natürlich befähigt Frauen schon die

B Symmetrie ihres Geschlechts dazu, eine andere Frau vielleicht gekonnter als ein Mann zu liebkosen. Frauen genießen auch die Zartheit der erotischen Begegnung. Und ihr Verlangen nach umfassender, nicht genitalfixierter Zärtlichkeit ist größer als das der Männer. Frauen wollen beim Sex riechen, tasten, schmecken, hören. Hauterotik, Berührungsbehaglichkeit, Kußkultur, zärtliche Worte, Halten, der Verzicht auf Macht und intime Gespräche – das sind die Ingredienzien, aus denen die weibliche Lust beschaffen ist. Aber das allein ist es auch nicht, was Frauen zu Frauen hinzieht: In den Armen einer Frau erfüllt sich für eine Frau auch die verborgene Sehnsucht nach dem weiblichen Körper. Der Körper der Mutter ist ja auch für ein kleines Mädchen das erste Ziel seines zärtlichen Verlangens. Ein Bub wird in seinem Begehren nach Weiblichkeit ein Leben lang unterstützt, das kleine Mädchen ist gezwungen, sich umzuorientieren, in Zukunft den männlichen Körper zu erotisieren. Aber das Fernweh nach Weiblichkeit bleibt existent. Nicht nur den Mann treibt die kindliche Sehnsucht nach dem Zustand der Verschmelzung mit der Mutter immer wieder an die weibliche Brust. Auch manche Frauen gehören von Zeit zu Zeit zu den Getriebenen. Was spricht dagegen? Nichts. Jeder von uns hat das Recht, die Vielfalt der sexuellen Möglichkeiten auszuleben. Ob mit einem Menschen des anderen oder des eigenen Geschlechtes, hängt von der Lebenssituation und den damit verbundenen Sehnsüchten ab. Nicht diese Bedürfnisse sind neu, sondern der Mut, sie zu verwirklichen.

Blick

*Männer müssen sich erst an den erotischen Blick der
Frauen gewöhnen ...*

Die Aussprüche der Tante Jolesch sind fest im Vokabu-
lar meiner Familie verankert. Den Spruch »Alles, was ein
Mann schöner ist wie ein Aff', ist Luxus« habe ich nicht
nur jahrelang für eine Lebensweisheit meiner Großmutter gehalten, sondern auch geglaubt. Heute bin ich anderer Meinung: Wir Frauen haben den erotischen Blick
bekommen. Arme Männer, euch stehen schwere Zeiten
bevor. Ihr werdet von uns kritisch taxiert und beobachtet. Und zwar nicht in bezug darauf, ob ihr eine Frau erhalten könnt – das können die meisten Frauen selber.
Wir checken, ob ihr sexy seid. Bei dem, was uns ins
Auge sticht, gibt es eine genetisch vorprogrammierte
Reaktion.

Grundsätzlich gilt: Frauen reagieren spontan auf
einen Männerkörper, der sich nach unten hin verjüngt.
Natürlich sind ein kräftiger Unterarm, breite Schultern
und ein praller Bizeps Sexsignale ersten Ranges. Aber
unbedingt notwendig sind Muskeln nicht. Es gibt Männer, die alles andere als einen muskulösen Körper haben
und dennoch den Eindruck von Kraft und Herrlichkeit
erwecken. Ich vermute, daß ihr Geheimnis ihr Gang ist:
je ruhiger der Oberkörper dabei bleibt und je weniger
sich der Kopf bewegt, desto kraft- und eindrucksvoller
wirkt man(n).

Abgesehen vom Gesamteindruck eines Mannes, bleiben Frauenblicke an seinem Gesicht hängen. Die Lippen
sollen zum Reinbeißen, die Zähne zumindest gepflegt
sein. Der Joker in einem Männergesicht sind die Augen.
Wir schauen dir in die Augen, Kleiner! Der gewisse
Blick, der nur eine Spur länger als drei Zehntelsekunden
dauert, bringt einen Mann weiter. Dauert er wesentlich
länger, bringt er ihn um. Dann wird er als unangenehmes

B Starren empfunden und mobilisiert unsere Abwehr. Sollten Sie dichte Brauen haben, sind Sie ein Glückspilz. »Ich bekomme sofort weiche Knie, wenn ein Typ starke Brauen hat«, gestand mir erst unlängst Jana. Dichte Brauen sind ein Dominanzsignal und ein Fressen für Frauen mit einem Faible für starke Männer. Ein Großteil der Faszination von Clark Gable war meiner Meinung nach auf das ausdrucksvolle, differenzierte Spiel seiner Brauen zurückzuführen.

Auch Männerhände sind ein wichtiger Blickpunkt für uns: Die Hand ist das erste und letzte fremde Liebesorgan, mit dem eine Frau Kontakt hat. Die Vorstellung, von dieser bestimmten Hand bestimmte Zärtlichkeiten zu erfahren, wirkt sexuell anregend. Ich verrate Ihnen noch einen Grund für das heftige Interesse mancher Frauen an Männerhänden: Nach der Konstitutionslehre Prof. W. Schlegels läßt der Handumfang auf das beste Stück des Mannes schließen. Je größer der Handumfang, desto größer sein Lustorgan.

Auch oder gerade dieser Körperteil kann ein magischer Anziehungspunkt sein. Wenn ein Mann gut gebaut ist, sollte er öfter Jeans ohne Unterhosen tragen. Durch den festen Stoff wird der Liebesdiener in eine Art Pseudo-Erektion gebracht. Natürlich fällt unser Blick auch auf den Allerwertesten. Nicht fett soll er sein, bitte schön, kräftig gewölbt, aber schmal in den Hüften, das verheißt sexuelle Agilität.

Eine liebe Freundin grübelte unlängst: »Ich fürchte, daß es die Männer nicht aushalten, Objekt zu sein. Sie sind ja nicht gewohnt, erotisch taxiert zu werden.« Stimmt. Aber sie müssen sich an unseren erotischen Blick gewöhnen. Deswegen verlernen wir ja noch lange nicht, auch mit dem Herzen zu sehen …

Busen

Nicht knackige, sondern weiche Brüste sind besonders verheißungsvoll ...

Ein Mann sagt, daß er Busen liebt. Der Mann sagt weiter, die Signalwirkung des weiblichen Busens sei so stark, daß »Busen und Erregung« und »Busen und Wohlbefinden« eins für ihn seien. Gut. Gegen diese archaische Reaktion läßt sich schwerlich etwas einwenden. Wohl aber gegen eine Einschränkung, die der betreffende Mann macht: Der Busen soll knackig sein. Für eine 17jährige ist das kein Problem. In dem Bewußtsein ihrer jugendlichen Schönheit läßt sie die knospenden Brüste voller Stolz betrachten und liebkosen. Aber dann! Aus den »süßen Kipferln« werden – ich drücke es jetzt mit rüden Männerworten aus »müde Zipferln«. Lebensjahre, Schwangerschaften und Hungerkuren gehen am weiblichen Busen nicht spurlos vorüber. Schon bald ist der Busen nicht mehr auf ein ästhetisches Geschlechtsmerkmal reduziert, sondern Ausdruck eines gelebten Frauenlebens. Da gibt es mir natürlich zu denken, daß bereits mit 24 Jahren etwa zwei Drittel der Frauen mit ihrem Busen unzufrieden sind, weil sie ihn, gemessen an einem abstrakten Schönheitsideal, als »zu weich« empfinden. Über diese Weichheit will ich heute ein paar Worte sagen.

Nicht »knackig« ist das Symbol für Weiblichkeit, sondern weich. Sehen Sie sich doch einen body-gebuildeten Frauenkörper an: Dort, wo üblicherweise sanfte Linien und weiche Konturen sind, schrecken zum Waschbrett ausdividierte Muskelpartien ab. Die Andersartigkeit des weiblichen Körpers tritt durch die Weichheit der Körperlinien des Busens zutage, so ist das. Die männliche Brust ist hart, die weibliche Brust ist weich. Schon allein darin besteht ihre Attraktivität. Ich weiß aus Gesprächen mit Männern, daß sie die großen sexuellen Wonnen

B überraschenderweise nicht bei Mädchen mit »süßen Kipferln« erlebten, sondern bei Frauen mit weichen Brüsten. Auch wenn diese winzig und unscheinbar waren. Wieso eigentlich »überraschenderweise«? Hier waren sie nicht nur Mann und Geliebter, hier durften die Männer auch Kind sein, sich gehen oder von einer erfahrenen Frau leiten lassen. Ein lieber, von mir sehr geschätzter Freund sagte einmal, daß er jene Frauen am sexuell anziehendsten findet, die »Maschanska-Äpfeln mit Druckstellen« gleichen. Dieses Geständnis hat mir wohlgetan. Nicht nur deshalb, weil ich mich selber zu den Maschanska-Äpfeln mit Druckstellen zähle, sondern weil da endlich ein Mann war, der offen zugeben kann, was eigentlich öfter als Frauen wissen der Fall ist: Für die meisten Männer ist die süße Weichheit des Busens eins mit Sex, Zärtlichkeit und Erfahrung. Männer lieben weiche Busen. Auch wenn sie, um als jung und anspruchsvoll eingeschätzt zu werden, oft das Gegenteil behaupten.

Coup de foudre

C

Der Eindruck, den Ihnen Ihre fünf Sinne von einem Menschen vermitteln, ist oft falsch ...

»Es ist Zauberei«, schwärmte meine Freundin Claire. »Wie kannst du dir sonst erklären, daß ich mich Knall auf Fall in Christoph verliebt habe? Er ist doch ganz anders als ich, er ist ein Stubenhocker. Du siehst, er hat mich verzaubert!«

Ach, Claire, die Liebe auf den ersten Blick ist keine Zauberei, sondern eine ganz simple Geschichte: Irgendwann in der frühen Kindheit gab es mit einem bestimmten Menschen eine außergewöhnlich wohltuende, zärtliche Situation. Dieser Augenblick kann sich so tief in die Sinnesempfindung eingravieren, daß man Jahre später wie ein Computerprogramm funktioniert. Kommt der passende Code in Form eines bestimmten Mannes oder einer bestimmten Frau, der/die dieselbe sinnliche Ausstrahlung hat, läuft prompt das dazugehörige komplette Programm ab: Lust, Wonne und Vertrautheit entstehen. Auch dann, wenn der Betroffene diese Empfindungen gar nicht rechtfertigt.

»Mir ist, als würde ich ihn schon ewig kennen«, jauchzte Claire. Natürlich. Christoph hat vielleicht mit seinem ganz persönlichen Duft oder mit seiner Art, sich zu bewegen, zu lachen, zu sprechen oder zu schauen, ein Erinnerungsmuster in Claire reaktiviert, das ihr das Gefühl der Vertrautheit gibt. Da diese Auslösereize immer mit lustbetonten, inneren Bildern verbunden sind, benebelt die Liebe auf den ersten Blick den Verstand. Wenn Sie von einem erotischen Blitz getroffen werden, haben Sie dem anderen bestimmt Wohlwollen entgegengebracht, das jedes vernünftige Maß überstieg. Aber das ist ja das Schöne an der Liebe auf den ersten Blick: Sie finden den anderen nicht nur unwiderstehlich, Sie glauben auch, daß Sie ihn für das, was und wie er ist, lieben müssen.

C Genau das geschieht – Sie müssen lieben. Claire hat sich zum Beispiel nicht bewußt für Christoph entschieden, sondern die Person, der sie in ihrer Kindheit jene prägenden Momente der Zärtlichkeit und Lust zu verdanken hatte, hat für sie gewählt. Heftig, aber leider falsch.

Jetzt sind Sie enttäuscht. Sie hielten die »Liebe auf den ersten Blick« für die größte aller Leidenschaften. Aber so groß die sinnliche Wucht sein kann, mit der einen die Liebe auf den ersten Blick trifft, so oberflächlich ist sie. Die Liebe auf den ersten Blick entzündet sich nicht am Wert eines Menschen, sondern nur an seiner sinnlichen Ausstrahlung. Sie sind zwar auf den anderen abgefahren wie eine Hochschaubahn, aber es zeigt sich bald, daß vieles fehlt, was für die Dauer einer Partnerschaft notwendig wäre. Wenn eine Liebe nicht ein Strohfeuer bleiben soll, sollte ein Paar möglichst gleiche Interessen und Haltungen, eine möglichst gleichwertige Herkunft und möglichst gleiche Erwartungen an eine Partnerschaft haben. Über all das setzt sich die Liebe auf den ersten Blick hinweg: Sie verteilt kritiklos Vorschußlorbeeren.

Wenn ich mir jetzt in Erinnerung rufe, was Claire über Christoph sagte, wird es vermutlich nicht lange dauern, und auch Claire wird feststellen, daß ihre atemberaubende Liebe auf den ersten Blick ziemlich kurzatmig ist …

Danach

Warum die Liebesworte und -gesten danach doppelt wichtig sind …

»Ich bin doch kein kleines Kind mehr«, sagte Eva unlängst zu mir. »Ich kenne die Männer. Trotzdem kränkt es mich, wenn Heinz nach einer Umarmung einfach wegtaucht.« Das kenne ich doch, denke ich mir. Das kommt mir bekannt vor, darüber werde ich schreiben. Also ran an den Schreibtisch. Na? Warum fließen denn die Worte nicht? Weil es nicht leicht ist, jenes Unfaßbare zu fassen, das zwischen dem letzten Lustseufzer und dem ersten klaren Gedanken schwebt. Ich versuch's trotzdem.

In Liebesromanen und Filmen machen »danach« zwei erhitzte Menschen glückliche Gesichter und schmiegen sich innig aneinander. Jubel, Jubel! Wie schön wir es haben, wie glücklich und dankbar wir sind. Küßchen, Küßchen. In der Wirklichkeit hat der süße Taumel ein jähes Ende. Dem Orgasmus entflieht die innige Umarmung, der Gipfel der höchsten Lust bringt gleichzeitig den Abstand voneinander. Zumindest einer der Akteure dreht sich um, schläft ein und schnarcht. Oder er geht aufs Klo, raucht, sieht fern, liest oder holt sich etwas zu essen. Der andere liegt im Bett, zweifelt an sich und verzehrt sich vor Sehnsucht nach Wärme und Nähe. Nur in den seltensten Fällen hält sich ein Paar »danach« so zärtlich in den Armen, als wolle es sich nie wieder trennen. Nicht zufällig ist es meist (aber wirklich nicht immer!) der Mann, den zärtliche Berührungen »danach« gleichgültig bis zum Widerwillen lassen. Sie kennen ja die unterschiedlichen Lustkurven von Mann und Frau: steil ansteigend und jäh abfallend beim Mann, langsam ansteigend und sanft ausgleitend bei der Frau. Gier und Blackout bei ihm, nach und nach zunehmendes Verlangen und sinnliches Verebben der Lust bei ihr. Dazwischen: Frust. Er »wie tot«, sie kränkt sich, fühlt sich ungeliebt.

D Ich weiß von vielen Frauen, daß sie die Kälte nach einem Liebesakt als Ablehnung ihrer ganzen Person erleben. Natürlich kann hinter Gleichgültigkeit tatsächlich ein halbherziges erotisches Engagement oder mangelnde Zuneigung stecken. Wer von uns weiß nicht, daß ein Mann durch einen Hormonstau zwar zu einer ungeliebten Frau getrieben werden kann, aber »danach« nichts wie weg, weg, weg will. Es ist wie beim Essen: Erst wünscht er sich nichts sehnlicher als Gulasch, und nachher graust ihm sogar vor dem Geruch.

Es ist aber auch möglich, daß ein abrupter seelischer und körperlicher Rückzug nur der Ausdruck einer legitimen Erschöpfung ist: Man befindet sich in der sogenannten Aufbauphase, in der erotische Instinkthandlungen nur noch schwer oder gar nicht mehr anspringen. Man »braucht« diesen Abstand, um Kräfte fürs nächste Mal zu sammeln. Trotzdem tut's weh. »Ich habe das Gefühl, als ob für Heinz nur mein Körper und nicht ich als ganze Person wichtig gewesen wäre«, sagt Eva sehr treffend. Hmmh. Da ist was Wahres dran. Ich habe es selbst schon erlebt, daß das Gefühl, nur ein abgelehnter Körper zu sein, sich nicht auf den Augenblick beschränkt. Es wird quasi »zurückdatiert«, und man glaubt, daß die Zuwendung von »vorher« nur Mittel zum Zweck war. Das ist es, weshalb Liebesworte und -gesten »danach« nicht nur heiß ersehnt werden, sondern auch doppelt wiegen! Ein zärtliches Einanderhalten, ein liebes Wort, das genügt. Denn wenn nicht in der Phase der absoluten Wunschlosigkeit – wann dann kann man am überzeugendsten zeigen, daß man den/die Partner(in) als Ganzes liebt und nicht nur durch die Biologie zu ihm/ihr getrieben wurde …

Distanz

Eine Liebe auf Distanz muß nicht unbedingt mit dem tristen Ergebnis »Aus den Augen, aus dem Sinn« enden ...

Sonja und Ernst führen eine Wochenendehe. Von Montag früh bis Freitag nachmittag verbringt Ernst 380 km entfernt seine Arbeitswoche. Dann düst er nach Hause zu seiner Familie. Liebe, Nähe und Zärtlichkeit gibt es bei den beiden nur nach Terminplan.

»Das kann eine Beziehung beleben«, meinen manche Freunde. »Unsinn«, sagen die anderen, »das gefährdet die Partnerschaft.« Beides ist richtig, Sonja und Ernst haben sich durch ihre Pendelbeziehung neu entdeckt. »Es ist wie ein neues Verliebtsein«, sagen beide. »Es gibt wieder Momente der Spannung, und wir freuen uns richtig aufeinander.« Karins und Wolfgangs Fernbeziehung läuft nicht so gut. Karin vermißt den verbindenden äußeren Rahmen des Ehelebens. Wolfgang glaubt, bei seiner Heimkehr »Hurra schreien zu müssen«, kann aber nicht, weil er zu müde ist und »nur schlafen will«.

Obwohl die Wochenenden meist von beiden Seiten ersehnt sind, sind sie nicht immer das reinste Honiglecken. Da hat man als Frau gute Sachen eingekauft, die Wohnung auf Hochglanz geputzt und die Kinder präpariert – und was passiert? Man ist seltsam verstimmt. Der sehnsüchtig erwartete Partner ist übellaunig und die Stimmung verkrampft. Nur der Umstand, daß die gemeinsamen Tage auf eins-zwei-drei wieder vorüber sind, verhindert einen handfesten Krach.

Warum die gemeinsame Zeit so leicht in die Hosen geht? Weil der Harmoniedruck und die Erwartungen zu groß sind. Eben weil die bevorstehende gemeinsame Zeit nicht der üblichen Eheroutine entspricht, erwartet jeder besondere Zuwendung vom anderen. Jeder verleugnet sich, jeder verdrängt und unterdrückt Gedanken

D oder Empfindungen, von denen er befürchtet, sie könnten die notwendige Eintracht stören. Natürlich ist es nicht sinnvoll, nach einer Trennung zusammenzukommen, um zu streiten. Aber ein Gewitter, das in der Luft liegt, sollte nicht unter allen Umständen verhindert werden.

Noch ein Stolperstein kann gefährlich werden: Wenn man sich endlich hat, will man ganz füreinander da sein. Also schirmt man sich ab, schlägt Einladungen aus und zieht sich ins traute Heim zurück. So wohltuend die vermißte Nestwärme sein kann und so lobenswert das Bemühen um Nähe ist, so belastend kann diese Situation werden. Ein kleines Einstimmungsritual wie z. B. ein gemütliches Glas Wein in der Kuschelecke oder ein Programm mit Freunden macht es leichter, das bedrückende Gefühl von Distanz loszuwerden. Daß es einfacher ist, das Fremdeln zu überstehen, wenn der Kontakt während der Trennung nicht abreißt, ist klar.

Das Getrenntsein wird um so eher zur Belastung, je weniger man den Alltag des/r Partnerin nachvollziehen kann. Erlebnisse, die man nicht miteinander teilt, lassen den anderen bereits am Telefon fremd wirken. Das macht mißtrauisch und überschattet das Wiedersehen. Je mehr Sie über den Arbeitsort, die Arbeitsbedingungen und den Alltagsablauf des/r Partnerin wissen, desto größer sind die Chancen, einander auch nach ein paar Tagen Trennung ohne Vorbehalte zu begegnen. Mehr noch: Oft wird dann durch die Distanz die Kommunikation eines Paares verbessert, Bedürfnisse werden deutlicher wahrgenommen, es gibt keine Selbstverständlichkeiten, und es wird mehr Toleranz und Respekt geübt als unter normalen Umständen. Was kann da noch schiefgehen?

Drängen

*Frauen reagieren auf sexuelles Drängen mit Widerwillen,
weil Lust etwas Freiwilliges ist ...*

Unlängst setzte sich ein Pärchen an unseren Tisch beim
Heurigen. Ich traute meinen Ohren nicht: Der junge
Mann bettelte um Sex wie ein kleines Kind um ein Eis.
Nicht gerade, daß er die Hände faltete und »bitte, bitte«
machte. Zuerst wehrte ihn das Mädchen nur mit einem
Lächeln ab. Er insistierte weiter: »Bitte, ich habe so
große Lust.« Sie widersetzte sich nachdrücklich. »Nein,
ich will nicht.« Er gab die Bettelserenade nicht auf:
»Bitte, ich hab' schon seit fünf Wochen mit keiner Frau
mehr geschlafen.« Daraufhin war sie so sichtlich ange-
ekelt, daß sie darum bat, nach Hause gebracht zu werden.

Natürlich diskutierte ich mit meinem Liebsten über
das Pärchen an unserem Tisch. Mein Bester ergriff die
Partei für den Liebesbittsteller: »Das wäre doch eine
tolle Sache für das Mädchen gewesen«, meinte er. Kann
schon sein, daß sich der Bettelstudent im Bett als rasen-
der Tiger entpuppt hätte. Trotzdem hätte das Mädchen
sein Begehren nicht wirklich genossen. Um Sex darf ein
Mann nämlich nicht betteln. Er darf darum werben und
sich dafür in Szene setzen, aber betteln darf er nicht.
Auch der Hinweis darauf, vor Verlangen fast verrückt zu
werden, weil man schon seit ewig mit niemandem mehr
geschlafen hat, läßt die Lust einer Frau wie Schnee in der
Märzsonne zerrinnen.

Frauen reagieren auf sexuelles Betteln deshalb aller-
gisch, weil weibliche Lust immer etwas Freiwilliges ist.
Ein Mann hat eine Erektion, ob er will oder nicht. Wollen nützt ihm Null Komma nichts. Der Liebesdiener legt
sich auch dann seelenruhig zur Ruhe, wenn ihn sein Herr
mit einem mächtigen Willensakt dazu anhalten will, sich
zu erheben. Umgekehrt kann Ihnen als Mann ausge-

rechnet dann die Hose spannen, wenn Sie bei Tante Lint-schis Kaffeejause sitzen. Zu einer Erektion kommt es also immer unfreiwillig. Bei uns Frauen ist es anders: Eine Frau muß Erregung spüren, sich angezogen fühlen und sich hingeben wollen, um bereit für den Sex zu sein. Ich lege meine Hand dafür ins Feuer, daß das Betteln eines Mannes kein Grund für eine Frau ist, sexuell bereit zu werden. Im Gegenteil! Auch ohne bewußte Überlegungen spürt man als Frau sofort, daß man nur als Mittel zur Entspannung benützt wird.

Aber nehmen wir den umgekehrten Fall: Sie als Frau signalisieren einem Mann, daß Sie »es« unbedingt nötig haben. Na wunderbar, er besorgt es Ihnen liebend gerne! Er springt auch dann vor Glück darüber, Ihnen endlich Lust und Befriedigung verschaffen zu dürfen, wenn er weiß, daß er Ihnen so Wurscht ist wie der Zettelverteiler von der Straße nebenan. Einem Mann ist es egal, ob er als Individuum das Ziel des Verlangens ist oder nicht. Ihm genügt das Begehren, das er befriedigen kann. Das ist übrigens das Geheimnis der sexuellen Erfolge so mancher unattraktiven Frau: Wenn sie Gier und Geilheit signalisieren kann, sagt kaum ein Mann nein. Er ist sogar stolz darauf, als »Mittel zum Zweck« gesehen zu werden. Eine Frau will nicht Mittel zum Zweck sein. Unbestimmte Geilheit, die auf alles gerichtet ist, was aufrecht gehen kann und keinen Buckel hat, findet sie schlichtweg abstoßend.

Lassen Sie es sich also gesagt sein, lieber Freund: Betteln Sie nie, nie, nie, nie um Sex. Und verweisen Sie nie, nie, nie auf eine lange sexuelle Abstinenz. Eine Frau verzeiht einem Mann viel. Aber daß sich seine Lust genausogut mit einer anderen zufriedengeben würde, verzeiht sie ihm nicht …

Dreier

Leugnen ist sinnlos: Fast jeder Mann und auch Frauen träumen von der Liebe zu dritt. Aber ich warne Sie – das berühmt-berüchtigte Dreierzügel ist nicht nur wegen der notwendigen körperlichen Koordinationsfähigkeit kompliziert, es gibt auch jede Menge Gefühlsverstrickungen.

Bereits beim Einfädeln eines Dreiecks ergibt sich ein beachtlicher Schwierigkeitsgrad – vor allem dann, wenn der oder die Dritte oder gar beide Partner vom Reiz der Liebe zu dritt erst überzeugt werden müssen. Die nächste Hürde ist beim praktischen Arrangement zu nehmen: Wie legt man(n) es an, mit vier Brüsten statt mit zwei Schenkeln umzugehen? Wie verteilt man die aktiven und passiven Rollen? Der Sexualforscher Friedrich Karl Forberg machte sich die Mühe und kam auf 15 verschiedene Kombinationen! Wer kommt da nicht ins Schleudern? Ganz zu schweigen von der reichlich verknoteten emotionalen Lage.

Das Lustspiel zu dritt, bei dem zwei Frauen sich miteinander amüsieren und den Mann mit einbeziehen, birgt Sprengstoff für jene Frau, die das Vergnügen des Mannes mit eifersüchtigen Augen verfolgt. Gefühlskrisen sind vorprogrammiert. Auch auf der Ebene der Rivalität sind Schwierigkeiten zu erwarten. Da sich in der patriarchalischen Gesellschaftsordnung 90 von 100 Triolen aus zwei Frauen und einem Mann zusammensetzen (im Matriarchat bestand ein fideles Trio noch aus zwei Männern und einer Frau), äußert sich der Konflikt vorwiegend in einem beinharten Konkurrenzkampf zwischen den zwei Frauen: Wen berührt »er« öfter, wen zärtlicher? Bei wem stöhnt er lauter? Soweit ich Details in Erfahrung bringen konnte, ist einer immer der Dumme. Entweder er kommt sich vernachlässigt, überfordert oder überflüssig vor. Vielleicht stellt er fest, daß er in puncto Potenz doch nicht soviel drauf hat, wie er dachte.

D Oder es regen sich Besitzansprüche, die er nie in sich vermutet hätte. Am häufigsten verdrängt wird jedoch die Tatsache, daß die Triole eine Möglichkeit ist, mit seiner eigenen Homosexualität konfrontiert zu werden.

Sie sehen – nichts wie Schwierigkeiten. In den meisten Fällen ist die Phantasie heißer und schöner als in der Realität, in der sich ein Spiel zu dritt oft als mühsam, kompliziert und anstrengend erweist. »Es ist ungefähr so«, erklärte mir unlängst einer, der es wissen muß, »als würde man von einem Jaguar und einem Motorrad träumen. Dann hat man beide Fahrzeuge, muß sie aber gleichzeitig von Klagenfurt nach Wien fahren.«

Dumm

D

82 Prozent der Männer wünschen sich eine Frau mit viel Busen und wenig Hirn ...

Männer bevorzugen dumme Frauen. Eine britische Umfrage ergab, daß sich von 800 Männern zwischen 18 und 45 Jahren 82 Prozent schöne Dummchen als Partnerinnen erträumen. Ich weiß nicht, ob ich über dieses Ergebnis weinen oder lachen soll. Nur ein Irrtum kann der Grund dafür sein, daß Männer an ihrer Seite eine dumme Gans haben wollen. Aber vielleicht gelingt es, eine Erklärung für diesen Wunsch zu finden.

Naheliegend wäre, daß sich die Männer mangels eigener Intelligenz eine intelligente Frau nicht zumuten. Nein, diese Begründung ist nicht befriedigend, denn Männer halten sich grundsätzlich für das begabtere Geschlecht. Gewisse Dinge können sie ja wirklich besser. Sie können mehr Steine auf einmal heben, tiefer singen und bedeutend weiter pinkeln als wir.

Aber zurück zur Kernfrage: Warum bevorzugen Männer dumme Frauen? Männer halten sich doch durchaus für intelligenter als Frauen. Um so merkwürdiger ist es, daß sie sich nicht eine gleichwertige Partnerin wünschen. Womöglich sind die Männer von heute noch immer Patriarchen, die allein bestimmen und führen wollen? Dann rechnen sie natürlich damit, daß sich ihnen eine dumme Frau leichter unterordnet und fügt. Ich glaube, damit kommen wir der Sache schon näher. Es fragt sich bloß, warum soll es denn nur der Mann sein, der den Ton angibt? Schließlich ist erwiesen, daß Frauen nicht weniger befähigt sind, Entscheidungen zu treffen. Das kann's also nicht sein.

Jetzt habe ich es! Die Männer bilden sich ein, daß dumme Frauen besser im Bett sind. Sexy wie Sharon Stone in »Basic Instinct« und ausgestattet mit dem IQ eines Meerschweinchens – so eine Frau muß eine atem-

D beraubende, enthemmte, sinnliche Geliebte sein! Lächerlich, das wichtigste Geschlechtsorgan ist und bleibt das Gehirn. Auch stellte der Sexualforscher J. Raboch nach 2425 sexologischen Interviews mit Frauen fest: Die weibliche Orgasmusfähigkeit steigt mit der Intelligenz! Das werden die Männer doch nicht übersehen haben? Die Erklärung muß also anders lauten: Männer bevorzugen deshalb dumme Frauen, weil ihrer Meinung nach die kluge Frau keine »richtige« Frau ist. Eine intelligente Frau ist häßlich und unweiblich. Ist eine Frau nur dann eine »richtige« Frau, wenn sie nichts anderes im Kopf hat als ihr Äußeres und schön brav die Klappe hält? (Auch wenn sie so manches besser weiß.) Nein, so ein überholtes Frauenbild haben die Männer nicht. Vielleicht macht Männern eine Frau mit Busen und Köpfchen angst! Das wäre eine Erklärung dafür, warum das starke Geschlecht keine ebenbürtige Partnerin will, sondern eine dumme. Eine Frau mit Hirn kann mitdenken, kritisieren und fordern. Das beunruhigt Männer. Wenn sie es sich aussuchen können, und das können sie, nehmen sie sich lieber eine, die weniger im Hirn und mehr in der Bluse hat. Dieser Schluß wirft aber kein gutes Licht auf unsere Männer. Da bleibe ich lieber bei meiner ersten Vermutung: Die Männer haben den Fragebogen nicht richtig verstanden. Macht nichts. Irren ist männlich ...

Dunkelheit

Licht macht Lust. Aber Dunkelheit macht sehend ...

Weiche Konturen. Warme, glatte Haut ... Im samtenen
Dunkel der Nacht sehen Frauen mit jeder Pore. Im
schützenden Dunkel gelingt es uns leichter, dem Keim
unserer Erotik, unseren Phantasien und unseren Gefühlen zu begegnen.

Nichts beeinträchtigt die Lust, nichts lenkt vom eigenen Körper ab. Das Tasten, Riechen und Schmecken, die
sinnlichsten und beim Liebesakt dominierenden Sinnes-
wahrnehmungen, können die Erregung ungehindert
steigern. Vor den geschlossenen Augen entsteht ein Bild,
das oft sinnlicher ist als die Wirklichkeit ...

»Das muß man doch sehen«, sagen Männer in solchen
Augenblicken. Ein Griff zum Schalter, und zweimal 60
Watt erleuchten die Szene. Aus. Vorbei. Der Film reißt.
Die Geliebte kann nicht mehr von innen schauen.

Jetzt sieht sie mit ihren Augen. Sie hat ihr eigenes Gesicht vor sich, das nackter ist als nackt, weil darin ihr Verlangen steht. Sie sieht ihre Schenkel, die vielleicht nicht
so straff sind, wie sie es gerne hätte. Sie sieht ihren
Busen, eine Spur zu klein oder zu groß. So viele Bedenken, soviel Unsicherheit. Da hat die Lust keine Chance.

Jetzt schütteln Sie den Kopf. Sie finden eine Frau
atemberaubend schön und aufregend, wenn sie von der
Leidenschaft gepackt, in Stücke zerrissen, buchstäblich
verrückt wird. Ihre Ekstase erregt Sie. Die kleinen
Schönheitsfehler sehen Sie gar nicht. Keine Rede von
kritischen Blicken! Ich glaube es ihnen. Wahrscheinlich
glaubt es Ihnen auch Ihre Partnerin, wenn Sie es ihr
nachher zuflüstern, während sie, eng an Ihren Körper geschmiegt, der verlorenen Leidenschaft nachhängt.

Und dennoch ist es so: Im diffusen Dämmerlicht wirken Zärtlichkeiten doppelt so intensiv. Das verhüllende
Dunkel macht es vielen Frauen möglich, Lust und

D Nacktheit ohne Unsicherheit auszuhalten. Auch wenn Frauen noch so selbstbewußt ihren Körper in Szene setzen und sich stolz »oben ohne« zeigen – nackt ist nicht gleich nackt. Eine bewußt inszenierte Nacktheit erlaubt es, vermeintliche Fehler da und dort zu kaschieren, Unebenheiten auszugleichen oder einem mittelmäßigen Körper durch Bewegung Strahlkraft zu geben. Nacktheit im erregten Zustand zeigt mehr. Der Körper ist in einer unbeschönigten Fassung zu sehen, die tiefsten Triebregungen werden sichtbar.

Für Frauen, die in ihrer frühen Kindheit zu ihrem Körper keine entspannte, positive Beziehung aufbauen konnten, ist es schwierig, sich ohne den Schutz der Dunkelheit zu ihrer körperlichen Ausdrucksform zu bekennen.

Ich weiß von vielen Frauen, daß sie sich bemühen, während des Liebesaktes ihren Körper im Zaum zu halten. Viele versuchen, ihren Körper in eine vorteilhafte Position zu bringen, den Bauch einzuziehen oder einen »schönen« Gesichtsausdruck zu bewahren. Tun Sie das nicht! Wenn alle Konzentration darauf verwendet wird, dem Partner zu gefallen, können sich erotische Empfindungen nicht bis zum Höhepunkt steigern. Sie kontrollieren zwar Ihr Äußeres, aber Ihr Körper läßt Sie in bezug auf ihr Lust-Erleben im Stich.

Mein Rat an Männer: Wenn Ihre Gefährtin Sie bittet: »Lösch das Licht«, sollten Sie das tun. Vielleicht ist der Rückzug in die Dunkelheit tatsächlich eine Flucht vor Ihrem Blick. Aber es ist wie die Flucht des Rehs vor dem Bock – es flieht immer nur im Kreis. Und dieses Spiel von Versagen und Gewähren endet immer mit dem Gewähren …

Egoismus

E

*Vorsicht, wenn ein(e) Partner(in) das Gefühl vermittelt,
daß man selbst ohne sie/ihn nichts wert ist ...*

»Mein Mann sagt, daß es nicht an ihm liegt, wenn ich
keinen Höhepunkt habe«, erklärte mir unlängst eine
ehemalige Schulkollegin. »Er ist ein erfahrener, guter
Liebhaber.« Natürlich, was sonst. Er ist ein toller Liebhaber, ein wunderbarer Gesellschafter und ein erfolgreicher Geschäftsmann. Da muß sich eine Frau schon
alle zehn Finger abschlecken, wenn sie so ein Goldstück
haben darf. Wenn sie ihm am Wochenende hilft, eine
Werbeaussendung fertig zu machen, ist das für Harry
nichts Besonderes. Daß sie auch noch Harrys private Er-
ledigungen macht, ist für ihn nicht der Rede wert. Was ist
schon dabei, schnell aufs Postamt oder in die Putzerei zu
sprinten? Sehr viel, wenn es darum ginge, daß Harry
diese Kleinigkeiten selbst tut. »Wie soll ich das hinkrie-
gen?« fragte er entgeistert, als Anja ihn daraufhin ansprach. Ganz einfach – so wie Anja es schafft: durch das
Zurückstellen eigener Interessen.

Genau das kann Harry nicht. Sobald es um den sexuellen Genuß geht, setzt Harry seine Interessen auf Anjas
Kosten durch. Sie muß sich mit dem zufriedengeben, was
für sie abfällt.

Ganz im Gegensatz zu seiner Selbstdarstellung ist
Harry nämlich ein lausiger Liebhaber. Er hat keinen
Schimmer davon, wie Anja berührt werden will, welche
Worte sie hören mag und welches Tempo sie bräuchte,
damit ihre Lustbedingungen erfüllt wären. Das Maß
aller Dinge ist Harry. Er findet Streicheln lächerlich, erotische Reden unsinnig und lindes Tempo überflüssig. Wie
soll Anja unter diesen Umständen einen Höhepunkt erleben? Aber wie alle Egoisten ist Harry überzeugt
davon, daß er auch in puncto Erotik das Gelbe vom Ei
ist. Er braucht sich nichts sagen zu lassen. Wenn Anja

49

Probleme hat, dann ist das ihre Sache. Anja war auch davon überzeugt. Dies umso mehr, als auch Harrys Eltern ihr das Gefühl gaben, mit ihrem Sohn einen Fang gemacht zu haben, den sie nicht verdient.

Harrys Eltern haben mit ihrer Verwöhnung ihr Scherflein zu seiner egoistischen Entwicklung beigetragen. Aber auch durch Vernachlässigung kann ein Kind lernen, nur auf seinen Vorteil zu achten. Eine Zeitlang werden die Partner(innen) solcher Egoisten durch die Ansprüche, die diese stellen, in Atem gehalten. Aber irgendwann ist das Maß voll. Das Gefühl des Ausgenütztwerdens taucht auf. Plötzlich durchschaut man, daß man ausgerechnet von dem, der behauptet, einen zu lieben, nicht geschätzt wird. Sobald das Empfinden für die Bedeutung des eigenen Wertes da ist, gelingt es, sich aus den Fallstricken eines Egomanen zu befreien:

Schlagen Sie ihn mit seinen eigenen Waffen! Beharren Sie selbstbewußt auf Ihren Rechten, und lassen Sie sich nicht ausbeuten. Entweder Ihr Goldfisch gibt klein bei, oder er ist nicht imstande, auch nur ein kleines bißchen zurückzustecken. Wenn das der Fall ist, sollten Sie sich die Freiheit nehmen und mit den Worten gehen, die seine Lebensdevise sind: Nehmen ist seliger als Geben ...

Eifersucht

Seelisch gestörte Menschen leiden unter unangemessener Eifersucht ...

Es ist ein Jammer, mit anzusehen, wie Hanna mit Kurt umgeht. Ein gedankenloser Blick auf eine fremde Frau genügt, und Hanna gerät aus dem Häuschen. Mit ein paar freundlichen Worten zu einer von Hannas Freundinnen handelt sich Kurt eine spitze Bemerkung ein: »Ich gefalle dir wohl nicht mehr.« Wenn Kurt einmal mit einem Kollegen auf ein Bier gehen will, dreht Hanna durch: »Er trifft ganz bestimmt eine Frau.«

Obwohl es viele von Kurts Bekannten nicht mehr verstehen, hat er null Interesse an anderen Frauen. Aber davon ist Hanna nicht zu überzeugen. »Es gibt doch so viele Frauen, die hübscher und mehr sexy sind als ich«, martert sie sich. Das ist typisch für eifersüchtige Menschen: Sie empfinden sich selbst als minderwertig. Hannas Drohungen, Vorhaltungen und Beschimpfungen sind eine Strategie, mit der sie unbewußt darauf aus ist, ihre Gefühle der Ohnmacht in Macht zu verwandeln.

»Bitte sprich mit Hanna«, bat mich Kurt. »So geht es nicht mehr weiter.« Ich sah Hannas Rechtfertigung voraus: »Ich liebe ihn doch so sehr!« Das kann schon sein. Aber Hannas Zuwendung ist nicht werbend und fördernd, sondern kränkend und herabsetzend. Kein Wunder, daß das Eheklima der beiden unharmonisch ist.

Kurts Zuneigung zu Hanna hat im Laufe der Jahre Risse bekommen: Er kann eine Frau, die, in der Wahl ihrer Mittel nicht zimperlich, eine vermeintlich gefährdete Liebe auf unsinnige Weise »verteidigt«, nicht uneingeschränkt lieben. »Ich bin enttäuscht«, sagte Kurt. »So sehr ich mich bemühe – ich kann Hanna nichts mehr recht machen.« Dabei ist Hanna, wie alle eifersüchtigen Menschen, auf schmerzhafte Weise auf den Menschen, den sie am meisten liebt, angewiesen: Kurt muß ihr die

Sicherheit geben, die sie sich selbst nicht geben kann. Aber so viele Komplimente kann Kurt ihr gar nicht machen, so zuverlässig und blind für andere kann er nicht sein, daß Hannas Bedürfnis nach Anerkennung jemals gestillt würde.

Meist kommt es zu einem verhängnisvollen Kreislauf, von dem auch Hanna und Kurt nicht verschont bleiben werden: Durch Hannas Angriffe entmutigt, wird Kurt sie mehr und mehr zurückweisen. Hannas Selbsteinschätzung wird daraufhin noch mehr sinken, und ihr Mißtrauen und ihr Anspruch auf Anerkennung werden sich weiter steigern. Und damit ist auch der toleranteste und liebenswürdigste Partner überfordert.

Den Anfang vom Ende hat Hanna vor kurzem gemacht. Um Kurt nicht zu »gefährden«, brach sie die Kontakte zu Freunden ab. Nicht genug, daß Kurt die entlastenden privaten Kontakte fehlen, peinigt ihn Hanna auch noch mit Kontrollanrufen in der Firma. Wenn sich Kurt gegen Hannas Übergriffe wehrt, verweist sie auf ihre Liebe und appelliert an seine Gefühle.

Sollte Hanna nicht erkennen, daß ihre destruktive Sichtweise ein Hinweis auf ihre seelische Notlage ist, sehe ich schwarz für ihre Ehe. Erst wenn Hanna dazu fähig wird, sich buchstäblich »liebenswert« zu finden und sich selbst zu entfalten, kann sie auch Kurts Entfaltung ohne Eifersucht zulassen …

Eindringen

Im Moment des Eindringens offenbart sich die Faszination der Andersartigkeit ...

Was ist das Aufregendste an der sexuellen Umarmung? Der Moment der Nacktheit? Nein. Das Orgasmuskoma? Aber nicht doch: Es ist der Augenblick des Eindringens.

Was die Wissenschaft so sachlich mit »Penetration« bezeichnet, ist der magische Moment der Liebe. Ich weiß, daß es Frauen gibt, die das Eindringen als körperliche Verletzung, manchmal sogar schmerzhaft erleben. Ich weiß auch, daß Männer ihr Geschlechtsorgan oft als Waffe brauchen und sich damit in den Körper der Frau Eintritt verschaffen, auch wenn sie nicht gerufen worden sind. Davon will ich heute nicht sprechen. Ich finde, es ist an der Zeit, ein Loblied auf das Eindringen zu singen.

Wie viel wird über die leicht zugängliche klitorale Lust geredet und wie wenig über die Wonnen des Eindringens! Ich bestreite nicht die Wichtigkeit der Perle, ihr dankbares Reagieren auf Zärtlichkeit, aber es sollte auch einmal gesagt werden, daß die in sich ruhende, nicht sichtbare Vagina dieselben, wenn nicht noch heftigere Gefühle empfindet. Sowohl erfahrene Frauen als auch sexuell unerfahrene Mädchen bestätigen mir immer wieder, daß es so etwas wie eine »vaginale Sehnsucht« gibt. Für mich steht fest, daß das Verlangen nach dem Penis weder von zärtlichen Händen noch von kosenden Lippen gestillt werden kann. Es geht ja nicht um gekonnte Stimulationen, sondern um die Sehnsucht, die weiblichen Innenräume zu erfüllen. Es ist kein Zufall, daß es höchstwahrscheinlich Frauen waren, die mit der Erfindung der Töpferei und des Korbflechtens die menschliche Entwicklungsgeschichte mit Nahrungsbehältern bereicherten. Unsere Anatomie »verkörpert« das Aufnehmen und Bewahren. Ist es da nicht naheliegend, daß die biologische Ausstattung zu einer Erfindung anregt?

Die Vagina ist ein spezifisch weibliches Aufnahmeorgan, das die Qualität unserer Lust bestimmt. Kein Wunder, daß der Augenblick des Einswerdens für manche Frauen aufregender ist als der ganze Liebesakt. Natürlich ist der Moment des Eindringens auch für den Mann einzigartig: Es drängt ihn förmlich dazu, »hinein« zu müssen.

Daß es im sexuellen Erleben einer Frau Momente gibt, in denen sie Ausmaß und Art des Eindringens bestimmen will, bestreite ich nicht. Aber selbst auf die Gefahr hin, daß mir gewisse Leute an die Gurgel gehen, bekenne ich mich zu denen, die Frauen beim Sex das aufnehmende Element zuordnen. Wer kennt nicht die Freudentränen, die eine liebende Vagina vergießt, wenn sie endlich erfüllt wird! Auch wenn das Anderssein des Geliebten oft schmerzlich erlebt wird – im Moment des Eindringens ist gerade das das Erregende. Das Eindringenwollen des Mannes und das Aufnehmenwollen der Frau kommen einander entgegen.

Das Eindringen ist nicht bloß eine flüchtige Passage. Es enthält einen Hauch von Ewigkeit …

Elternschaft

Japanische Tanzmäuse sind »out«, Kinder sind »in«.
Die Bundesrepublik vermeldet einen gewaltigen Baby-
Boom. Prominente posieren verstärkt mit ihren Able-
gern, und die Kinohelden der Saison sind weder Rambo
noch James Bond, sondern Kinder. Alles dreht sich ums
Kind, das wunderbare Wesen. In den Filmen bringen die
süßen Kleinen Schwung in den tristen Alltag. Sie stiften
Ehen, bezaubern mit kindlichem Charme und beleben
die erotische Beziehung. Aber die Filme und Titelstories
zeigen uns immer nur die Butterseite der Elternschaft.
Kinder sind nicht nur beglückend, süß und lustig, Kinder
sind auch anstrengend. Vor allem sind sie für eine Partnerschaft oft und oft eine Belastung.

Ein Kind, von dem ein Paar nur durch eine papier-
dünne Wand getrennt ist, ist dem elterlichen Sex ebenso
wenig zuträglich wie ein Kind, das stundenlang quengelt
und nervt. Auch wenn man sich noch so sehr bemüht, die
Liebesbeziehung frisch und knackig zu erhalten – ein
Kind macht aus einem leidenschaftlichen Liebespaar
über kurz oder lang »Mami« und »Papi«. Jeder, der Kinder hat, weiß, daß sich »Mami« und »Papi« im Schlafzimmer nicht auf 1-2-3 in das unbefangene, spontane
Liebespaar verwandeln können, das sie einmal waren.
Einmal läßt ein kleiner Schreier keine Lust aufkommen,
ein andermal nervt der pubertierende Sohn, dann wieder verletzt die Tochter mit bösen Worten. Auch im positiven Sinn zehren Kinder an den Liebesenergien. Wie
oft schenkt man seinem Kind so ein Übermaß an Zärtlichkeit und Aufmerksamkeit, daß für den Partner nur
noch ein kümmerlicher Rest bleibt! Machen wir uns
nichts vor: Innerhalb einer Partnerschaft ist die Macht
eines Kindes stärker als der Sex.

Dagegen habe ich auch nichts einzuwenden. Wenn
rundherum alles paletti ist, ist eine Zweierbeziehung auf
Erweiterung angelegt, und man hat die Kraft, nicht nur

das Kinderglück, sondern auch den Kinderfrust durchzustehen. Wenn es allerdings eine resche Vierzigerin ins Wochenbett drängt, weil sie ihre Jugendlichkeit beweisen will, oder wenn ein Paar vor allem Gusto darauf hat, den Trend zum Kind mitzumachen, dann ist es anständiger und klüger, auf ein Kind zu verzichten. Erstens ist ein Kind kein Mountainbike, das man verstauben lassen kann, wenn man die Lust daran verloren hat. Und zweitens werden Trend-Eltern mit den Belastungen und Entbehrungen, die jedes Kind mit sich bringt, nie und nimmer fertig. Das Ende von der »neuen Lust aufs Kind« ist dann eine zerbrochene Partnerschaft und ein zerbrochenes Kind. Wollen Sie sich darauf wirklich einlassen?

Enthüllungen

E

Es ist nicht immer ein Vorteil, die intimsten Erfahrungen auszuplaudern ...

Spielen Sie auch schon das neue Gesellschaftsspiel »Raus mit der Sprache!«? Ich erlebe es in letzter Zeit immer öfter. Unlängst war ich zum Abendessen eingeladen. Wie so oft kam die Rede auf meinen Beruf. Schon waren wir mitten im Thema, nämlich beim Liebesleben meines Sitznachbarn und seiner Gattin. Bei der Suppe erfuhr ich, daß Susi höchst empfindliche Brustspitzen habe. Während der Hauptspeise wurde ich darüber informiert, daß sie seit dem Kind leichter zum Orgasmus kommt als früher. Beim Dessert setzte mein gesprächiger Nachbar zu einer ausführlichen Beschreibung über Susis Lustlaute an. »Sag's nicht, Schatzi«, bat Susi kokett. Ihr Göttergatte lächelte freundlich in die Runde: »Sie gurgelt beim Orgasmus.«

Das war erst der Anfang der Enthüllungsmanie. Etwas später berichtete eine resche Fünfzigerin, daß sie an Sex nie Gefallen gefunden habe und lieferte auch gleich die Erklärung dafür mit: Ihre Mutter habe sie zu früh aufs Töpfchen gesetzt. Dieser Zwang habe ihr ein für allemal den spontanen Genuß an jeder lustvollen Hingabe genommen. Hier hakte ein gutaussehender junger Mann ein und gestand seinen Berührungshorror. Streicheln kann er partout nicht ertragen. Nur Berührungen am, na ja, Sie wissen schon, könne er zulassen, seit er als kleiner Bub von sämtlichen weiblichen Familienangehörigen bis zum Überdruß geherzt, gedrückt und geküßt wurde.

Das war das Stichwort für eine hübsche Frau, die von ihrer unerfüllten Sehnsucht nach Zärtlichkeit erzählte. Nie sei sie genug liebkost worden, nie habe man ihr ausreichend Liebe geschenkt. Weder Papi noch Mami wären zärtlich genug und schon gar nicht sind es die Männer, die sie kennenlernt.

57

Als wir nach Mitternacht auseinandergingen, wußte jeder von jedem eine Menge Intimes. Aber was da an Geständnissen ausgepackt wurde, hatte mehr mit Koketterie zu tun als mit dem Bedürfnis, den anderen besser kennenzulernen. Ich glaube nicht, daß man sich durch unerbetene Enthüllungen menschlich näherkommt.

Natürlich ist der Augenblick, in dem trennende Mauern fallen und man einem anderen Menschen eine Intimität anvertraut, ein schöner, verbindender Moment. Aber wenn über die intimsten Erfahrungen wie über Urlaubserinnerungen getratscht wird, stellt sich jede persönliche Erlebnisweise als Banalität dar. Wer von uns hat nicht seine Probleme mit Berührungen, wurde nicht zu früh aufs Töpfchen gesetzt und hätte in seiner Kindheit nicht mehr Liebe bekommen können? Der Gefühlstinnef, der da ausgebreitet wird, baut mehr Barrikaden auf, als er beseitigt ...

Entscheidungsnot

Die seelischen Schmerzen eines Liebesdreiecks bleiben keinem erspart ...

Ein Mann zwischen zwei Frauen. Eine Frau zwischen zwei Männern. Nahezu jeder ist irgendwann einmal in seinem Leben in diesen Konflikt verstrickt: Man liebt die/den langjährige(n) Partner(in), aber den/die andere(n) liebt man auch. Man will auf den Menschen, mit dem einen Innigkeit und Zärtlichkeit verbindet, nicht verzichten, aber ohne den anderen kann man auch nicht sein.

Wer kennt nicht die Schmerzen des Liebesdreiecks! Nicht nur derjenige, der in einen Entscheidungsnotstand geraten ist, leidet höllisch, auch die beiden anderen. Die/der Geliebte leidet, weil sie/er die Demütigungen eines Lebens aus zweiter Hand nicht mehr erträgt. Die Ehefrau steht vor den Trümmern ihrer Ehe und Existenz, fühlt sich verraten und zweifelt an sich. Und wie geht's demjenigen, der im Kreuzfeuer dieser Gefühle steht? Beschissen.

»Selber schuld«, sagt jetzt vielleicht der eine oder andere. Stimmt nicht. Man kann auch unschuldig in einen Entscheidungsnotstand kommen. Menschen, die als Kind im Zuge einer Scheidung zwischen den Eltern standen, passiert das häufig. Hätten sie sich damals eindeutig für einen Elternteil entschieden, hätten sie den anderen verloren. Diese innere Zerrissenheit kann sich wieder bemerkbar machen, sobald sich Gefühle auf zwei Partner richten und eine Entscheidung notwendig wäre. Wahrscheinlich liebt ein Mann, der zwischen zwei Frauen steht, die ursprüngliche Partnerin gar nicht mehr, sagen Sie jetzt.

Doch, er liebt sie nach wie vor. Aber die erste Glut der Leidenschaft ist verflogen. Die »andere« bringt diese Saiten wieder zum Klingen. Was als flüchtige, »rein kör-

59

perliche« Affäre begann, vertieft sich bald. Erfüllter Sex stellt eben auch seelische Nähe her.

Auch aus Panik vor dem Alleinsein kann man in ein Liebesdreieck geraten. Wenn man lange Zeit niemanden hat und sich dann zufällig zwei Menschen für einen interessieren, ist man oft nicht fähig, eine souveräne Entscheidung zu treffen. Oder: Man hat nie gelernt, zu verzichten. Menschen, die »alles wollen«, neigen dazu, sich ihre Bedürfnisse bei zwei Partnern zu erfüllen.

Sie sehen, wie leicht es passieren kann, zwischen zwei Feuer zu geraten. Aber wenn eine Dreierbeziehung über jene Entscheidungsphase hinausgeht, die man braucht, um sich über seine Gefühle klarzuwerden – was dann? Suchen Sie nach dem/der richtigen Dritten, mit dem/der Sie wieder eine stabile Zweierbeziehung aufbauen können.

Erektionsstörungen

E

Die Erektionsstörung eines Mannes ist oft eine unausge-
sprochene Botschaft an die Frau ...

Unlängst lernte ich eine 38jährige Frau kennen – nennen wir sie Elke – , die mir ein Sexproblem anvertraute,
dem ich in letzter Zeit immer häufiger begegne. Elke erzählte: 16 Jahre lang hat sie – »typisch Frau«, wie ihr
Mann Leo meint – nicht wirklich etwas vom Sex gehabt.
Elke wurde von Leo von Arzt zu Arzt geschickt. Man bestätigte Elke, daß sie durch und durch gesund sei und
daß sie, bei einigem »Wollen«, durchaus »können«
müßte. Zweimal begleitete Leo seine lustlose Elke sogar
selbst zum Arzt. Mit dieser heroischen Haltung machte
er nach allen Seiten hin Eindruck: Er, der Benachteilig-
te, der sich schon seit Jahren mit dieser kalten Leber-
wurst herumplagen muß, zeigt noch immer ungebroche-
ne, sexuelle Bereitschaft! Wahrhaft ein Supermann.

Dann passierte folgendes: Elke machte eine Kur, und
es geschah, was schon dem alten Goethe während einer
Kur widerfuhr – sie verliebte sich. Und siehe da, mit dem
Kurschatten, ein verheirateter Mann übrigens, der ihr
nie Hoffnungen auf eine Fortsetzung des Techtelmech-
tels machte, war Elke alles andere als lustlos. Die Geschichte ist noch nicht zu Ende. Elke wollte ihre neuen
Erfahrungen in ihre Ehe einbringen. Aber Leo, 16 Jahre
an ein (für wen?) bewährtes, sexuelles Verhalten gewöhnt, bockte: Warum wollte Elke »es« ausgerechnet
so? Wozu das überflüssige, zusätzliche Gefingere? Genügt nicht sein herrlicher, allzeit bereiter Himmels-
schlüssel, um ihr das Tor zum Paradies zu öffnen? Und
dann dieses lächerliche Gerede vorher, das sich Elke
plötzlich wünschte. Nein, da bleiben wir schon bei unserem bisherigen Drücki, gell, Schatzi? Elke wollte nicht
dabei bleiben. Daraufhin wurde Leo impotent. Sein be-
leidigter Pendel wies Elke in ihre Grenzen und wehrte

jeden ihrer Ansprüche ab. Was Leo nicht aussprach, drückte sein schlaffer Penis aus: In unserem Schlafzimmer tickt die Uhr nach meinen Vorstellungen! Natürlich hat sich für Leo wieder alles eingerenkt – Elke »spinnt« nicht mehr. Sie hat also resigniert, und Leo erntet für seine dadurch wiederhergestellte sexuelle Bereitschaft die Lorbeeren männlicher Vitalität.

Ich glaube, die Geschichte spricht für sich. Ich möchte ihr nur eins anfügen: Die grassierenden männlichen Erektionsstörungen beinhalten immer auch eine Botschaft. Der müde Knecht, der sich nicht erheben will, fordert mit seiner Verweigerung, daß sich die Partnerin gefälligst mehr um ihn und seine Ansprüche kümmern soll. Üblicherweise tut sie das mit größtem Eifer, denn wenn »er« nicht kann, glaubt »sie« als Frau zu versagen. Damit ist für gewöhnlich der alte Stand wiederhergestellt: Er ist der Supermann, der es immer bringt, aber mit einer lustlosen Frau geschlagen ist ...

Erogene Zone

Die Sexualwissenschaft wirft immer neue erogene Punkte auf den Markt. Aber die wichtigste erogene Zone wird vergessen ...

Der G-Punkt ist ein alter Hut. Der S-Punkt hat sich als Flop erwiesen. Das Zupfen im Nackenbereich soll zwar ebenso erregen wie orale Stimulation, bewirkt aber höchstens Wohligkeit. Marke Hauskater. Der K-Punkt (direkt über dem Kreuzbein liegend und auf eine warme, drückende Handfläche reagierend) bringt auch niemanden von null auf hundert. Wenn die häusliche Libido nicht funktioniert, schielt man halt neidisch auf jene, die vermeintlich mit erogenen Zonen übersät sind und schon durch einen Händedruck orgastische Wonnen erleben. Wenn man doch auch den Punkt entdecken könnte, durch den der Liebessegen wieder gerade hängt!

Sie ahnen nicht, wie viele Frauen und Männer sich auf die Jagd nach einem neuen Punkt begeben, wenn Sand im Beziehungsgetriebe ist. Erst unlängst klagte eine 38jährige Ehefrau, daß ihre Ehe seit Jahren »wie tot« sei: »Wenn die Sexualwissenschaft nicht eine neue Lustzone entdeckt, mit der ich meinen Mann um den Verstand bringen kann, sehe ich schwarz für uns.« Als könnte ein bißchen Fummeln da und ein bißchen Mantschen dort eine lädierte Partnerschaft einrenken! Der Glaube daran, daß der Sex zwischen zwei Menschen ein Gebrauchsgegenstand ist, der unabhängig von der Qualität der Beziehung funktionieren soll, steckt uns in den Knochen.

»Wenn ich nicht den Knackpunkt meiner Freundin finde«, schrieb mir ein junger Mann, »macht sie bestimmt Schluß mit mir.« Armer Kerl! Seine Freundin wird höchstwahrscheinlich mit ihm Schluß machen. Aber nicht, weil er ihren Knackpunkt nicht aufspürt, sondern weil zwischen den beiden keine echte Beziehung und keine Nähe existiert.

Ich weiß, daß es verführerisch ist, sich von einem magischen Punkt maximale Befriedigung und Glück zu erhoffen. Aber Sex ermöglicht nur dann optimale Lust und Erfüllung, wenn er nicht »gemacht« wird, sondern der Spiegel einer Beziehung sein darf. Natürlich können Sie sich mit gewissen sexuellen Kenntnissen den eigenen Körper und den des Partners verfügbar machen. Aber wenn diese Technik nicht in gegenseitiges Verstehen eingebettet ist, funktioniert sie eines Tages nicht mehr. Lust gehorcht dem Willen nicht. Weder dem eigenen noch dem des Partners.

Ich erlebe immer wieder, daß sich das, was nur als sexuelle Problematik angesehen wird, als Beziehungskonflikt entpuppt. Nicht die Unfähigkeit, einen erotischen Knackpunkt aufzuspüren, macht eine Beziehung schlecht, sondern die Unfähigkeit, einander offen zu begegnen und der zu sein, der man ist. »Die ganze Beziehung ist eine erogene Zone«, sagt der Frankfurter Psychoanalytiker Prof. L. Moeller. Stimmt! Zurückgehaltene Empfindungen ehrlich einzugestehen und zuzulassen, wirkt erotisierend. Nicht wenn Sie gut fummeln, sondern wenn Sie gut miteinander reden können, stoßen Sie auf den Aah-Punkt Ihres Partners. Und der kann an jeder x-beliebigen Stelle des Körpers liegen.

Frauenängste

Die Liste der sexuellen Ängste ist deshalb so groß, weil man in keiner Lebenssituation verletzbarer ist als beim Liebesakt ...

Martina, Claudia und Ruth haben kein Glück in der Liebe. Martina verliert einen Mann schon vor der ersten Nacht, Claudia bleibt bei keinem, und Ruth hat Orgasmusprobleme.

Drei unterschiedliche Schicksale, eine Erklärung: Angst. Aber Angst ist nicht gleich Angst. Männer haben Angst, ihr Penis könne zu klein sein. Frauen haben Angst, der Partner könne an einem Baucherl Anstoß nehmen. jede sexuelle Begegnung kann die frühkindliche Angst aktivieren, den Erwartungen desjenigen nicht zu entsprechen, den man liebt, zu enttäuschen und »fallengelassen« zu werden. Natürlich macht die Angst, nicht angenommen und akzeptiert zu werden, das sexuelle Zusammensein nicht gerade leichter. Aber verglichen mit den Störungen, die verborgene sexuelle Ängste verursachen, handelt es sich um Bagatellängste.

Die 25jährige Martina hatte eine schlechte Beziehung zu ihrer Mutter und konnte keine selbstbewußte Identifizierung mit der eigenen Weiblichkeit entwickeln. Frauen mit einer solchen »Geschlechtsidentitätsangst« haben panische Angst davor, sexuell nichts zu bringen. Nicht Angst vor dem Sex veranlaßt Martina dazu, das erste Mal immer so lange hinauszuzögern, bis jedem Mann die Geduld reißt, sondern die Angst, sexuell zu versagen. Eine milde Variante der Geschlechtsidentitätsangst ist die Abneigung gegenüber den eigenen Genitalien. Ich kenne viele Frauen, die ihre Sexorgane so unattraktiv finden, daß sie es ablehnen, sich bewußt damit zu befassen. Schade. Der kürzeste Weg zum sexuellen Genuß besteht nämlich darin, im Umgang mit sich selbst die Bedingungen der eigenen Lust zu erforschen und sie dem Partner zu vermitteln.

Claudia wird in ihrem sexuellen Verhalten von der Gewissensangst geleitet. Sie wird bei jeder neuen Bekanntschaft von der Lebensmaxime ihrer Familie eingeholt: »Sex kann nur mit dem Mann des Lebens schön sein.« Unter den Männern, denen Claudia bisher begegnete, war zwar nicht der »Mann des Lebens«, aber der eine oder andere wäre vielleicht ein guter Liebhaber gewesen. Aber weil niemand da ist, der Claudia die »Erlaubnis« gibt, mit ihm unbefangen Freude am Sex zu haben, ohne daraus gleich soziale Konsequenzen ziehen zu müssen, gibt sie jeden neuen Lover gleich auf.

Und was ist mit der 36jährigen Ruth los? Ihr Handicap heißt »Triebangst«. Ruth hat Angst, die Kontrolle über ihren Körper und ihre Gefühle zu verlieren, buchstäblich »außer sich zu sein«. Damit das nicht geschieht, blockiert sie die »sinnenraubende« Lust – ausgerechnet dann, wenn es am schönsten ist, steht sie neben sich. Auch der Scheidenkrampf kann eine Folge der Triebangst sein. Die unbewußte Angst vor der eigenen Leidenschaft führt dazu, daß die betreffende Frau buchstäblich »zumacht«. Wenn der Mann nicht eindringen kann, können sich ihre sexuellen Impulse gar nicht erst entfalten.

Das Angst- und Konfliktpotential der Liebe ist so groß, daß das Versprechen einer »angstfreien Sexualität« glatter Etikettenschwindel wäre. Aber es geht ja gar nicht darum, Sex »angstfrei« zu erleben, sondern um den Mut, seine Angst anzuerkennen und sich mit ihr auseinanderzusetzen. Wenn ihnen das gelingt, werden Sie ein liebesfähigerer und auch freierer Mensch …

Frauenpo

F

Der weibliche Po ist eine heiße erotische Zone ...

Es gibt zwei Sorten von Männern. Die einen greifen beim ersten Kuß automatisch nach dem Busen der Frau, die zweiten nach ihrem Po. Falls Sie zu diesem Männertypus, also zu den Po-Grapschern gehören, ist auf Ihr instinktives Sexualverhalten Verlaß: Der weibliche Po ist das urzeitliche Sexualsignal schlechthin. Unsere Vorfahren, die den aufrechten Gang noch nicht beherrschten, folgten bei ihren ersten Annäherungsversuchen ihrer Nase. Daß sie eine Sexpartnerin schnuppernd finden konnten, war dem emporgereckten Hinterteil der Urfrau zu verdanken. Auch wenn der Hintern nicht mehr im Mittelpunkt des erotischen Begehrens steht, hat sich die Liebe zu ihm über Jahrtausende hin gehalten.

In grauer Vorzeit sah man im Mond das astrische Abbild des lustspendenden irdischen Hinterns. Seit damals sind Mond und Po mit den Vorstellungen von Reichtum und Glück eng verknüpft – denken Sie nur an die Goldscheißer und die mit Geldstücken gefüllten Nachttöpfe, die in der Silvesternacht verschenkt werden. In ferner Vergangenheit war der Po/Mond Urbild aller Götter. Der Mann des 20. Jahrhunderts faßt sich sachlich kurz: Knackig und prall soll der weibliche Po sein. Ich weiß übrigens von vielen Frauen, daß auch ihnen selbst das Gefühl, einen »festen Po zu haben«, buchstäblich das Rückgrat stärkt: Ein muskulöser Hintern repräsentiert die neue Weiblichkeit – nicht mehr schlaff und passiv, sondern selbstsicher und aktiv.

Aber Sie haben es sicher schon selbst festgestellt: Po ist nicht gleich Po. Es gibt nicht weniger als zehn grundsätzlich verschiedene Ausprägungen des Allerwertesten. Fachleute beschäftigen sich seit jeher damit, ob gewisse Po-Vorlieben auf bestimmte Charaktereigenschaften schließen lassen. Ich glaube zwar, daß die

Vulgärpsychologie pomäßig ins Schleudern kommen müßte, aber es gibt tatsächlich Untersuchungen, denen zufolge Männer, die große Pos lieben, »gute Organisatoren und engagierte Familienväter« sind. Kleine Hintern werden von Männern bevorzugt, die unpraktisch veranlagt sind, aber philosophische Qualitäten haben. Na ja. Da geben die erotischen Qualitäten des Hinterns schon mehr her. Hier kann ich nur eins raten: Männer aller Länder, entdeckt den weiblichen Po als heiße erogene Zone! Auch wenn der Po während gewisser Liebespositionen Ihrem Gesichtsfeld entschwindet, hat er doch seinen festen Platz in der Hitliste der Scharfmacher. Die Nervengeflechte der Analregion überlappen sich teilweise mit jenen Nervengeflechten, die am Orgasmus mitbeteiligt sind. Guter Po, du gehst so stille und bist doch eine sexuell hochsensible Zone mit leicht entfachbarer Lust …

Frequenz

*Die Unterschiedlichkeit sexueller Bedürfnisse wird oft zu
einer Partnerschaftskrise ...*

Sophie würde manchmal am liebsten die Wände hoch-
gehen, so stark ist ihr Bedürfnis nach Sex. Berthold, So-
phies Mann, kann diesen Hunger nicht begreifen: »Wir
haben doch erst vor zwei Wochen miteinander geschlafen!« Die umgekehrte Situation ist bei Katja und Franz
– er will ständig, sie blockt ab.

Derjenige, der weniger Lust hat, kontrolliert die Situation. Er diktiert, wann der andere »darf«. Der ständig
Zurückgewiesene fühlt sich gedemütigt und hungert
nach Anerkennung. Der Abweisende findet den sex-
hungrigen Partner »tierisch« oder »egoistisch«, fühlt sich
aber trotzdem zu Zugeständnissen verpflichtet und erlebt den Sex ziemlich unbefriedigend. Schließlich läßt er
sich ja nur mit wenig Verlangen darauf ein, während der
andere auf einem hohen Erregungsniveau startet. Dadurch entsteht ein Teufelskreis, denn einen Liebesakt,
der nur so lala verlaufen ist, will man so schnell nicht
wieder erleben.

Nicht selten wird der lustlose Partner von seinem ak-
tiveren Gesponsen zur Reparatur geschickt. Manchmal
wünscht sich der Betroffene selbst ein »Service«. Da
sitzt dann eine verzagte Frau oder ein unglücklicher
Mann in meiner Praxis und will wissen, wie sie/er besser
»funktionieren« könnte. Gegenfrage: Wie war es denn
am Anfang um die sexuellen Bedürfnisse bestellt? Waren sie da noch gleich? Oder waren sie vom ersten Moment an unterschiedlich? Verliebte gehen oft dem anderen zuliebe auf dessen sexuelle Wünsche ein und bekennen sich erst Jahre später zu ihrer wahren Sexualität.
Waren die sexuellen Bedürfnisse einigermaßen gleich
und haben sich nur bei einem Partner drastisch reduziert, muß man nach den Gründen dafür forschen.

F

Bei Frauen ist häufig die Doppelbelastung Beruf/ Haushalt schuld. Männer lassen sich so sehr von ihrem Beruf in Anspruch nehmen, daß ihnen kaum noch Energien bleiben. Oft ermöglicht eine Umstrukturierung der Lebensumstände eine Harmonisierung der sexuellen Bedürfnisse.

Es kommt aber auch vor, daß unterschiedliche sexuelle Bedürfnisse entstehen, weil sich einer der beiden Partner langweilt oder fehlende Kommunikation und Zärtlichkeit durch Sex ersetzen will. Schließlich sind manche Verhaltensweisen wahre Lustkiller: schlechte Laune, aggressive Umgangsformen oder vernachlässigtes Aussehen.

Die einzige Möglichkeit, die Lustdiskrepanz zwischen einem Paar weitgehend auszugleichen, besteht darin, den Lust-Verlust bis an seine Wurzeln zurückzuverfolgen. Der Weg ist mühsam, aber lohnend: Angeglichene Lust ist eine Kraftquelle der Partnerschaft.

Frühling – Herbst

F

*Entgegen der allgemeinen Meinung haben Frühling/
Herbst-Verbindungen gute Chancen ...*

Sollten Sie jemals einem reifen Mann begegnen, der
Ihnen beteuert, wie wichtig ihm Sex ist, glauben Sie ihm
nur bedingt. Und sollten Sie jemals einem jungen Mann
begegnen, der Ihnen schwört, daß ihm die seelische
Liebe das Wichtigste ist, bleiben Sie skeptisch. Nach
Umfragen des Biologieprofessors David Quadagno und
des Soziologen Joey Sprague fallen Frauen und Männer
einander aus völlig unterschiedlichen Motiven in die
Arme: Je jünger die Männer sind, desto eher drängen sie
aus rein körperlichen Bedürfnissen Richtung Doppelbett. Ab 36 Jahren entdecken sie die Liebe – Herz ist
Trumpf, wenn's um Sex geht.

Bei uns Frauen ist es genau umgekehrt. Bis 36 sind es
vorwiegend Liebe und die Sehnsucht nach Geborgenheit, die zu sexuellen Kontakten führen, später domi-
niert das Bedürfnis nach körperlicher Befriedigung. Daß
sich bei Frauen im Laufe der Jahre die Lust am Sex steigert, ist ein alter Hut. Kinsey machte schon in den fünfziger Jahren darauf aufmerksam, daß die weibliche Orgasmusfähigkeit Jährchen für Jährchen zunimmt. Daher
ist für mich diese neuere Studie vor allem in bezug auf
die Frühling/Herbst-Verbindungen interessant, denen
man mit Vorurteilen wie »Mutter- oder Vaterkomplex«
begegnet. Die vitale Vierzigerin, die mit einem 23jähri-
gen liiert ist, liegt vermutlich in puncto Sex auf derselben
Wellenlänge wie ihr junger Hirsch. Und der Sechzig-
jährige, der mit einer 20jährigen verbandelt ist, mag's
wahrscheinlich genauso gefühlsbetont wie sie. Was
spricht eigentlich dagegen, diesen Aspekt zu berücksichtigen, wenn wir einem Frühling/Herbst-Pärchen gegen-
überstehen? Nicht jeder verliebte ältere Herr ist ein un-
ersättlicher Lustmolch und eine fünfzigjährige Frau kein

geschlechtsloses Wesen, das jenseits von Gut und Böse ist. Da haben sich offenbar zwei gefunden, die denselben Liebesstil haben. Mir gefällt die Vorstellung, daß der reife Herr mit einer süßen 18jährigen kuschelt, kost und Händchen hält ebenso gut wie das Bild einer Frau in den besten Jahren, die in den Armen eines jungen Geliebten von einem Höhepunkt in den anderen gleitet.

Warum soll es nicht auch beim Sex eine Perestroika, einen Wertewandel geben? Er wäre der Beweis dafür, daß auch Sex einem Reifungsprozeß unterliegt. Als junger Mensch hat man noch klischeehafte Vorstellungen über Sex und über »typisches männliches« oder »typisches weibliches« Rollenverhalten. Entsprechend dieser Stereotype lebt man vielleicht die erste Hälfte seines Sexlebens. Erst mit den Jahren und mit zunehmender Erfahrung ist man dazu bereit, auch andere sexuelle Ausdrucksmöglichkeiten zu entdecken und auch zu leben ...

Geld

G

Hände weg von einem Geizhals! Geizhälse knausern nicht nur mit Geld, sondern auch mit Gefühlen ...

»Geld macht sinnlich« heißt es in einem Stück von Bertold Brecht. Ein wahres Wort! Es ist aber nicht wichtig, wieviel Geld ein Mann hat. Wichtig ist, wie er mit dem, was er hat, umgeht. Das heißt natürlich nicht, daß Frauen grundsätzlich auf Männer mit Spendierhosen aus sind. Aber sie brauchen das Gefühl, dem Partner etwas wert zu sein. Wenn eine Frau merkt, daß sich ein Mann vor der geringsten Ausgabe drückt und unnötig knausert, vergeht ihr die Lust stante pede. Dann kann es passieren, daß sie noch an der Bettkante von einem stillschweigenden Übereinkommen wieder zurücktritt. Der frustrierte Lover weiß meist gar nicht, was ihn eigentlich um die erwarteten Freuden gebracht hat. Sein ekelhafter Geiz war's!

Geiz ist ein unausgesprochener, aber häufiger Liebeskiller. Eine Bekannte von mir verzichtete auf ein Beisammensein mit einem gutaussehenden Mann, als er für das Teilen der Rechnung allen Ernstes herausfinden wollte, wieviel Stück Schnecken sie denn nun tatsächlich gegessen hatte. Das blanke Entsetzen darüber, daß womöglich ein Stück mehr als notwendig auf sein Konto ginge, stand ihm ins umwerfend schöne Gesicht geschrieben. Und das, obwohl er ihr eben noch beteuert hatte, wie sehr er sie schätzt und begehrt.

Noch eine Geschichte: Beim Abrechnen der Haushaltskosten verwies der Partner einer jungen Frau darauf, daß er den Zucker nicht bezahle, da er seinen Kaffee ungesüßt trinke.

Es gehört schon sehr viel Verblendung dazu, einen geizigen Charakter zu lieben. Ein krankhafter Sparefroh, der nur darauf aus ist, sein Geld zusammenzuhalten, darf sich nicht wundern, wenn er bei Frauen kein Glück hat.

73

G Zwanghaftes Sparverhalten und unbeschwerte Sinnlichkeit schließen einander aus. Ein Geizhals wirkt saftlos,
kraftlos, pedantisch und impotent. Weg mit ihm! Wäre
ein Geizkragen in Gefühlsdingen ein Verschwender,
würden wir ihm seine Raffgier ja gerne nachsehen. Aber
wenn einer spart, dann spart er an Zuwendungen aller
Art – auch an Emotionen.

Sicher ist Ihnen auch schon einmal eine Frau oder ein
Mann begegnet, die/der Ihnen ausschließlich nach der
Formel »Ich liebe dich nur in dem Maße, in dem du mich
liebst« Zuwendung schenkte. Ist Ihre Verliebtheit bei
diesem kleinmütigen Schielen danach, ob unterm Strich
die Rechnung stimmt und ob man nur ja nicht zu kurz
kommt, nicht geschwunden? Ich könnte es verstehen.
Wieviele attraktive Männer schrumpfen bei näherem
Kennenlernen auf das lächerliche Format des geizigen
Dagobert Duck, weil sie mit ihren Empfindungen genauso knausrig umgehen wie mit ihrem Geld! Ich habe
mit Geizhälsen eigentlich nur negative Erfahrungen gemacht. Und ich sehe immer wieder, daß Menschen,
deren Liebesdevise »Wie du mir, so ich dir« ist, uner-
freuliche Partner sind. Jemand, der nicht begreift, daß in
der Liebe Geben und Nehmen in keinem direkten Verhältnis zueinander stehen, vergrößert vielleicht sein
Konto, aber in puncto Gefühl ist er ein armer Schlucker.
Nicht nur deshalb, weil ihm seine Angst, schon die klein-
ste Ausgabe könnte ihn ruinieren, all die Vergnüglich-
keiten verschließt, die mit einem kleinen finanziellen
Aufwand erschwinglich wären. Entscheidend ist, daß ein
Geizhals niemals das Glück des wahren Reichtums erleben kann. Wer nicht geben, schenken und teilen kann,
kapiert auch nicht die Weisheit des Spruches: »The best
things in life are free.« Die schönsten Dinge im Leben
gibt's unentgeltlich …

Gemeinsamkeiten

Es tut wohl, einem Menschen zu begegnen, der so ist wie man selbst ...

Wenn ich den Namen Dagmar erwähne, sehen meine Freunde rot. Dagmar ist seit vier Jahren geschieden und intensiv auf Männersuche. Kaum lernt Dagmar einen Mann kennen, versucht sie zwischen ihm und sich so viel an Gemeinsamkeiten aus dem Ärmel zu ziehen, daß man sich – ihrer Meinung nach – stante pede verbandeln müsse.

Er hat vor einiger Zeit aufgehört zu rauchen? »Nein so was, ich auch!« behauptet Dagmar kühn. (Lächerlich, sie hat erst gestern mein Wohnzimmer vollgepofelt.) Er trägt gerne Jeans? Sie liebt Jeans! Am liebsten würde sie damit auch ins Theater gehen. (Lüge! Dagmar sieht in Jeans aus wie ein Fesselballon und trägt daher nur zweiteilige Kleider.) Er mag die Liebe am frühen Morgen? Was für ein putziger Zufall! Davon träumt sie seit ihrer Pubertät. (Haha! Dagmar ist bis zehn Uhr unansprechbar.) Er hat eine Vorliebe für Licht beim Sex? Nicht möglich, nur unter dieser Bedingung kann sie überhaupt Lust entfalten. (Unglaublich! Alle ihre Verflossenen amüsierten sich darüber, daß Dagmar schon das Licht abdrehte, wenn sie erst auf dem Weg zum Bett war.) Er hat zwei Ohren zum Hören? Nein, das gibt's ja nicht, sie auch! Er hat zwei Beine zum Gehen? Das darf nicht wahr sein – sie auch!

Ich gebe zu, daß Dagmar mit ihrer Methode, die übrigens Vertretern zur Verkaufssteigerung nahegelegt wird (»Stellen Sie zwischen sich und Ihrem Kunden möglichst viele Gemeinsamkeiten her, dadurch steigt das Vertrauen, und Sie bringen Ihre Ware leichter an«), oft Erfolg hat. Nicht nur Männer, auch wir Frauen sind entzückt, wenn man einem Menschen begegnet, der – vermeintlich – so ist wie man selbst. Erstens wirkt das bereits er-

G wähnte Vertrauensprinzip, zweitens kann man sich selbst wie in einem Spiegel sehen, quasi seinem erweiterten Ich begegnen. Außerdem wird die Liebesbereitschaft enorm angekurbelt: Da sich jeder Mensch bekanntlich selbst liebt, müßte er folglich auch den lieben, der so ist wie er. Damit also taktiert Dagmar. Das ermöglicht ihr zwar Anfangserfolge, aber letztlich bleibt sie ja doch auf der Strecke. Menschen wie Dagmar sind nicht nur für diejenigen ein rotes Tuch, die ihre Masche durchschauen. Auch jene, die darauf hereinfallen, sind bald enttäuscht. Der Umgang mit der Fälschung von einem selbst wird nämlich sehr bald ermüdend und langweilig. Darum will ich die, die Dagmar ihre schnellen Siege neiden, ermutigen: Verzichten Sie darauf, der Abklatsch eines anderen sein zu wollen – machen Sie einem neuen Partner nur das eigene Angebot schmackhaft. Wirklich berauschend und faszinierend ist auf Dauer nur der Unterschied, den man immer wieder überwindet, um einander neu entdecken zu können ...

Genießen

G

Schon die griechischen Götter stritten darüber, ob Frau oder Mann den Sex mehr genießen können ...

»Für einen Mann«, sagte unlängst Michael zu mir, »ist Sex schöner als für eine Frau.« Ich bin da anderer Meinung: Ich glaube, daß Frauen Sex mehr auskosten können als Männer. Über diese Frage stritten sich übrigens schon die alten Griechen. Die griechische Mythologie erzählt, daß der Seher Tiresias für sieben Jahre in eine Frau verwandelt wurde und als Frau die Liebe eines Mannes kennenlernte. Eines Tages stritten sich die beiden Gottheiten Zeus und Hera darüber, ob die Frau oder der Mann mehr Genuß beim Liebesakt empfinde. Weil sie sich nicht einigen konnten, riefen sie Tiresias. Der sagte, es sei ohne Frage die Frau, die mehr Genuß bei der sexuellen Liebe habe. Seine Antwort paßte nicht in die schon damals existierenden Geschlechterklischees, und Tiresias wurde von Zeus zur Strafe geblendet.

Auch heute glauben noch viele Männer, Frauen seien sexuell unterbelichtet. Mein Freund Michael ist der Meinung, daß Männer sexuelle Abwechslung viel mehr genießen als Frauen. Michael, wenn du wüßtest! Ich kenne die Träume und Phantasien, die Frauen beim Sex haben. Abwechslung spielt da eine große Rolle.

Auch der »Reiz des Neuen« ist für Frauen nicht so unbedeutend, wie manche Männer glauben wollen. Vielleicht plaudere ich jetzt aus dem Nähkästchen, aber warum sollen Sie es nicht erfahren: Viele Frauen machen sich einen langjährigen Liebespartner dadurch interessant, daß sie sich vorstellen, wie eine fremde Frau ihren Mann begehrlich betrachtet. Wer weiß, wie viele Liebesstunden Sie als Mann einer fremden Frau zu verdanken haben! Deren sehnsüchtige Blicke regten Ihre bessere Hälfte dazu an, Sie in einem neuen, reizvolleren Licht zu sehen.

G Jetzt haben Sie ein As im Ärmel. Das sei eben alles nur Phantasie, meinen Sie. Richtig. Frauen sind, um den »Anstand nicht zu verletzen«, mehr als Männer darauf angewiesen, sexuelle Impulse über den Umweg der Phantasie auszulösen. Aber auch auf diesem Gebiet hat sich gezeigt, daß Frauen blumigere erotische Vorstellungswelten als Männer haben. So, jetzt bin wieder ich am Zug. Die Frau wurde vom Lustobjekt zum Lustmodell, behaupte ich. Ihr Körper ist überall, nicht nur an ihrem Geschlecht, erregbar. Männer haben oft nur eine einzige »heiße« Zone – ihren Pimmel. Jetzt lege ich noch eins drauf. Ein Mann ist nach seinem Höhepunkt zumindest vorübergehend nicht zu einer nächsten Runde fähig. Eine Frau »kann« immer, sie kann viele Höhepunkte hintereinander haben und jeden Orgasmus mehr als den vorhergehenden genießen.

Manchmal ist weibliche Lust sogar maßlos. Einer Frau ist es sogar möglich, ohne Erholungsphase von einem Orgasmus in den anderen zu gleiten. Ein Mann kann das nicht. Aber Quantität macht nicht Qualität aus, entgegnen Sie mir jetzt. Und: Männer können dafür unverschämt hemmungslos sein. Aber der Intensität der weiblichen Lust kann ein Mann trotzdem nicht folgen. Wir können es nämlich zulassen, uns ohne »Wenn« und »Aber« in einem Mann zu verlieren. Diese Hingabefähigkeit ist der entscheidende Pluspunkt, den wir Frauen auf der Liebesskala für uns verbuchen dürfen ...

Geschlechtsunterschied

Zwischen Mann und Frau wird es immer einen Rest von Fremdheit geben ...

Ich habe einmal an einer TV-Talk-Runde im Kölner Raum teilgenommen. Das Diskussionsthema – der Unterschied zwischen Mann und Frau – spaltete die Runde in zwei Lager. Die einen vertraten den Standpunkt, daß Frauen und Männer ganz gleich seien und das geschlechtsspezifische Rollenverhalten nur durch Erziehung und Gesellschaft entstehe. Die anderen, zu denen auch ich gehörte, behaupteten, daß es ja doch einen Unterschied zwischen Mann und Frau gebe, und zwar von Anfang an, festgelegt in den kleinen grauen Zellen unseres Gehirns.

»Wetten, daß Sie sich in einem Kabelgewirr genauso gut zurechtfinden würden wie ein Mann?« wollte man mir suggerieren. »Und Sie könnten auch Sex genauso wie ein Mann, wie eine Sache konsumieren.« Ich will es aber nicht. Ich und all die anderen Frauen, denen es ergeht wie mir, wollen es wahrscheinlich deshalb nicht, weil schon im Mutterleib Hormone festlegen, ob das Gehirn männlich oder weiblich werden wird.

Zwei britische Mediziner, Anne Moirs und David Jessels, erregten mit ihrem Buch »Brain Sex« Aufsehen, in dem sie die unterschiedliche »Funktionsweise« des weiblichen und männlichen Gehirns erklären. Bekommt der ursprünglich weiblich angelegte Fötus viele männliche Hormone ab, bleibt wenig von seiner weiblichen Grundprägung übrig. Überwiegt dagegen der Einfluß der weiblichen Hormone, bleibt die weibliche Grundstruktur erhalten. Mir konnte man nie einreden, daß Mann und Frau völlig gleich seien. Jetzt sehe ich natürlich gerne bestätigt, was ich schon immer vermutete: Frauen sind Frauen und Männer sind Männer.

Ein Mann läßt sich kein graues Haar darüber wach-

G sen, ob er aus einem Wald zurückfindet oder nicht. Für eine Frau ist das nicht so selbstverständlich. Ein Mann wird eine neu gelieferte Stereoanlage nehmen, den Kabelsalat entwirren und die Anlage installieren. Eine Frau wird die Gebrauchsanleitung lesen. Ein Mann ist für eine Frau Feuer und Flamme, hüpft mit ihr ins Bettchen, ganz außer sich vor Verlangen und Raserei, und ruft nicht mehr an. Eine Frau verliebt sich, gibt alles und kann nicht begreifen, warum er sich nicht mehr meldet, wo er doch so hingerissen war.

Männer aktivieren eben andere Gehirnareale als Frauen. Sie gehen dadurch anders an Probleme heran, nehmen die Umwelt anders wahr und reagieren anders. Nicht besser, wohlgemerkt. Anders! Männer ziehen zur Lösung abstrakter Probleme die visuellen Zentren, also die rechte Gehirnhälfte heran. Frauen schalten – und auch das ist typisch – die andere Gehirnhälfte dazu. Sie reagieren ganzheitlicher, komplexer, weniger automatisch.

Wieviel Kummer könnten wir uns ersparen, würden wir mit dem Wissen aufeinander zugehen, daß der andere in einer bestimmten Situation voraussichtlich nicht so wie man selbst reagieren wird. Nicht weil er einem unbedingt Böses will, sondern weil er nicht anders kann.

Zwischen Mann und Frau wird immer ein Rest Fremdes, Unverständliches, Trennendes bleiben. Der französische Philosoph Finkielkraut sagt, daß in dem Wort »Liebe« – amour – auch das Wort Mauer (mur) enthalten ist und daß im Liebesverlangen auch das Verlangen nach dieser Mauer steckt. Liebende berauschen sich immer nur an ihrem Unterschied, meint der Philosoph. Aber die »unendlichen Distanzen«, die die Liebenden trennen, beherbergen auch die unbestimmbaren Reize, die uns immer wieder zueinander hinziehen.

Oder sind Sie da anderer Meinung?

Gesundheit

Sex ist nicht nur befriedigend, er macht auch schön und gesund ...

Das ist das Schöne in Sachen Liebe und Sex: Es gibt immer wieder Neues zu berichten. Daß das »Neue« gar nicht so neu, sondern nur eine neue Bestätigung von Altvertrautem ist, schmälert den Nachrichtenwert nicht – gerade auf dem Gebiet der Erotik brauchen wir immer wieder Bestätigung.

»Sex ist gesund und macht schön«, lautet die letzte Neuigkeit. Was den geschickten Händen einer Kosmetikerin oft nicht gelingt, schafft ein guter Liebhaber im Handumdrehen: In seinen Armen beginnen die Augen zu funkeln, die Lippen zu glühen und durch die verstärkte Hautdurchblutung die Haut zu vibrieren. Das beste Hormon für eine Frau ist ein Mann, in den sie verliebt ist. Dasselbe gilt auch für den Mann – wenn er auch körperlich liebt, ist er gesünder und vitaler. Mir tun die Männer leid, die sich von dem Volksspruch »Nach 1000 Schuß ist Schluß« einbremsen lassen. Der Liebesknecht dankt Schonung nicht mit längerer Leistungskraft. Wenn er nicht gebraucht wird, macht er frühzeitig schlapp.

Regelmäßiger Sex ist auch ein Schutz gegen die gefürchtete Prostatavergrößerung. Die Hormone, die unter anderem auch dafür verantwortlich sind, daß sich das Prostatagewebe nicht vergrößert, werden nämlich nur dann in ausreichender Menge produziert, wenn auch Bedarf danach besteht.

Da Sex jederzeit, ohne Ausrüstung und ohne Sportgerät, ausgeübt werden kann, ungefährlich ist und dennoch denselben Trainingseffekt wie Sport bietet, empfehle ich ihn auch eingefleischten Sportgegnern. Immerhin entspricht die vorübergehende Blutdruckerhöhung beim Höhepunkt dem Blutdruckanstieg eines Läufers, der eben eine 4000-Meter-Strecke bewältigt hat. Durch

G die Atemfrequenzsteigerung werden alle Körperzellen mit Sauerstoff überflutet. Auch wenn Sie das Gefühl haben, daß Ihnen bei den vierzig Atemzügen, die Sie kurz vor der Ekstase tun, die Luft wegbleibt – Sie kriegen davon mehr denn je. Sogar gegen Grippe sind wir durch Sex gefeit, und Kopfschmerzen hören durch Sex auf. Also Schluß mit dem »Heute nicht, Liebling, ich habe Kopfschmerzen«. Greifen Sie zum Mann, wenn Ihnen der Schädel brummt.

Daß Sex nicht nur den Körper, sondern auch die Seele stabilisiert, wußte man bereits um die Jahrhundertwende. Sigmund Freud wurde von einem Gynäkologen eine Frau mit der trockenen Empfehlung überwiesen: »Penis normalis. Dosim repetatur.« (Normale Penis-Injektion. Behandlung ist zu wiederholen.) Das wäre das einzig wirksame Rezept, die Dame von ihrer »Nervosität« zu befreien, meinte damals der Kollege. Seine Kollegen von heute geben ihm sicher recht ...

Glücklich

Das Glück sollte nicht nur beim Sex, sondern in allen Lebensbereichen erhofft und gesucht werden ...

Unlängst fand ich bei einem Altwarenhändler einen Geschirrtuchhalter, auf dem in Kreuzstichen ein Spruch eingestickt ist: »Sei glücklich!« Im ersten Moment amüsierte mich diese unverblümte Aufforderung zum Glücklichsein. Als ob man das könnte! Man kann es. Mehr noch – man sollte es. Glück ist nicht nur eine Sache der Götter, die verschwenderisch ihr Füllhorn über unser Leben leeren. Glück ist auch eine Sache der Bereitschaft.

Obwohl die Sehnsucht, glücklich zu sein, zeitlos ist, weiß niemand so recht, was das eigentlich ist, das Glück, dem man ein Leben lang nachjagt. Nur eines glaubt man zu wissen: Liebe und Glück, das gehört zusammen. Lieben ist mehr als Besitz. Das ist richtig. Aber wir erhoffen und erwarten uns unser Glück ausschließlich aus diesem Bereich. Das ist nicht richtig.

Wenn im Beruf das Bedürfnis nach Anerkennung und Unverwechselbarkeit nicht erfüllt wird, muß die Liebesbeziehung dieses fehlende Glückserlebnis verschaffen. Wenn Ängste das Leben einengen, soll die Ekstase des Sex befreiend wirken. Wenn Betäubung erhofft wird, soll der Sex sie bieten. Wenn seelische Panzerungen so stark sind, daß Gefühle nicht mehr gespürt werden, soll der Sex Gefühle verschaffen. Ich weiß aus vielen Briefen und Anrufen, daß der Traum vom Glück mehr und mehr vom Sex erhofft wird. Durch eine Studie des »Minnesota Golden Valley Health Center« wurde bekannt, daß drei bis sechs Prozent der Amerikaner sexsüchtig sind. In den USA haben sich bereits eine Reihe von Sexsucht-Selbsthilfegruppen nach dem Muster der »Anonymen Alkoholiker« organisiert. Auch in der Bundesrepublik gibt es schon eine Reihe »Anonymer Sexaholic-Grup-

G pen«. Das Problem der Sexsüchtigen: Die Droge Sex muß ständig gesteigert werden. Noch mehr wechselnde Partner. Noch öfter Sex – bis zu zehnmal am Tag. Noch exzessivere Selbstbefriedigung. Noch ungewöhnlichere sexuelle Stimuli. Dr. Mraz von der Psychosomatischen Klinik Bad Herrenalb glaubt sogar, daß die Sexsucht verbreiteter als die Trunksucht ist. Aber weder Dutzende Liebesakte noch wechselnde Partner und auch nicht raffinierte Techniken können die tiefe Sehnsucht nach dem Glück stillen, die jeder in sich trägt. Glück, und damit bin ich wieder bei meinem Geschirrtuchhalter, können wir uns auch mit unseren fünf Sinnen ermöglichen. Der Geruch von frisch gemähtem Gras, der Blick auf das vertrauensvolle Gesicht eines Kindes, das Berühren einer wohlmeinenden Hand – all das sind Glücksquellen. Die Aufforderung »Sei glücklich«, die ich jetzt jeden Tag in meiner Küche lese, heißt eigentlich »Sei wahrnehmungsfähig«. Das Glück wohnt nicht nur im Schlafzimmer, sondern überall. Wir müssen nur bereit sein dafür …

Größenunterschied

G

*Kleine Männer, die eine größere Frau ertragen, sind alles
andere als eine Witzfigur ...*

Michael hat eine Neue. Daran ist nichts Ungewöhn-
liches, denn Michael ist ein Single und wechselt von Zeit
zu Zeit seine Partnerinnen. Ungewöhnlich an seiner
Neuen ist deren Größe: Sie überragt Michael um ein
gutes Stück. Ich gebe zu, daß ich seither über Michael
eine bessere Meinung habe.

Bisher konnte es Michael nicht ertragen, wenn eine
Frau größer war als er – er traf seine Partnerwahl nach
Körpergröße. Das tut laut Statistik übrigens die Mehr-
zahl der kleinen Männer. Michael entsprach also mit sei-
ner Haltung der gängigen Anschauung, daß ein kleiner
Mann neben einer großen Frau eine Witzfigur sei, weil
Befehle immer »von oben« kommen. In meinen Augen
sind die kleinen Männer, die neben sich eine größere
Frau ertragen, sogar alles andere als eine Witzfigur. Sie
sind nämlich nicht darauf angewiesen, auf eine Frau her-
abzusehen. Sie halten es sogar aus, zu einer Frau aufzu-
blicken. Das ist doch was, in einer Welt, in der für die
Frauen das Aufsehenmüssen zum Mann zum seelischen
Trauma wurde. Obwohl in unserer Gesellschaft Körper-
kraft und Körpergröße keine Bedeutung mehr in bezug
auf die Überlebensfrage haben, sitzt uns der Ausdrucks-
wert von »groß« und »klein« immer noch tief in den
Knochen: Kleine Frauen gelten als hilflos und anlehnungsbedürftig. Große als stark und dominant. Wenn ich
an meine Freundin Marie-Thérèse denke, weiß ich nicht,
ob ich lachen oder weinen soll. Mit ihren 1,80 Meter ist
sie lange nicht so robust wie ich mit meinen 1,60 Meter.
Aber keiner glaubt es ihr! Immer muß sie es sein, die
Halt geben soll, auf deren Stärke man baut.

Trotzdem wäre ich gern sieben bis acht Zentimeter
größer, das macht einfach mehr her. Aber meine Mini-

G größe hat gegebenenfalls auch ihre guten Seiten. Kleinen Menschen greift man eben gerne unter die Arme, man fürchtet sie nicht und ist ihnen wohlgesinnt. Das »Kindchen-Schema« wirkt bombensicher. Es wirkt sogar dann, wenn ich mit meinem kleinen Puch 500 durch die Gegend zuckle. Alle lächeln mir entzückt zu: Wie süß! Wie putzig! Wie hilflos! Als mir unlängst ein Bekannter seinen großen BMW borgte, erntete ich andere Blicke. Bewundernde, respektvolle. Das Große macht eben größeren Eindruck. Daß dieser Eindruck nicht unbedingt stimmt, hat jeder von uns entweder als Zeuge oder sogar schon am eigenen Leib erlebt. Wenn es darauf ankommt, sich wirklich als Großer zu beweisen, zieht gerade der Große oft den Schwanz ein. Damit will er sich so klein und harmlos machen, wie der verängstigte Hund, der seine Artgenossen beschwichtigt: »Seid bitte lieb zu mir! Ich bin nur halb so groß und halb so wild wie ich aussehe ...«

Harmonie

Eine Überdosis an Bindung und Nähe kann das Begehren töten ...

Nonstop beisammen sein. Seelische Übereinstimmung bis zur Sprachlosigkeit. Maximaler körperlicher Gleichklang. Null Differenzen. Nur Nähe, Nähe, Nähe. So kannten wir alle Nina und Andreas. Ein Traumpaar. Ein fleischgewordenes Liebesbekenntnis. Ich war nicht die einzige, die mit Beklemmung beobachtete, wie Nina und Andreas in jeder Situation »ein Herz und eine Seele waren«. Um so überraschender ihr tränenreiches Geständnis. »Andreas hat keine Lust mehr, mit mir ins Bett zu gehen.«

»Und du, hast du Lust, mit Andreas zu schlafen?« will ich, aus einer bestimmten Vorahnung heraus, wissen. »Ja. Nein. Eigentlich erst wieder, seit Andreas nicht mehr will.« Habe ich es mir doch gedacht: Nina und Andreas waren zu sehr eins.

Eine hymnische Dauerbejahung der Nähe und Harmonie hat oft ihren Preis: Das sexuelle Begehren läßt nach, manchmal verschwindet es überhaupt. Wie gut ich die Enttäuschung darüber verstehe! Da erlebt man endlich das Außergewöhnliche einer großen Liebe, da ist man ganz und gar von der Sehnsucht durchdrungen, mit dem anderen eins zu werden – und trotzdem gibt es eine Bauchlandung. Nicht trotzdem, gerade deswegen!

Durch eine Überdosis an Bindung und Nähe entsteht so etwas wie Inzestscheu, die das Begehren tötet. So wie es die enge Bindung zu Mutter, Vater und den Geschwistern nicht »zuläßt«, daß Begehren aufkommt, so kann auch eine allzu enge Bindung zu einem Partner das sexuelle Begehren oft nicht mehr zulassen. »Brudermann« und »Schwesterfrau« haben einander zwar unheimlich lieb, aber in puncto Sex läuft nichts mehr.

Sowohl in Leserbriefen als auch von den Anrufern in meinen Fernsehsendungen hörte ich immer wieder, daß erotische Spannung seltsamerweise um so eher aufkommt, wenn zwischen einer Frau und einem Mann nicht ein Übermaß an Bindung, sondern sogar – erschrecken Sie jetzt nicht – ein bisserl Fremdheit existiert.

Ich bin eine große Verfechterin davon, auch – oder gerade – im Rahmen einer Liebesbeziehung eine gewisse Distanz zu bewahren. Natürlich ist es nicht leicht zu bestimmen, was nun die richtige Distanz ist. Zuviel darf es ja nicht sein, das ruiniert die Liebe. Zuwenig soll es aber auch nicht sein, denn daran erstickt sie. Was also ist das richtige Maß? Ich glaube, daß das Distanzproblem zum Großteil gelöst ist, wenn Sie nicht nach dem Maß fragen, sondern nach Ihren ureigensten Wünschen, Bedürfnissen, Interessen und Grenzen. Nirgends steht geschrieben, daß einer für den anderen jede Sekunde seines Lebens dasein und immer wie der andere denken und fühlen muß. Viele Frauen und Männer neigen zu diesem Verhalten, weil der Partner »will, daß man sich ganz auf ihn einstellt«. Na und? Soll er doch wollen! Diesen kleinkindhaften Anspruch (»Wenn ich schreie, bekomme ich sofort das Flaschi«) haben häufig gerade diejenigen, denen das Zeug zum Werben und Balzen fehlt: Das Einssein mit dem anderen, der durch seine Einfühlung sowieso immer gleichgestimmt ist, macht ja Werben überflüssig. Aber ein(e) werbende(r), balzende(r) Partner(in) bleibt in seiner/ihrer erotischen Ausstrahlung aufregender und interessanter als eine(r), für den/die sowieso immer alles paletti ist.

Nein, ich kann Sie gar nicht oft genug dazu animieren, ruhig ein bisserl Fremdheit zuzulassen. Lieber ein Quentchen Distanz, lieber ein kurzfristiger Abriß der Bindung, lieber ein Moment Unverständnis und Alleinsein, als eine inzestuöse Bindung, die dann die intimste Begegnung – die sexuelle – nicht mehr erlaubt.

Hilflos

Männer brauchen mehr denn je das Gefühl, gebraucht zu werden ...

Manchmal greife ich mir an den Kopf: Da laufen meine zwei besten Freundinnen, beide charmant, gepflegt, humorvoll, intelligent und tüchtig, seit Jahren ohne Mann herum, und die nichtssagende Herta hat immer einen, der sich für sie die Haxen ausreißt. Vor kurzem hat Herta meiner Freundin Sandra einen neuen Verehrer ausgespannt. Er war ohnedies unerträglich knausrig, aber Sandra kann sich Gott sei Dank ihr Abendessen und ihre Theaterkarte selbst bezahlen. Doch plötzlich tauchte Herta auf, und der Sparefroh wechselte nicht nur die Fronten, sondern auch die Persönlichkeit. Durfte Sandra noch das Benzin für die Fahrt nach Budapest bezahlen, lud er Herta jetzt auf eine dreiwöchige Peru-Reise ein. Rackerte sich Sandra in ihrer Wohnung alleine mit Handwerkern ab, verlegte er bei Herta eigenhändig neue Elektroleitungen und sorgte dafür, daß endlich ein Teppichboden in ihr Schlafzimmer kommt. Damit sich Herta nicht wieder kalte Füße und einen Blasenkatarrh holt.

Herta, von allen »Herzi« genannt, quittiert den Wandel zum spendablen, fürsorglichen Partner weder mit ausgefallenen erotischen Verführungskünsten noch mit Zärtlichkeit. Trotzdem schafft sie es mühelos, daß er, wie die anderen Männer vor ihm, nach ihrer Pfeife tanzt. Das geht so: Herzi mimt die hilflose Schwache, die ohne die Hilfe dieses wunderbaren Mannes vollkommen verloren wäre. Herzi ist so ahnungslos, was Elektroleitungen und warme Füße angeht, daß ein tüchtiger, umsichtiger Großgeist wie Stefan/Herbert/Günther und so fort diese Angelegenheit für sie regeln muß. Herzi macht auch runde Augen, wenn es ums Verreisen geht: »Wenn du das nicht in die Hand nimmst, komme ich nirgendwohin.«

H Ich könnte Herzi würgen, denn ich durchschaue ihre Masche. Herzi ist genauso wenig hilflos wie die selbständige, tüchtige Sandra – sie tut nur so. Ich habe den Eindruck, daß die Männer mehr denn je auf das Gefühl, gebraucht zu werden, wichtig und unentbehrlich zu sein, und auf die blauäugige Bewunderung eines vermeintlich schwachen Frauchens abfahren. Herzi taktiert damit eiskalt. Ist dieser falschen Schlange ein Mann erst einmal auf den Leim gegangen, macht sie ihn gnadenlos fertig. Sie nützt ihn aus und wälzt Verantwortung ab, wo es nur geht. Dafür sagt sie ein paarmal täglich, wie klug und großartig er ist und wie sehr sie ihn braucht. So macht sie sich und vor allem den Mann an ihrer Seite restlos glücklich. Sehen Sie, genau deshalb fürchte ich, daß es meine beiden souveränen Freundinnen mit Männern immer schwerer haben werden als Herzi und Konsorten ...

Hochzeitsnacht

Sexuelle Empfindungen lassen sich nicht planen und organisieren ...

Ganz besonders im Mai haben Standesämter Hochbetrieb. Laut Statistischem Zentralamt tauschen im Mai rund 57 Prozent mehr Heiratslustige die Ringe. Ich trau' mich wetten: Die meisten von ihnen erwarten sich von der Hochzeitsnacht etwas Besonderes. Aber Neues wird nur selten passieren, denn heute wird eine Frau im Durchschnitt mit etwa 16,5 bis 17 Jahren entjungfert und heiratet mit 24 Jahren. Da weiß man, was einen nächtens erwartet.

Trotzdem erhofft man sich von der Nacht der Nächte mehr als das Übliche. Mehr Feierlichkeit. Mehr Ergriffenheit. Mehr Hitze. Eben deshalb ist für viele die Hochzeitsnacht eine Enttäuschung. Denn soviel ich weiß, passiert in den Hochzeitsnächten von heute zwar eine ganze Menge, aber nicht im Bett.

Meist gehen dem Augenblick, in dem man endlich allein ist, soviel Anstrengung und Tohuwabohu voraus, daß man nur noch eins kann und will: schlafen. Früher, als die Hochzeitsnacht noch historische Bedeutung hatte und das berühmt-berüchtigte erste Mal tatsächlich in der Hochzeitsnacht stattfand, war die Hochzeitsnacht für viele Männer ein Alptraum: Die Verantwortung, ein unberührtes Mädchen entweder zu einer glücklichen Frau oder zu einem unglücklichen Geschöpf zu machen, lastete oft zentnerschwer auf dem Mann, der meist auch nicht allzuviel Erfahrung besaß. Kein Wunder, daß die »Hochzeitsnacht-Impotenz« eine gängige Erscheinung war. Es gibt sie aber heute noch: Man(n) erlebt sie zwar nicht ausgerechnet in der Hochzeitsnacht, aber oft dann, wenn in eine erste Nacht besondere Hoffnungen gesetzt werden. So sehr hatte man sich danach gesehnt – und nun das! Auch der brennende Wunsch vieler frisch verheirateter Ehepaare, die erste gemeinsame Nacht als Mann und Frau besonders intensiv erleben zu wollen, kann den verliebtesten Jung-Ehemann vorübergehend flügellahm machen.

Das magische Bedürfnis, sich auch sexuell zueinander zu bekennen und nicht nur am Standesamt und in der Kirche, sondern auch im Bett die Liebe zu besiegeln, endet meist als Flop: Erstens lassen sich sexuelle Empfindungen nicht planen und organisieren, zweitens haben es beeindruckende Feierlichkeiten und kirchliche Zeremonien in sich. Gefühle und Empfindungen werden dadurch oft so »geheiligt«, daß entfesselter, »sündiger« Sex einfach nicht mehr drin ist.

Aber ich kann Sie trösten: Es wird noch viele andere Nächte geben, die diesen besonderen Glanz ausstrahlen. Sie werden Ihnen helfen, mit dem Happy-End, das Sie an einem Tag im Mai gefunden haben, möglichst lange umzugehen …

Homosexuell

*Den Menschen, die anders sind als man selbst, wird oft mit
Angst begegnet ...*

Bei der Premiere des Musicals »Cage aux Folles« (»Ein
Käfig voller Narren«) kochte die gute alte Volksoper in
Wien über von der Begeisterung des Publikums. Minu-
tenlang wurde geklatscht, gepfiffen und gejohlt. Der In-
halt in Stichworten: Zwei Männer lieben einander, einer
von ihnen hat einen Sohn, an dem der andere, eine typi-
sche »Tunte«, Mutterstelle vertritt. Eines Tages will der
Sohn heiraten, und die Eltern des Mädchens drängen
darauf, die Eltern des zukünftigen Schwiegersohnes
kennenzulernen. Daraus ergeben sich, wie könnte es anders sein, eine Fülle tragikomischer Situationen.

Ich glaube, daß es nicht nur das berührende Spiel von
Karlheinz Hackl und Frank Hoffmann war, welches das
Publikum zu Begeisterungsstürmen hinriß. An dem
überschwenglichen Beifall war auch die Beruhigung
darüber beteiligt, daß Homosexuelle offenbar doch
Menschen wie du und ich sind: Sie hängen aneinander,
sie haben Angst um einander, sie fühlen sich einsam oder
voller Liebe. Plötzlich ist da nichts Verachtenswertes,
nichts, was man verfemen oder verfolgen müßte. Wenn
Sie mir jetzt entgegenhalten, daß die Vorbehalte Homosexuellen gegenüber nicht zu Unrecht bestehen, weil
ihnen immerhin Aids zu verdanken ist, muß ich Ihnen
widersprechen. Krank machen nicht die Homosexuellen, sondern der Aids-Erreger. Daher ist auch nicht die
Homosexualität gefährlich, sondern eine sexuelle Prak-
tik, die »normal« liebende Menschen genauso oft praktizieren wie Homosexuelle.

Ich hoffe für diese Inszenierung, daß sie vor allem jene
sehen, die Homosexuellen gegenüber nichts wie Vorbehalte haben. Das sind nicht wenige. Ich weiß, daß viele
Homosexuelle mit Kriminellen gleichgesetzt werden.

93

Sauberfrau und Saubermann können nur Konformes gelten lassen. Wüßte einer von ihnen, wie sehr an den meisten Homosexuellen der Wunsch zehrt, als das anerkannt und akzeptiert zu werden, was sie sind, nämlich Andersliebende, hätten sie vielleicht weniger Vorbehalte.

Auch wenn es in dem Musical vordergründig um Klamauk und Glamour geht, steht dahinter doch die Begegnung mit dem Andersartigen. Daß diese Begegnung mit soviel Enthusiasmus aufgenommen wurde, ist ein Beweis für die eigenen homoerotischen Anteile, die in jedem von uns stecken. Der Szenenapplaus, den Karlheinz Hackl bekommt, wenn er in einem aufwendigen Glitzerkostüm auftritt oder wenn ihm eine feminine Geste besonders gut gelingt, gilt nicht nur seiner Schauspielkunst. Der Beifall ist auch ein Zeichen der Erleichterung darüber, vor Menschen, die aus der Reihe tanzen, vielleicht doch keine Angst haben zu müssen …

Ideal

Wenn die ersten kritischen Blicke ständig mit einem Ideal vergleichen, verdirbt man sich selbst Chancen ...

Ich warne Sie: Unsere Augen spielen uns einen Streich – wir sehen doppelt. Ein Mann sieht den weiblichen Busen und seinen Prototyp, er sieht einen Popo und gleichzeitig dessen Idealtypus. Wenn der Blick einer Frau auf einen männlichen Rücken oder Unterarm fällt, sieht sie gleichzeitig dessen entsprechendes Vorbild: Der Rücken ist nicht so muskulös, der Unterarm nicht so kräftig oder der ganze Kerl nicht so groß wie das jeweilige Vorbild. Der Kandidat hat der optischen Prüfung nicht standgehalten. Durchgefallen.

Statt daß wir ein fremdes Gegenüber als ein Ganzes auf uns wirken, alle unsere Sinne mitspielen und überhaupt eine unerklärliche, nicht sofort meßbare Anziehung sich entfalten lassen, erlauben wir unseren Augen ein doppeltes Spiel. Ein flüchtiger Blick genügt, und schon wird ein Mensch in Teile zerlegt und mit den entsprechenden Stücken des Prototyps verglichen. Die Beine? Zu kurz im Vergleich zu Idealmaßen. Der Mund? Nicht so samtig wie die Lippen des Vorbildes. Das Haar? Blond, das ja, aber nicht so füllig wie das Haar des Prototyps.

Der legendäre Don Juan war da aus einem anderen Holz. Das Geheimnis seines Erfolges bei Frauen lag darin, daß er diesen kritischen Blick nicht hatte. Ich weiß, was Sie mir jetzt entgegnen: Es ist ja gerade dieser himmelschreiende Mangel an exklusivem Geschmack, der Don Juan gleichzeitig auch erbärmlich macht. Akzeptiert. Dem historischen Frauenhelden gefielen wirklich viele Frauen. Aber warum? Weil er, abgesehen von seinen seelischen Unzulänglichkeiten, wie zum Beispiel seiner Bindungsangst, eine verschwenderische Begeisterung fürs Weibliche hatte. Wie eng und knausrig ist dagegen der Blick, mit dem wir einander auf der Straße taxieren! Wir mustern unser Gegenüber blitzschnell, lassen jedes negative Urteil zu und begegnen dem anderen gerade deswegen nie wirklich.

Heute ist diese Feststellung »Dir gefällt jede(r)« eine Beleidigung und ein Hinweis auf schlechten Geschmack. Umgekehrt sollte es sein. »Dir gefällt keine(r)« wäre viel eher ein berechtigter Angriff auf den Verlust der sensiblen Wahrnehmungsfähigkeit.

Wir sollten den Aufstand gegen die Tyrannei des ersten kritischen Blickes proben. Wir sollten in der Begegnung mit dem anderen Geschlecht die Kunst der ganzheitlichen Wahrnehmung üben und langsamer werden im Urteilen und Zuordnen. Im Gegensatz zum bösen Blick schließt ein grundsätzlich liebevoller, neugieriger Blick einen Kontakt nicht aus: dieser Kontakt wird vielmehr zu dessen Ergebnis. Warum sollten wir auf diese Chance verzichten?

Impotenz

Potenz läßt sich zwar nicht erzwingen, aber überlisten ...

Es passierte an einem Sonntagnachmittag. Lukas wollte, aber konnte nicht. Abends versuchte er sein Glück abermals. Vergeblich. In der darauffolgenden Nacht nahm seine Frau Tina das Problem in die Hand. Sie streichelte Lukas ausgiebig und flüsterte ihm jene Worte ins Ohr, die er so gerne hört. Ohne Erfolg.

Nun geriet Lukas in Panik: Er schluckte Vitamine und wollte seinen gefallenen Helden dazu zwingen, das gewohnte Stehvermögen zu zeigen. Aber ein Penis funktioniert nicht auf Knopfdruck und pariert weder guten noch strengen Worten. Im Jammertal der Impotenz ist die nächste Enttäuschung unausbleiblich: Der verzweifelte Wunsch, der Grund für das Versagen möge körperlicher Art und mit einem Pulverl schnell zu kurieren sein, bleibt meist unerfüllt.

Nur etwa zehn bis 20 Prozent der Potenzprobleme sind auf gesundheitliche Gründe zurückzuführen. 80 bis 90 Prozent aller Potenzstörungen haben seelische Ursachen: Beziehungsprobleme, Sorgen, Streß oder schlicht und einfach Mangel an Lust. Auch zuviel Alkohol und Übermüdung können einen ansonsten aktiven Liebesdiener zu Fall bringen. Der Beweis dafür, daß die sexuelle Flaute keine organischen Ursachen hat und eventuell partnerbezogen ist, ist dann erbracht, wenn in entspannter Verfassung und ohne Partnerin Erektionen auftreten – zum Beispiel am Morgen, im Schlaf oder bei der Selbstbefriedigung.

Nehmen wir an, die Beziehung ist gut, und eine einmalige Schlappe hat sich durch die teuflische Versagensangst fixiert. Was darf, kann und soll ein Paar dann tun? Im Idealfall zeigt eine Frau Verständnis und schweigt das Problem nicht tot. Sie signalisiert, daß sie Interesse und Freude am Sex mit dem Partner hat und bereit ist, das

Problem gemeinsam mit ihm zu bewältigen. Auf einen einfachen Nenner gebracht, lautet das praktische Rezept für eine Kurzbehandlung auf eigene Faust: Vergessen Sie ein Weilchen den eigentlichen Liebesakt!

Der Weg von der Flaute zurück zur Verkehrstüchtigkeit verläuft in fünf Stufen: – Lustempfinden durch Zärtlichkeiten ohne Erektion, – Zärtlichkeiten und Erektion ohne Orgasmus, – Zärtlichkeiten bis hin zum Orgasmus, – Erektion und Einführung des Penis, aber ohne Orgasmus, – Koitus. Von einer zur nächsten Stufe darf erst gegangen werden, wenn das jeweils angepeilte Ziel ohne Schwierigkeiten praktiziert werden kann. Auch wenn der Liebesdiener prompt Einsatzbereitschaft signalisiert, dürfen seine Dienste nicht vorzeitig in Anspruch genommen werden! Das Entscheidende dieser Vorgangsweise besteht ja darin, daß alle Zärtlichkeiten und sexuellen Spiele eine Zeitlang zweckfrei sind. Es soll nur darum gehen, sich gegenseitig zu streicheln, zu küssen und zärtlich miteinander zu sein, ohne daß der Ist-Zustand des Penis besorgt mit seinem Sollzustand verglichen wird. Dadurch erlebt der gestreßte Liebhaber, daß er keine Erektion haben muß.

Dieses Freispielen vom zerstörerischen Leistungszwang genügt, um das innere Gleichgewicht wiederherzustellen. Geht einmal die Erektion verloren, ist auch das kein Malheur: Die Frau darf alles tun, um ihren Partner wieder in Stimmung zu bringen. Das wird gelingen und bestätigt dem Mann, daß eine Erektion nicht für immer verloren ist, nur weil sie einmal schwindet. Damit ist der gefährliche Zwang, die kostbare Erektion beobachten und hüten zu müssen, überwunden. Erst wenn der Mann dem Kommen und Gehen der Erektionen wieder mit Gelassenheit gegenübersteht, gilt das Koitus-Verbot nicht mehr. Einem Happy-End steht nichts mehr im Weg …

Intimität

»Grenzenlose« Liebe ist kein Grund dafür, dem Partner Einblick in die Intimsphäre zu geben ...

Unlängst besuchte ich Agnes und Kurt in ihrem Wochenendhäuschen. Agnes' linker Fuß stand in einem Lavoir mit warmem Wasser, am rechten bearbeitete sie die Hornhaut mit Bimsstein. Kurt saß daneben. Als er einen Augenblick hinausging, fragte ich Agnes: »Ist dir das nicht unangenehm, wenn du dir neben ihm die Füße pedikürst?« Agnes blickte mich mit großen blauen Augen an: »Unangenehm? Warum? Wir lieben uns doch!«

Na und? Ist das wirklich ein hinreichender Grund dafür, dem/der Partner(in) in die intimsten persönlichen Bereiche Einblick zu gewähren? Bei allem Respekt vor der »grenzenlosen Liebe« bin ich doch dafür, die Grenzen der Intimsphäre zu wahren. Mir kann keiner einreden, daß es gleichgültig ist, wenn ein Mann seine Gefährtin ständig beim Hühneraugenschneiden oder Mitesserausdrücken beobachtet. Spätestens nach ein paar Jahren schreit jede Beziehung danach, diesbezüglich Distanz zu wahren. Plumpe Vertrautheit war noch nie ein Aphrodisiakum. Eher das Gegenteil. Wüßten die Frauen, die sich vor ihren Männern die Schamhaare färben, wie sehr sie damit die sexuelle Anziehungskraft ihrer Macht berauben, legten sie mehr Wert auf Abgrenzung. Vielleicht ist es am Beginn einer Beziehung noch erotisierend, wenn man sich in den intimsten Situationen ohne Scheu vor dem anderen zeigt. Aber später beeinträchtigt dieses enthemmte Klima den sexuellen Appetit. Ich kenne etliche Frauen, die die Lust auf ihre Männer verloren, weil sie von ihnen pausenlos mit Verdauungsgeräuschen belästigt werden. Machen wir uns doch nichts vor: Schon allein die Gewohnheit und die Lasten des Alltags stumpfen sexuell ab. Dagegen anzukämpfen ist anstrengend genug. Wenn dann auch noch voreinander gefurzt wird, ist das ein nicht wiedergutzumachender inflationärer Mißbrauch dessen, was Intimität in einer Zweierbeziehung sein kann.

Intimität, liebe Freunde, ist weder ein Dauerzustand noch eine Freikarte dafür, sich vor dem geliebten Partner gehenlassen zu dürfen. Die Intimität, die eine Atmosphäre der Erotisierung schaffen kann, ist ein Phänomen des Augenblicks. Wenn in den Momenten des sexuellen Zusammenfindens kurzfristig die Grenzen fallen, kann der Taumel des Einsseins erregend erlebt werden. Sich vor dem anderen die Hühneraugen zu schneiden oder bei offener Toilettentür seinen Bedürfnissen nachzugehen, ist keine Intimität, sondern eine Verhaltensweise, die die Intimsphäre des Partners verletzt.

Natürlich ist das Verlangen nach Abgrenzung unterschiedlich groß. Mich macht es schon nervös, wenn mir mein Liebster beim Schminken zuschaut. Agnes macht Kurt gegenüber nicht einmal aus ihrer Menstruationshygiene ein Geheimnis. Sie ist eine von den Frauen, die sich über die Forderung nach der »Unsichtbarkeit« der »gewissen Tage« ärgern. Agnes sieht darin die Angst der Männer vor der unergründlichen Weiblichkeit, eine Einengung ihres weiblichen Seins und mangelnde Nähe. Darin steckt zwar ein Teil Wahrheit, aber andererseits ist das unkritische Verlangen nach absoluter Demaskierung in allen Lebensbereichen kein Vorteil. Nur in einer angemessenen Diskretion bezüglich der intimen Bereiche des Lebens steckt die Chance zu größerer Freiheit, Lust und Liebe.

Jung

Es ist gar nicht so leicht, reifer zu werden und trotzdem
ein Leben lang so putzig wie ein Mädchen auszusehen ...

Ich kann meine Meinung ändern. Ich kann eingestehen,
nur in Österreich leben zu wollen. Ich kann zugeben, daß
jemand anderer etwas besser macht als ich. Ich bin eine
erwachsene Frau.

Ich passe nicht in hautenge Jeans. Ich sehe schlecht
aus, wenn ich eine Nacht durchgemacht habe. Ich brauche schmeichelnde Farben und einen guten Zahnarzt.
Ich sitze lieber mit dem Rücken zum Fenster. Ich bin
eine erwachsene Frau.

Wenn Sie eine Frau sind und nicht mehr wie ein junges Mädchen aussehen, wissen Sie, wovon ich rede: Von
dem Problem, eines der Hauptkriterien weiblicher
Schönheit – Kindlichkeit und Mädchenhaftigkeit – nicht
mehr so richtig erfüllen zu können. Ich bin gerne eine erwachsene Frau. Aber mir ist auch bewußt, daß Männer
Mädchenhaftigkeit spontan sexy empfinden. Die Mode
und die Kosmetikprodukte fordern uns Frauen ja auch
ständig dazu auf, unser Leben als Kind zu verbringen. Ist
Ihnen schon aufgefallen, daß in den Werbetexten der
Kosmetikprodukte für die Frauen vorwiegend die Worte
»Frische« und »Jugendlichkeit« verwendet werden,
während Männerprodukte »Kraft«, »Energie« und »Erfolg« versprechen? Aber wie schafft man es, ein süßes
Mädchen zu bleiben und gleichzeitig die Verantwortung
einer Mutter zu tragen? Wie gelingt es, die Körperkonturen eines Mädchens zu bewahren, aber gleichzeitig
Kindern das Leben zu schenken? Wie erreicht man es,
wie ein putziges Waisenkind auszusehen und sich doch
im Berufsleben durchzusetzen? Nur Widersprüche.

Da kommt dann so ein kokettes grünes Früchtchen in
der Grauzone zwischen Kind und Frau daher, und das
gestandene Mannsbild, auf das man gerade ein Auge ge-

worfen hat, bekommt feuchte Handflächen. Ich will Ihnen als Mann ja die Sache nicht vermiesen, aber lassen Sie sich eins gesagt sein: So ein erotisches Wunderkind will oft nur herausfinden, wie es auf einen Mann wirkt! Der arme Tropf, der vielleicht Angst vor einer richtigen Frau hat, glaubt dann: »Die meint mich!«, und schon passiert ein Malheur. Also Hände weg! Aber es gibt ja auch noch die Kindfrau. Sie spricht mit zwitschernder Stimme, macht große Augen, hat den gebenedeiten trotzigen Zug von BB um die Lippen und schwenkt ihre Hüften auch dann mit bestechender Unbefangenheit, wenn sie mehr als 104 Zentimeter Umfang haben.

Manche Frauen schaffen es, noch mit 44 eine Kindfrau zu sein. Die Wissenschaft spricht dann von »neotenischen Zügen« (neos = griech. jung, neu). Ich finde es ungerecht, daß die Mode- und Kosmetikindustrie alles Erdenkliche dazu beiträgt, die »neotenischen Züge« bei der Frau zu verstärken, während sie die Männer darin unterstützt, ihre Dominanzmerkmale herauszustreichen. Blondes Kinderhaar, pfirsichglatte Babyhaut und Flatterröckchen für die Frau, Dreitagesbart, Körperbehaarung und Stiefel für die Männer. Weibliche Schönheit wird mit Jugendlichkeit gleichgesetzt. Vielleicht fällt es uns deshalb schwer, uns von dieser Jugendlichkeit zu trennen. Mädchenhafte Schönheit aufgeben zu müssen, bedeutet nicht nur einen Angriff auf das Selbstwertgefühl, sondern auch die Angst, für jene, an denen wir sexuelles Interesse haben, unsichtbar zu werden ...

Jungfräulichkeit

Unberührtheit steht wieder hoch im Kurs. Ob dieser Salto rückwärts etwas ist, worüber man sich freuen soll, ist fraglich ...

Carolyn, 25, ist noch immer eine. Anna, 28, ist auch eine. Und Ines, 19, sowieso. Der Trend zur Jungfräulichkeit ist nicht zu übersehen. Whitney Houston und Brooke Shields machten ein großes Theater um ihre Unberührtheit. Auch die Briefe häufen sich, in denen mir Mädchen von ihrer keuschen Haltung berichten. Und von Männern höre ich immer öfter, daß sie gerne eine Jungfrau hätten.

Eine Umfrage in den USA ergab, daß jede dritte Amerikanerin zwischen 15 und 20 noch keinen Geschlechtsverkehr hatte. 25 Prozent gaben an, daß sie sich diesen Zustand bis zur Hochzeitsnacht erhalten wollen. Ich fürchte, daß das ganze Brimborium um die Jungfräulichkeit wieder von vorne losgeht. Verstehen Sie mich bitte nicht falsch: Ich finde es richtig, wenn sich ein Mädchen nicht ohne Liebe auf Sex einläßt. Warum soll sie sich mit irgendeinem dahergelaufenen Typ eine Premiere versauen, die eine lebensbestimmende, glückliche Erinnerung sein kann? Ich verstehe auch, daß sich ein Mädchen nicht, wie es in den wilden 68ern der Fall war, dem Gruppendruck beugen und seine Jungfernschaft loswerden will, nur damit es nicht die letzte Jungfrau in einer hymenlosen Freundinnenrunde ist. Schließlich begreife ich auch, daß die leichte Verfügbarkeit des Sex und das absolute Fehlen von Verboten und Barrieren dazu verführen, sich selbst Schwierigkeiten zu schaffen.

Was mich an der neuen keuschen Gesinnung stört, sind die Motive, die dahinterstecken. So manche eiserne Jungfrau ist, wie anno dazumal, als ein Mädchen mit dem Jungfernhäutchen auch seinen guten Ruf verlor, zu allem bereit, nur zum »Letzten« nicht. Oralsex, Fellatio

J und schärfstes Petting sind möglich, nur nicht das Eindringen. Was einst notwendig war, um sich Heiratschancen nicht zu verderben, ist heute eine lächerliche Marotte. Keines der Mädchen, die diese Spielchen mitmachen und genießen, kann mir einreden, daß es nicht das Bedürfnis hat, mit dem Mann auch zu schlafen. Warum tun sie es dann nicht? Vielleicht taktieren sie mit ihren Gefühlen und denen des Mannes: »Ich biete meine Jungfräulichkeit, erwarte mir aber Vorteile dafür.«

Da wären wir genau dort, wo wir schon einmal waren: Die Mädchen, die sich früher »aufsparten«, waren oft berechnend und kalt. So mancher Mann, dem es auf »Anständigkeit« ankam, wäre mit einer, die ihre Jungfernschaft verloren hatte, besser bedient gewesen.

Es ist richtig, sich zu überlegen, mit wem man zum ersten Mal ins Bett geht. Jungfrau zu bleiben, nur weil es schick ist oder weil man seine Kraft für die Karriere sparen will, lehne ich aus tiefstem Herzen ab. Auch die eisernen Jungfrauen seien gewarnt: Es kann leicht passieren, daß Sie den Absprung verpassen! Ein unberührter Körper besitzt die Frische einer geheimen Quelle, solange er jung ist. Von einer zu lange konservierten Jungfräulichkeit fühlen sich die Männer abgestoßen, weil sie dahinter ein böses Geheimnis vermuten ...

Kalt

Mit Schweigen und Passivität kann die Liebe sabotiert werden ...

Einmal in vierzehn Tagen treffe ich meine Freundinnen zur Saunarunde. Katharina sagt ab. »Ich kann nicht kommen«, sagt sie. »Ich bin gerade dabei, mich von Leo zu trennen.« Ich will auf Katharina nicht verzichten, sie ist immer ein Gewinn für uns. »Du wolltest dich doch schon zwölfmal von Leo trennen.« – »Elfmal«, korrigiert sie mich. »Ich kann wirklich nicht. Ich bin total am Ende.«

Ich kenne Katharina schon seit zwanzig Jahren. Sie ist ein vitaler, gefühlsbetonter Mensch. Ich kenne aber auch Leo. Er ist emotionslos und verschlossen. Katharina wird es nie schaffen, mit Leo einen Kompromiß hinsichtlich ihres Zusammenlebens zu finden. Sie wird es aber auch nicht schaffen, einen endgültigen Bruch herbeizuführen. Bei Leo beißt man auf Granit. Ich habe mir Katharinas Problem schon oft und oft angehört und versucht, ihr Ratschläge zu geben. Vergeblich. »Hast du schon einmal gegen einen Schachautomaten gespielt?«, wollte Katharina letztens wissen. »Er lächelt nicht. Er weint nicht. Er schreit nicht. Nichts kann ihn betroffen machen. Genauso ist Leo.« Ein Alptraum. Ich denke an die Schachturniere zwischen Karpov und Kortschnoi. Die beiden haben sich in ihrem Verhalten ganz bewußt wie Roboter benommen. Einer ging aus dem Zimmer, wenn der andere spielte. Der andere trug eine Sonnenbrille, damit seine Mimik nicht zu sehen ist. Mit derartigen Aktionen haben beide die normale Interaktion unterbrochen. Das irritiert, verunsichert und verletzt.

Katharina kann Leo weder Tränenkanäle einbauen, noch kann sie ihm Sensoren für Gefühlsempfindungen verpassen. Leo ist eiskalt. Nur so ist zu erklären, daß er Katharinas Gesprächsversuchen ironisch und ihrem Schmerz gleichgültig begegnet. Daß Leo auch Katharinas verzweifelte Versuche, sich vor seiner Kälte zu retten und sich von ihm zu trennen, ignoriert, beweist einmal mehr, daß er sie als Mensch nicht ernst nimmt. Sein gleichgültiges Ausharren in der gemeinsamen Wohnung ist nicht, wie Katharina meint, ein Hinweis auf einen Funken von Liebe. Leo sabotiert Katharina, indem er sich durch Schweigen und Passivität allen ihren Annäherungs- und Trennungsversuchen widersetzt. Nicht Anhänglichkeit oder Liebe und schon gar nicht Stärke, wie Katharina immer wieder hofft, veranlassen Leo dazu, alle Kommunikationsversuche Katharinas zu boykottieren, Leo ist kalt wie ein Fisch.

Katharina sollte nicht nur weggehen, um zu uns in die Sauna zu kommen, sie sollte überhaupt weggehen. Wenn sie dasselbe täte, wie jener weltberühmte Schachspieler, der nur zu den eigenen Zügen ans Schachbrett ging und seinen Gegner einem leeren Stuhl gegenübersitzen ließ, hätte sie die Chance, daß Leo sie als Mensch wahrnimmt und ein Neuanfang mit oder ohne ihm möglich wird ...

Kämpfen

Wenn ein Mann gehen will, muß das noch lange nicht das Ende sein. Es lohnt sich, zu kämpfen ...

»Er liebt mich nicht mehr.« »Er will mich verlassen.« Wie oft ich diese Sätze höre! Und fast immer folgt darauf die Frage: »Soll ich um ihn kämpfen?«

Vorausgesetzt, daß trotz aller Vorkommnisse die Achtung vor dem Partner nicht flötengegangen ist, bin ich dafür, um sein Glück zu kämpfen. Wie viele Männer wollten irgendwann einmal auf und davon! Und wo sind sie heute? Zu Hause bei Mama. Keineswegs unglücklich, sondern rundum zufrieden. Wenn der Gesponse im Augenblick nur die »andere« im Kopf hat, mieselsüchtig ist und das Ehebett meidet wie der Teufel das Kruzifix, ist das schwer vorstellbar. Aber soll man deshalb resignieren und einen Mann wirklich mit Sack und Pack ziehen lassen? Tun Sie es nicht – auch wenn der Kampf um einen Liebespartner nie eine Kleinigkeit ist. Immerhin kämpfen da zwei Frauen mit hochkarätigen Waffen: Die Ehefrau führt die Kinder, die gemeinsamen Jahre und das gemeinsame Zuhause ins Treffen, die Geliebte die Leidenschaft und den Sex, beide appellieren an sein Verantwortungsbewußtsein. Im Kreuzfeuer dieser Gefühle geht es den meisten Männern nicht gut. Einerseits will er seiner Frau und seinen Kindern nicht weh tun, andererseits stehen sie seinen Empfindungen im Weg. Einerseits braucht er seine Familie, andererseits liebt er auch die »andere«. Kämpfen Sie dennoch um Ihren Mann – rein statistisch gesehen stehen Ihre Chancen gut. Rund 90 Prozent der Männer kehren wieder an den häuslichen Herd zurück. Versuchen Sie, verständnisvoll und geduldig zu sein, und verzichten Sie darauf, Details seiner Affäre zu erforschen. Der Schmerz, den Sie sich mit diesen Informationen zufügen, bringt Ihnen nichts. Lassen Sie es nicht auf eine Kraftprobe (»Wenn er erst aus dem

Haus ist, wird er schon sehen, was er verliert«) ankommen. Die Distanz zum heimischen Herd macht aus einem Eheflüchtling noch lange keinen reumütigen Heimkehrer. Im Gegenteil: Wenn der Absprung stattgefunden hat, hat die »andere« echte Chancen.

Wenn ich sehe, wie oft eine betrogene Ehefrau mit der Bemerkung: »Sei doch nicht so dumm« davon abgehalten wird, um ihren Mann zu kämpfen, ärgere ich mich. Ist es wirklich dumm, um einen Mann zu kämpfen, der sich schon einmal bewährt hat? Ich bin überzeugt davon, daß es nicht »dumm« ist, einem Ausbrecher mit Disziplin und Verständnis zu helfen, sein inneres Gleichgewicht wiederzufinden, ihm die Rückkehr zu erleichtern. Auch die Fähigkeit, verzeihen zu können, ist nicht »dumm«. Ein edles Verhalten ist nie dumm. Es kann allerdings so viel Kraft kosten, daß man daran zu zerbrechen glaubt. Aber trösten Sie sich, auch das Bemühen, sich eine Liebe aus dem Herzen zu reißen, kostet Energie …

Keuschheit

Es ist nicht unbedingt ein Vorteil, sich dem Trend der sexuellen Enthaltsamkeit anzuschließen ...

Haben Sie Freude am Sex? Genießen Sie das Kribbeln und Pochen des Verlangens? Schenkt Ihnen die körperliche Liebe ein besonderes Lebensgefühl? Ja? Tut mir leid, dann liegen Sie leider nicht im Trend. Begehren ist out, Keuschheit ist in. Im Karussell der Werte erlebt die sexuelle Enthaltsamkeit hochgelobte Wiederkehr. Vor Jahren war es die Amerikanerin Gabrielle Brown, die für sexuelle Abstinenz predigte und das Feuer der Seele pries. Auch jetzt weht der kühle Wind wieder aus Amerika: Die Autorin Pamela Petter und die Regie-Newcomerin Amy Heckerling predigen in einem No-Sex-Handbuch sexuelle Abstinenz. Damit sich nur ja keiner am anderen vergreift, verraten die Autorinnen jede Menge Tips. Von der harmlosen Frage, ob der üble Geruch wohl gerade dem Partner entkommen sei, bis zur Empfehlung, während des Aktes verträumt zu fragen: »Wie lange machen wir es jetzt eigentlich schon?«

Die neue Bescheidenheit nun also auch im Bett. Plötzlich finden einige Leutchen Sex anstrengend, lächerlich oder primitiv. Einmal im Jahr muß genügen. Womöglich zu Silvester, dann hat man es gleich für zwei Jahre erledigt. Dafür gehe es dann aber richtig heiß und geil zu.

Einspruch! Ich wehre mich mit Händen und Füßen gegen diese Argumente. Wer sich ein Jahr bewußt zurückhält, wird in der Stunde X ganz schön blöd aus der Wäsche schauen. Entweder es rührt sich gar nichts, oder man kennt sich hinten und vorne nicht mehr aus. Daß Sex anstrengend sein soll, ist lächerlich – Staubsaugen und Autowaschen sind auch schweißtreibende Tätigkeiten. Auch die Rechnung »Höhere Lebenserwartung durch geringere Abnützungserscheinungen« geht nicht auf. Menschen, die sexuell aktiv sind, sind für Krankhei-

K ten weniger anfällig. Zur angeblichen Lächerlichkeit der schönsten Sache der Welt: Natürlich sind die dabei übermittelten Informationen wie »Jaa«, »Jaa« oder »Du«, »Du« inhaltlich nicht befriedigend. Aber in puncto Gefühle geben Sie Berge. Und zur Primitivität sei nur soviel gesagt: Der moderne Mensch hat noch kein wirksameres Kommunikationsmodell entwickelt.

Mir ist der Zeitgeist Wurscht, ich bleibe bei meinen Gewohnheiten. Zu einem Lodenmantel lasse ich mich im Zuge der neuen Bescheidenheit noch überreden, zu einem verkrampften »No Sex« nicht. Wer nicht will, soll es bleibenlassen. Auch diese Freiheit gehört zur sexuellen Freiheit. Aber wer will, soll sich nicht zur Sex-Nulldiät gezwungen fühlen. Wenn der No-Sex-Virus viele infiziert, wird Sex wieder ein Tabu. Aber wozu rege ich mich auf – der Trend »Rettet den Sex!« kommt bestimmt …

Kinder

In einer Stieffamilie sind Positionskämpfe und Beziehungskrisen vorprogrammiert ...

Als Irene Stefan heiratete, brachte sie eine Tochter und er einen Sohn in die Ehe mit. Irene und Stefan waren wild entschlossen, diesmal alles besser zu machen als bisher und endlich eine durch und durch »normale« Familie zu werden.

Natürlich kam es anders. Irene hatte von Anfang an Schwierigkeiten, die es in »normalen« Ehen nicht gibt. Sie mußte um ihren Platz neben Stefan und gegen Davids Mutter kämpfen, die ihm angeblich nicht das Kinogeld vorenthalten oder den Fernsehapparat abdrehen würde. Stefan hatte es nicht leichter. Stieftöchterchen Anna schwärmte ihm von ihrem fröhlichen Papi vor (Kunststück, er führt ja ein unbeschwertes Junggesellenleben) und ließ in ihrem Bedürfnis nach Anerkennung dem jungen Ehepaar keine freie Minute für sich. Bald gab es in Irenes und Stefans Schlafzimmer keine heißen Liebesszenen, sondern heiser geflüsterte Streitgespräche über »deinen Sohn, diesen unmöglichen Flegel« oder »deine Tochter, dieses penetrante Geschöpf«. Irene konnte sich gar nicht erklären, wann es geschehen war, »weil wir fast nur stritten« – auf jeden Fall war sie schwanger. In dieses Chaos noch ein Kind? Ich muß zugeben, ich war genauso baff wie alle anderen, aber der kleine Christoph brachte tatsächlich eine gewisse Ordnung in die vielschichtigen Vater-Mutter-Kind-Beziehungen. Die beiden Stiefgeschwister schlossen sich durch den Neuankömmling enger aneinander, und Irene und Stefan, nun in einer neuen Elternschaft verbunden, sahen ein, daß sie eben keine »ganz normale« Familie sind.

Damit bin ich endlich bei dem Grund, warum ich Ihnen die Geschichte von Irene und Stefan erzählt habe:

K Es hat keinen Sinn, mit Illusionen eine Stieffamilie zu gründen. In einer Stieffamilie wird es immer andere, vielschichtigere Positionskämpfe und Beziehungskrisen geben als in der sogenannten Kernfamilie. Aber eines Tages, wenn die verschiedenen Lebensgeschichten und Ängste auf einen Nenner gebracht sind, kann sich ein familiäres Gefüge entwickeln, das an Dichte und Gefühlsintensität einer Kernfamilie um nichts nachsteht. Natürlich ist es weder für das Elternpaar noch für die Kinder leicht zu akzeptieren, daß es eine Hierarchie der Liebe gibt: Erst wird der »richtige« Papi geliebt, dann erst der zweite Papi. Erst die »richtige« Mami, dann die zweite Mami. Das tut weh, denn jeder Mensch hat erst einmal Anspruch auf die ganze Liebe des anderen. Aber es lohnt sich, offen darüber zu reden und sich darauf einzurichten. Immerhin wird jede dritte Ehe geschieden und etwa ein Viertel der Kinder wird einen Stiefelternteil haben …

Komplimente

Frauen brauchen Komplimente, aber Männer brauchen sie noch viel mehr ...

Ach, wie ich Komplimente liebe. Wenn ich mich mies fühle und es sagt mir jemand, daß er sich freut, mich zu sehen, weil er mit mir immer so gut lachen kann, geht es mir schlagartig besser. Kaum spür' ich das Positive, das jemand für mich empfindet, steht's mit mir tatsächlich so.

Ein ehrliches Kompliment ist wie eine Bildentwicklung, durch die ein schwaches Negativ deutliche Konturen bekommt. Isadora Duncan behauptete, daß D'Annunzios legendäre Erfolge bei Frauen auf seine Fähigkeit, Komplimente zu machen, zurückzuführen waren: »Sich mit einer solchen Verzauberung loben zu hören, wie sie D'Annunzio eigen war, ist jeder Wonne vergleichbar«, berichtet die schöne Tänzerin.

Ganz meiner Meinung, Isadora! Nette Worte, ehrliche Liebenswürdigkeiten sind wie ein Zaubertrank. Sie verwandeln einen Menschen augenblicklich, sie machen stark, schön und glücklich. Von dieser Wirkung ist niemand ausgeschlossen. Auch Sie nicht. Und wenn Sie noch so hartnäckig behaupten: »Ich brauche keine Komplimente« – Sie brauchen sie ja doch.

Frauen brauchen Komplimente, aber Männer brauchen sie noch viel mehr. Jede Frau hat schon einmal die Erfahrung gemacht, daß man von einem Mann buchstäblich alles haben kann, wenn man ihm nur um den Bart streicht. Beamte verlängern die Amtsstunden, Fremde schleppen sperriges Gepäck quer durch die Stadt, und spröde Liebhaber werden streichfähig wie zimmerwarme Butter. Ich stelle immer wieder fest, daß die Frauen, die bei Männern oft die unbegreiflichsten Erfolge haben, nicht besonders schön oder besonders sexy sind – sie verstehen es, Männern zu schmeicheln.

K Aber warum sollen sie es nicht tun? Männern fällt das Geben immer noch schwerer als Frauen, sie sind daher auf Komplimente besonders angewiesen. Was immer Sie an einem Mann loben – seinen Humor, seine Geschicklichkeit oder seine Stimme –, in dem Augenblick, in dem Sie anerkennende Worte darüber verlieren, machen Sie aus einer Zufälligkeit einen Reichtum, mit dem man(n) die, die sich ganz offensichtlich darüber freuen, beschenkt. Und hat er erst einmal festgestellt, daß das Gefühl des Gebens schön ist, macht er auch auf anderem Gebiet weiter. Plötzlich begreift er, daß ein Besitz, den niemand haben will, nichts nützt. Erst der Reichtum, mit dem man jemanden beschenken kann, macht wirklich reich. So lernen Männer geben. Mag sein, daß dies einer der Gründe ist, warum wir alle, Männer noch mehr als Frauen, Komplimente lieben und brauchen. Sie machen nach allen Seiten glücklich – denjenigen, der sie bekommt, und den, der sie macht ...

Küsse

Küsse sind intimer als sachlicher Sex ...

Ich küsse für mein Leben gern. Und Sie? Was halten Sie von Küssen? Nicht viel? Schade, dann geht Ihnen nämlich ein wichtiger Teil der erotischen Kommunikation verloren. Ein sinnlicher Kuß kann nicht nur die sexuelle Erregung von 0 auf 100 katapultieren, er enthält auch Botschaften von Nähe und Vertrauen.

Ich habe es mir zur Gewohnheit gemacht, denjenigen, der wegen einer Partnerschaftsproblematik an mich herantritt, zu fragen: »Küssen Sie einander eigentlich noch?« Darauf bekomme ich regelmäßig zu hören: »Natürlich küssen wir uns noch. Aber ...« Aber was? Aber eben nicht mehr so richtig, so sinnlich, so wie früher.

Sobald sich in einer Beziehung Fremdheit breitmacht oder wenn die Liebe einen Knacks bekommen hat, mutiert der sinnliche Kuß zum flüchtigen Bussi. Es gibt keinen besseren Gradmesser für die Intimität eines Paares als den Kuß. Wenn sich die Lippen im Laufe der Jahre bei einem Kuß verschließen, haben sie sich schon vorher im persönlichen Gespräch verschlossen. Man weiß nicht mehr viel voneinander, man verschließt sich buchstäblich dem anderen gegenüber. Das Bild der geschlossenen Lippen beim flüchtigen Schmatz können Sie ruhig für die gesamte Partnerschaft nehmen! Aber wer hat schon den Mut, eine Weisheit des Körpers als Signal dafür zu sehen, daß es in einer Partnerschaft nicht mehr so richtig funktioniert? Da müßte man ja Dinge zur Sprache bringen, die unangenehm und sogar schmerzhaft sind. Man müßte womöglich ein eingefahrenes Verhaltensmuster ändern, man müßte sich anstrengen, man müßte ..., man müßte ... Da ist es natürlich leichter, man bagatellisiert das Küssen, reduziert es auf belangloses Geschnäbel oder auf eine rein sexuelle Handlung. Das alles ist einfacher, als sich einander wieder seelisch zu nähern,

K sich füreinander zu öffnen und, in der Folge davon, auch beim Küssen wieder die Lippen aufzumachen.

Auch wenn Sie es vielleicht nicht gerne hören, ist es doch so: Ein sachlicher Geschlechtsakt ohne emotionales Engagement ist leichter zu absolvieren als ein durch und durch sinnlicher Kuß. Ich bin sicher, daß jeder von uns diese Erfahrung schon einmal gemacht hat und daß in unseren Schlafzimmern täglich mehr Geschlechtsakte ohne innere Beteiligung als hingebungsvolle Küsse stattfinden. Sollten Sie auch zu jenen gehören, die schon seit längerer Zeit nur mehr rituelle Begrüßungsbussis und einen flüchtigen Kuß vor dem Liebesakt austauschen, können Sie ja die Probe aufs Exempel machen: Versuchen Sie, sich mit Ihrer(m) Partner(in) ohne viel Federlesens in einem langen, sinnlichen Kuß zu finden. Wetten, daß Sie das nicht schaffen? Es wird Sie aber kaum Anstrengung kosten, Ihre(n) Gefährten(in) zu einer schnellen Nummer zu bewegen.

Hätte ich die Möglichkeit, würde ich eine Kampagne »Rettet den Kuß« organisieren. Die Hörfunkmoderatoren müßten fünfmal täglich fragen: »Haben Sie heute schon geküßt?«, die Fernsehsprecher müßten das Verlesen der Nachrichten mit einer Erinnerung ans Küssen beenden, man dürfte zwecks ausgiebigen Küssens ein paar Minuten später zur Arbeit kommen oder früher gehen, und Kußentwöhnte bekämen Privatunterricht auf Kosten der Krankenkasse. Ein Kuß nach Beendigung eines Streites, ein Kuß nach einer gemeinsamen Arbeit, ein Kuß aus Dankbarkeit für eine Hilfe, ein Kuß aus Freude über eine gemeinsame Empfindung – ich bin mir ganz sicher, daß unter diesen Bedingungen nicht nur der Mund, sondern der ganze Mensch warm und weich und einer müden Partnerschaft neues Leben eingehaucht wird.

Langsamkeit

*Ein neuer Trend propagiert die große Wirkung der klei-
nen Bewegung ...*

Das mußte ja kommen: Die grüne Philosophie der Be-
hutsamkeit krempelte unsere Waschgewohnheiten um
(»sanftes Reinigen«), veränderte den Straßenverkehr
(»Flüster-Lkws«) und beeinflußte unseren Eßstil (»Slow
Food«). Jetzt erfaßt die sanfte Welle auch die Liebe:
Slow Sex – sanfter, langsamer Sex – ist angesagt. Ich
kann mir nicht verkneifen, zu erwähnen, daß davon nicht
das erstemal die Rede ist. Die Empfehlung zum sanften
Sex ist in allen alten fernöstlichen Liebesratgebern zu
finden.

Bereits Ovid erkannte in seiner »ars amandi« den Er-
lebnisgehalt des »Slow Sex«: »Glaub mir, du solltest die
Lust des Liebens nicht überstürzen. Nein, allmählich, in
Ruh locke sie sachte hervor.«

Der gute alte Van de Velde sprach in den zwanziger
Jahren in seinem Aufklärungswerk »Die vollkommene
Ehe« von »milden Vereinigungen«.

Der Sexologe Dr. Rolf Rother empfahl 1951 in einem
Liebesratgeber, »die Bewegungen seien auf gar keinen
Fall heftig, sondern möglichst sanft«.

1974 plädierte Dr. Sigfried Schnabl für langsame Koi-
tusbewegungen, die ein volles, bewußtes Auskosten der
Lustempfindungen möglich machen.

1979 wettert der US-Sexpapst Alexander Lowen in
seinem Buch »Lust« gegen »Stoßmänner, die beim Sex
aggressiv hämmern«.

1981 empfahl auch ich Slow Sex. In meinem Frigi-
ditäts-Buch sagte ich klipp und klar: »je linder, je besser.« Und in einer »Krone«-Kolumne von 1987 machte
ich noch einmal auf die Wichtigkeit der Zartheit beim
Liebesakt aufmerksam: »Langsam ist schöner.«

Aber die Zeit war nicht reif dafür, die große Wirkung

L der kleinen Bewegungen beim Sex zu erkennen. Erst als der zehn Jahre alte (!) Ratgeber »Wie man eine Frau befriedigt« aus dem Amerikanischen übersetzt und Slow Sex als »neuer Trend« bei uns verkauft wurde, zündete die Bombe.

Mir soll's recht sein. Hauptsache, die Idee der Langsamkeit bei der körperlichen Liebe wird überhaupt aufgegriffen. Hätten sonst Sexologen jahrzehntelang darauf gedrängt? Ich bin überzeugt davon, daß viele Frauen Orgasmusprobleme haben, weil ihre Partner beim Liebesakt zu heftig sind.

Wenn Frauen sagen »Ich brauche Zeit«, meinen sie meist »Ich brauche Langsamkeit«. Nur ein zärtlicher, langsamer Kontakt der Liebesorgane ermöglicht das Ansteigen der Erregung bis zum Orgasmus: Ich habe mit vielen Frauen gesprochen, die mir alle bestätigten: Ein schnelles, stoßendes Stakkato beim Liebesakt, das hektische Trommelfeuer eines außer Rand und Band geratenen Penis verschafft – wenn überhaupt – nur jähe Erregung.

Es ist das langsame Hin und Her, das die Zeit anhalten und die Lust in einen Rausch zu steigern vermag. Die Nervenenden, die Druck- und Wärmereize in die Hirnrinde weiterleiten und in Erregung umsetzen, reagieren verläßlicher, wenn sie nicht schnell und fest, sondern langsam und zart stimuliert werden. Daß das Element der Langsamkeit untrennbar mit dem erotischen Genuß verknüpft ist, zeigt auch der Wunsch, in den Augenblicken der Luststeigerung den höchsten Genuß hinauszuziehen. Wie oft flüstern einander Liebende in diesen Momenten zu: »Warte noch ...« oder »Noch nicht ...« Was ist dagegen schneller Sex? Beides probiert, kein Vergleich.

Lieben

Ein impotenter Mann ist auch manchmal ein Mann, der nicht liebt ...

Karl, der nicht mehr ganz jung, aber als gutaussehender und erfolgreicher Junggeselle die Krone der Schöpfung zu sein glaubte, dem die schönsten Mädchen zu Füßen lagen, wurde von seinem Liebesdiener schmählich im Stich gelassen: Karl war impotent. Daran änderte weder ein Busenumfang von 104 cm etwas, noch hüftlanges, blondes Engelshaar und schon gar nicht gutes Zureden. Natürlich konnte sich Karl nicht damit abfinden. Konsequent und ehrgeizig, wie er ist, ging er den Weg aller Pimmelgeschädigten und suchte professionelle Hilfe.

Als erstes ging Karl zu einem Arzt. »Essen Sie wenig Fleisch, viel Vitamine und jeden Morgen ein Müsli«, meinte dieser. »Joggen Sie, stellen Sie das Rauchen ein und gehen Sie vor Mitternacht schlafen.« Karl befolgte den weisen Rat und blieb impotent. Daraufhin ging er zu einem Sextherapeuten, der ihm empfohlen wurde. »Lassen Sie sich von ihrer Partnerin lange und ausgiebig liebkosen, aber nicht unter Druck setzen«, empfahl dieser. »Aktivieren Sie Ihre Phantasien, sehen Sie sich gute Pornofilme an und lesen Sie erotische Literatur. In spätestens vier Wochen sind Sie wieder in Topform.« Karls gutes Stück hustete dem Therapeuten etwas, aber erhob sich nicht einmal dabei.

Daraufhin konsultierte Karl einen Psychoanalytiker. Dieser legte Karl auf die Couch, vermutete, daß für die Impotenz seines Patienten frühkindliche Erlebnisse verantwortlich seien, und stellte ihm eine Erektion in vier bis fünf Jahren in Aussicht. So lange wollte Karl, der bereits seit etlichen Jahren in den besten Jahren ist, nicht warten. Er reiste zu einem angesehenen Heilpraktiker nach Deutschland, ließ sich homöopathische Mittel,

L Wurzeln und Blumenblätter verordnen und kehrte – impotent – wieder heim.

Auch seine zwei besten Freunde zog Karl ins Vertrauen. Der eine empfahl ihm, die Flaute dazu zu benützen, an andere Dinge zu denken und sich in der Politik zu engagieren. Der andere flüsterte ihm eine Adresse zu, wo man die unaussprechlichsten Wünsche erfüllt bekommt. Nachdem Karl auch noch diesen Opfergang ohne jedes Ergebnis hinter sich gebracht hatte, fand er sich mit seiner Niederlage ab. Seither nähert er sich den Frauen mit dem diskreten Charme des Impotenten. Gut so, Karl! Vielleicht gelingt es seinem geknickten Anhängsel, Karl dazu zu verführen, in Zukunft für Frauen nicht nur seinen Hosenschlitz, sondern auch sein Herz zu öffnen. Dann hat ihm sein streikender Pimmel etwas gesagt, was Karl noch von niemandem zu hören bekommen hatte: Irgendwann einmal kann man nicht lieben, wenn man nicht liebt...

Liebeserklärung

Drei kleine Worte enthalten hochexplosive Botschaften ...

»Ich weiß nicht, warum es so ist«, sagte unlängst eine
Freundin zu mir, »ich weiß nur, daß es so ist: Wenn ein
Mann zu mir ›Ich liebe dich‹ sagt, verliere ich den Verstand.« Auch wenn sie ihrerseits die magische Formel
ausspricht, »sei die Wirkung unheimlich – wie ein Aphrodisiakum«. Ich erinnere mich an meine Jahre der Partnersuche: Stimmt, wenn mir der Mann, in den ich gerade
verknallt war, »Ich liebe dich« zuflüsterte, mußte ich alle
Energien aufwenden, um einen klaren Kopf zu bewahren. Bei den drei großen Lieben meines Lebens war es
nicht viel anders: Den schönsten und aufregendsten Liebesstunden war immer diese Liebeserklärung vorange-
gangen. Nicht nur das. Auch mich – und ich bin da sicher
nicht die einzige – drängt es im Überschwang der Gefühle immer noch zu der Liebesformel. Im ärgsten Tu-
mult der Gefühle müssen sie gesagt sein, die scheinbar
harmlosen zwölf Buchstaben. Man hat sonst das Gefühl,
unterzugehen im Strudel der Empfindungen. Grund
genug, nachzudenken über den Code, der uns dazu veranlaßt, den Verstand zu verlieren, über uns hinauszu-
wachsen oder einander in die Arme zu fliegen.

Die Wucht der drei Wörtchen ist damit zu erklären,
daß sie nicht weniger als fünf hochexplosive Botschaften
und Absichten in sich bergen. Die erste und einfachste:
Man gesteht ein Gefühl ein. Damit will man zweitens
zwischen sich und dem anderen eine Symmetrie herstel-
len. Man fordert von dem, auf den die aufgewühlten Gefühle gerichtet sind »Liebe du mich genauso«. Drittens
soll mit der Liebesformel der andere, durch den man so
außer sich geraten ist, bewältigt werden: Was stellt er an
mit mir, daß ich gar nicht mehr weiß, wer ich bin? »Ich
liebe dich« ist also auch ein Zauberspruch, mit dem die
Wirkung des Partners überschaubar gemacht werden

121

L

soll. Viertens will man mit dem Aussprechen der drei magischen Worte wieder zu der inneren Ruhe zurückkehren, die vor der Gefühlsekstase geherrscht hat: Was man benennen kann, schafft (hoffentlich) keine Unruhe mehr. Und fünftens heiligt »Ich liebe dich« den oft immer noch als sündig empfundenen Sex.

Mich wundert es nicht, daß ein geflüstertes »Ich liebe dich« jedem von uns durch Mark und Bein geht. Aber glauben Sie nicht jedem, der Ihnen bei Meeresrauschen oder unter einem postkartenblauen Urlaubshimmel »Io ti amo«, »I love you« oder »Je t'aime« zuflüstert. Es gibt unzählige Schwindler, die mit der zauberischen Wirkung der Liebesworte taktieren. Diese Gauner erkennen Sie daran, daß sie zwar großzügig mit dem »Ich liebe dich« umgehen, aber ihr Verhalten diesen Worten keineswegs entspricht.

Liebeslügen

Warum sich Frauen noch immer ohne Liebe an einen Mann binden …

»Wahre Liebe gibt es nicht«, erklärt der Autor Benno Kroll in einem seiner Bücher. »Frauen heiraten nur aus Kalkül«, meint er. Für diese Behauptung wurde Kroll in der Luft zerrissen. Aber ganz unrecht hat er nicht. Es ist sicher falsch, die wahre Liebe in Bausch und Bogen in Frage zu stellen. Aber es ist richtig, daß es Frauen gibt, die sich ohne Liebe an einen Mann binden. Gründe gibt's ja genug dafür. Ich stelle immer wieder fest, daß sich Frauen an der Seite eines Mannes »sicherer« und »kompletter« fühlen. In einer Gesellschaft, die Frauen nach wie vor weniger Durchsetzungsmöglichkeiten bietet, ist das nicht verwunderlich. Tatsache ist, daß eine Single-Frau immer noch diskriminiert wird. Eine Frau alleine wird nicht so gerne eingeladen, sie bekommt im Restaurant einen schlechteren Platz, und viele begegnen ihr mit dem Vorurteil: »Was stimmt nicht mit der, daß sie keiner nimmt?«

Das Gefühl, als Single-Frau weniger wert zu sein, geht so weit, daß Frauen tatsächlich oft nur der ersehnten Paaridentität wegen heiraten: Eine Umfrage des Max-Planck-Instituts ergab, daß 25 Prozent der heiratswilligen Frauen zugaben, »ihren Partner trotz fester Heiratsabsichten gar nicht besonders zu mögen«.

Noch etwas fällt mir immer häufiger auf: Viele Frauen verbandeln sich unter ihrem Wert. Schönheiten heiraten unscheinbare Männer, und kluge Frauen geben sich dümmer als sie sind, nur um nicht solo zu sein. Alexandra, 39, vier Jahre geschieden, blitzgescheit und belesen, zeigt einem Mann grundsätzlich nicht, daß sie mehr weiß als er. »Nach so einem Abend geht es mir mies, weil es mir entweder keine Freude macht, dem armen Kerl etwas vorzuheucheln, oder weil ich ihn dafür verachte, daß er meine Taktik nicht durchschaut«, sagt sie. »Aber was bleibt mir anderes übrig, als Theater zu spielen? In meinem Alter kann man sich die Männer nicht mehr aussuchen.«

Auch in puncto Sex wissen viele arme Hascherl nicht, was wirklich im ehelichen Bett läuft. Da wird leidenschaftlich gestöhnt, wo nur lähmende Enttäuschung spürbar ist, und gelobt, wo belehrt werden müßte. Wozu diese Inszenierungen? Nur um den Mann nicht zu verlieren! Ich behaupte, daß sich an der sexuellen Selbstverleugnung der Frau trotz der Gleichberechtigungsbestrebungen nicht viel geändert hat. Auf dem Sektor der Lebens- und Liebeserwartungen sieht es nicht viel anders aus. Frauen machen noch immer die Augen davor zu, daß Männer oft völlig andere Erwartungen an eine Partnerschaft und an die Ehe haben als sie selbst. Er will moderate Gleichmäßigkeit, um sich in Ruhe seiner Karriere widmen zu können, sie will Anregung und Sinngebung. Oder er zieht gerne mit seinen Freunden herum, und sie sehnt sich nach stiller, familiärer Behaglichkeit. Häufig wollen sich die Frauen über ihre Erwartungsvorstellungen gar nicht erst klarwerden, um nicht einen Rückzieher machen zu müssen. »Es wird schon gutgehen«, höre ich in solchen Situationen oft und oft. Meist geht es nicht gut. Ohne angemessene Resignation ist zwar keine Partnerschaft auf Dauer zu führen, aber von vornherein zu resignieren, führt zu einer Entfremdung dem eigenen Ich und dem eigenen Körper gegenüber. Dann ist man zwar nicht alleine, aber auf die schmerzhafteste Weise einsam …

Lob

Mit falschem Lob erreicht man oft das Gegenteil von dem, was man beabsichtigte ...

Erst wußte ich nicht, ob ich mich über das, was mein Liebster sagte, freuen sollte. Dann wußte ich, daß ich allen Grund hatte, sauer zu sein: Das Lob, das er mir gespendet hatte, war gar kein Lob. Es war das Gegenteil davon – ein Ausdruck der Enttäuschung. Nicht nur uns Frauen passiert es immer wieder, daß ein Lob erst im nachhinein als Ablehnung begriffen wird. Auch jeder Mann hat diesen Zwiespalt schon einmal erlebt. Da war er im Bett gar nicht gut drauf, aber seine Gefährtin zerstreut seine diesbezüglichen Bedenken mit der Bemerkung »Aber es war wirklich das, was ich schon immer wollte!«

So hilfreich diese – von der Psychologie als »Umdeutung« bezeichnete – Maßnahme im Alltag sein kann, auf dem erotischen Sektor richtet man damit oft soviel an wie der bekannte Elefant im Porzellanladen. Das, was als besänftigendes Zuckerbrot verabreicht werden sollte, wirkt wie Gift. Besagter Mann zum Beispiel wußte, daß die Behauptung seiner Liebsten nicht wahr sein konnte. Und er spürte, daß sie etwas anderes empfand, als sie aussprach. Widerwillig oder wütend – je nach Situation und Temperament – muß er also annehmen, daß er a) nicht nur ein miserabler Liebhaber war, sondern auch b) so unter aller Kritik agierte, daß seine Partnerin gar keine angemessenen Worte finden konnte und er von ihr daher c) mit einem verlogenen Kompliment grausam abgewimmelt wurde.

Das mindeste, was solche Augenblicke nach sich ziehen, ist ein Gefühl der Fremdheit. Auf jeden Fall lenkt falsches Lob die Aufmerksamkeit verstärkt auf den Bereich, mit dem es gerade Schwierigkeiten gibt. Ich kenne eine attraktive Blondine, die so lange nicht unter ihren –

L zugegebenermaßen – starken Oberschenkeln litt, bis ihr eines Tages ein Liebhaber auf einen diesbezüglichen Einwand von ihr antwortete: »Ach komm, du hast die perfektesten Schenkel, die ich je gesehen habe.«

Alles hatte sie – schöne Augen, einen schönen Busen und eine schmale Taille. Nur perfekte Schenkel, das wußte sie genau, hatte sie nicht. Daher empfand sie die unwahre Behauptung als Tadel eines körperlichen Nachteiles.

Nein, es ist schon so: Sobald der Partner oder die Partnerin im erotischen Bereich mit Unsicherheit zu kämpfen hat, sind Superlative eine Währung, die nicht gilt. Es gibt nichts Irritierenderes für eine(n) Liebende(n) als das Gefühl, der Bettgefährte spricht von einem Phantasiegebilde und hat mit der Person, die man tatsächlich ist, gar keine wirkliche Erfahrung gemacht. Ein Reichtum, von dem man ganz genau weiß, daß man ihn nicht besitzt, macht nicht reicher. Er macht ärmer.

Lusterlebnisse

Sexuelle Lust stellt sich nicht auf Knopfdruck ein. Am leichtesten entfaltet sie sich durch andere Lusterlebnisse ...

In billigen erotischen Filmen ist alles ganz einfach: Kaum haben Mann und Frau einander gesehen, machen sie ohne Umstände die ausgefallensten erotischen Spiele und abwechselnd erregte und glückliche Gesichter. Natürlich erleben sie vollkommene Befriedigung und gehen dann fröhlich auseinander. Wenn Sie kritisch sind, kapieren Sie, daß Sie der Film verschaukelt hat. Wenn nicht, sind Sie garantiert sauer, daß ausgerechnet Sie so ein erotisches Paradies noch nie erlebt haben.

Aber trösten Sie sich: Nur in der Theorie kennt die Lust keine Umwege und fällt Männlein und Weiblein unverdient in den Schoß. In der Realität steht erfüllte sexuelle Lust am Ende einer Kette anderer Lüste, die auch, vielleicht sogar zuerst, befriedigt sein wollen.

Wenn ich einem Paar mit einem sexuellen Problem die Frage stelle, was ihnen im Augenblick am meisten Lust machen würde, höre ich als Antwort kaum »einander französisch verwöhnen« oder »andere Stellungen ausprobieren«.

Lüste dieser Art sind meist nur ein fernes Ziel. Zuvor gibt es dringendere, unerfüllte Bedürfnisse: Die Lust, sich endlich einmal alles von der Seele reden zu können. Die Lust, Tränen wenigstens einmal freien Lauf lassen zu dürfen. Die Lust, einmal aufzubegehren.

Oder die Lust, sich bei den Klängen der Toselli-Serenade und mit einem Viertel Wein in der Badewanne zu erholen.

Aber man schweigt und zügelt sich. Sie wissen, wie es ist, wenn man sich die Erfüllung anscheinend harmloser Lüste versagt? Dann kennen Sie vielleicht auch das Gefühl lähmender sexueller Lustlosigkeit.

L Erst kürzlich vertraute mir Helene an, daß es zwischen ihr und ihrem Mann Hans Schwierigkeiten gäbe. »Obwohl jeder ganz und gar für den anderen da ist, haben wir keine Lust auf einander«, rätselte Helene. Im Laufe unseres Gespräches erkannte Helene, warum es dazu gekommen war. »Wenn ich mich mit Freunden unterhalte und fröhlich bin, zerstört Hans sofort meine gute Laune. Komme ich von einer Reitstunde entspannt und aufgekratzt nach Hause, macht er mir meine gute Stimmung augenblicklich kaputt. Er kann es einfach nicht ertragen, daß ich auch ohne ihn fröhlich sein kann.« Was tut Helene also? Sie geht nicht mehr reiten, verzichtet auf intensive Gespräche mit Freunden und sitzt artig neben ihrem Hans.

Helenes Unlust rührt daher, daß sie ihrem Mann zuliebe alle Impulse unterdrückt, die ihr Lust bereiten würden. Hans ist frustriert, weil er einerseits die Lust, die Helene auch ohne ihn erleben kann, als Beweis mangelnder Liebe auslegt. Andererseits fixiert er seine Möglichkeiten, Lusterlebnisse zu haben, ausschließlich an Helene. Er orientiert sein Leben so sehr an ihr, daß er nicht mehr Squash spielen geht, weil Helene an Ballspielen absolut keinen Spaß hat. Hans trat auch aus dem Klub für Modellflugzeugbau aus, weil das doch nicht Frauensache ist. Aber Lust läßt sich nicht ungestraft fesseln. Wird ihr dennoch ständig Gewalt angetan, bleibt das nicht ohne Folgen.

Gerade mit zunehmenden Jahren ist sexuelle Lust keine Himmelsgabe, die einem mir nix, dir nix in den Schoß fällt. Wenn Sie Ihren Lustimpulsen nicht erlauben, sich auch anderswo als auf sexuellem Gebiet einzurichten, werden sie sich auch dann verweigern, wenn Sie schon sehnsüchtig darauf warten …

Macht

Schlechte Zeiten für den Softie: Macht und sexuelle Potenz stehen in einem unmittelbaren Zusammenhang ...

Sind Sie ein typischer Macho? Unterdrücken Sie Frauen und beuten Sie sie aus? Tut mir leid, Sie haben ausgespielt. Sind Sie übersensibel und völlig aggressionsfrei? Auch Sie können einpacken. Gefragt ist der »wilde Mann«. Diesen griffigen Ausdruck prägte der amerikanische Lyriker Robert Bly für einen Männertyp, der nicht nur über eine reife Liebesfähigkeit, sondern auch über innere Stärke, Mut und sinnvolle (!) Aggressivität verfügt. Genau jene Eigenschaften also, die wir Frauen den Männern in den sechziger und siebziger Jahren abgewöhnen wollten. Damals träumten wir von weichen Männern, die Einfühlung anstatt Aggressivität zeigen sollten. Robert Bly schätzt, daß heute ungefähr die Hälfte der jungen Männer so geworden ist, wie die Frauen sie damals wollten: aggressionsfrei und sensibel, aber ohne Vitalität.

Der weiche, übersensible Mann kann nicht mehr zupacken, ist verunsichert, und wegen seiner Selbstzweifel hapert es auch mit seiner Potenz. »Zum Reden und Philosophieren war er ja wunderbar, aber als Liebhaber war er eine Niete«, sagte mir erst unlängst Martina über ihren sanften Freund, dem sie nach zwei diskussionsreichen Jahren den Abschied gegeben hatte. Jetzt ist sie mit einem »wilden Mann« liiert, der keine Potenzprobleme hat, der nicht an sich zweifelt, der weiß, was er will, und sich durchsetzt, wenn sie vielleicht nicht ganz so genau weiß, was sie will. In einer Welt, in der es hinten und vorne nur weiche Lösungen gibt und das Bedürfnis nach Klarheit immer stärker wird, ist diese Form der Alltagsbewältigung für viele Frauen wohltuend. »Ja, er hat ein bißchen was von einem Macho«, gibt Martina zu. »Aber dafür ist er nicht impotent.« Mich wundert es nicht, daß der »wilde Mann« sexuell stabiler ist als ein sanfter Träumer. Macht und Potenz stehen nämlich in einem unmittelbaren Zusammenhang: Erfolg läßt den Testosteron-Spiegel im Blut ansteigen, durch Mißerfolg sinkt er. Der Mann, der Erfolg und damit auch Macht hat, hat also aufgrund seiner florierenden Hormonausschüttung auch Lust. Der Softie hat ein gestörtes Verhältnis zur Macht, also hat er meist auch eine gestörte Sexualität.

So einfach ist das. Und so unbequem in der Tragweite seiner Bedeutung. Denn Macht zu beanspruchen ist verpönt. Aber – und auch das will ich einmal gesagt haben – auch der milde, angeblich völlig aggressionsfreie Mann versucht, Macht auszuüben. Seine Strategie ist aber nicht Stärke, sondern Schwäche. »In seiner Sensibilität, seinem gutwilligen Verzicht auf klassische Machtattitüden suggeriert er eine Ähnlichkeit mit der Frau und verführt sie um so wirkungsvoller zu einer ihm genehmen, aber traditionellen Liebesbeziehung«, resümiert die Hamburger Therapeutin Sigrid Steinbrecher. In dieser Beziehung will er bemuttert werden und einem offenen Kampf aus dem Weg gehen. Wehe, wenn sie sexuelle Ansprüche stellt! Da schrumpft sein Kleiner auf der Stelle. Mit seinem schlaffen Pimmel erzwingt der Softie die ganze Aufmerksamkeit seiner Gefährtin – so wie er als kleiner Junge die Zuwendung seiner Mami erzwang, wenn er auf schwach und klein machte.

Haben wir das gewollt? Ein Kind zum Bemuttern anstatt einen Kerl zum Lieben? Nein, das haben wir nicht gewollt. Wir Frauen können zwar aus einem Embryo einen Jungen werden lassen, aber wir wollen nicht aus einem Jungen einen Mann machen.

Massage

Nicht nur Sex, sondern auch eine liebevolle Massage kann eine Möglichkeit sein, mehr körperliche Nähe zu erleben ...

Ich habe einmal das Vorwort für ein Buch des amerikanischen Massage-Professors Ray Stubbs geschrieben. Stubbs geht es darin nicht um Heilmassagen, sondern um die Möglichkeit, daß zwei Menschen mit Hilfe der Massage einander körperlich näherkommen. Streicheln, Berühren, Zärtlichsein – ist das für ein Paar wirklich so schwierig? Ja, auch ich stelle oft und oft fest, daß man sich zwar nach Nähe und Berührung sehnt, es aber nicht gelingt, die Hand auszustrecken und den ersten Kontakt herzustellen. Ich höre auch immer wieder, daß es nicht mangelnde Liebe ist, sondern innere Sperren sind, die den liebevollen Umgang miteinander verhindern. Aber körperliche Barrieren, das ist mir wieder einmal klar geworden, sind nicht unüberwindlich: Eine sanfte und unverfängliche Verführung zu körperlicher Nähe ist die Liebesmassage!

Zu einer Liebesmassage brauchen Sie nur einen Raum mit gedämpftem Licht, vielleicht leise Musik aus dem Hintergrund, ein wenig Öl oder Creme und natürlich die Bereitschaft, die körperliche Annäherung buchstäblich in die Hand zu nehmen. Wenn die körperliche Distanz schon längere Zeit besteht, reagiert Ihr(e) gehemmte(r) Partner(in) auf Ihren Vorschlag, sich massieren zu lassen, vielleicht mit Abwehr: Sich Ihren Händen passiv auszuliefern? Alles, nur das nicht! Gestehen Sie Ihrem Partner zu, daß er an eine Massage keine Erwartungen knüpfen muß: Er soll sie nur geschehen lassen. Dasselbe gilt auch für Sie. Sehen Sie darin vorläufig nichts anderes als einen mehr oder weniger wohltuenden Zeitvertreib. Je geringer Ihre Erwartungen sind, desto leichter gelingt die körperliche Zwiesprache.

M Wagen Sie einen Anfang! Massieren Sie Ihren Partner oder lassen Sie sich von ihm in leichten kreisförmigen Bewegungen immer in Richtung Herz massieren. Es geht aber nicht darum, daß Sie eine perfekte medizinische Massage hinlegen.

Ich weiß, daß man in solchen Situationen dazu neigt, auf sexuelle Erregung aus zu sein. Tun Sie's nicht! Die zärtliche Massage soll nur wohlige körperliche Nähe erzeugen, um das Gefühl von Distanz abzubauen, das durch zu wenig Körperkontakt entsteht. Wenn Sie die erogenen Zonen auslassen, verlegt sich die Intimsphäre des Körpers am ehesten vom Geschlecht in die Poren. Mit erotischen Stimulationen setzen Sie Ihren Gesponsen unter Zugzwang. Er fühlt sich Ihren Bemühungen verpflichtet und glaubt, mit sichtbarer Erregung reagieren zu müssen. Dieser Druck verhindert das, was Sie wirklich wollen, nämlich eine innigere körperliche Begegnung.

Lassen Sie sich auch nicht mittendrin aus Peinlichkeit zu einer Umarmung hinreißen. Gerade jene Menschen, die Probleme mit der zärtlichen körperlichen Annäherung und dem spielerischen Miteinander-Beschäftigen haben, neigen dazu, sich aus Verlegenheit in den Sex zu retten, dessen Ablauf und Gesetzmäßigkeit sie kennen. Aber diese Intimität ist trügerisch: Ein mechanischer Akt erfordert sehr viel weniger vertrauensvolle Hingabe als eine zärtliche Massage. Dementsprechend mager fällt auch das Gefühl der Zusammengehörigkeit und Nähe aus, das man damit erzwingen will.

Männerängste

Je selbstbewußter die Frauen, desto lustloser werden die Männer ...

Ein richtiger Mann hat keine Angst. Ein richtiger Mann schaut souverän wie der Typ auf dem Marlboro-Plakat und tritt wie Arnold Schwarzenegger jeder Gefahr furchtlos entgegen.

Leise, hinter vorgehaltener Hand, sage ich Ihnen, daß auch mutige Männer Angst haben. Nicht vor Mutproben, aber vor selbstbewußten Frauen. Gründe dafür gibt es genug. Etwa die Tatsache, daß die Frauen von heute viele sexuelle Erfahrungen haben. Sie wissen, wie sie zum Orgasmus kommen können und woran es liegen kann, wenn »es« nicht klappt. Dadurch fühlt sich Adam auf dem Prüfstand. Er macht sich Sorgen, ob sein Penis für zu klein oder sein erotisches Repertoire als zu armselig befunden wird. Ich beobachte schon länger, daß die zunehmende sexuelle Lustlosigkeit der Männer dem zunehmenden Selbstbewußtsein der Frauen proportional ist. Einerseits wollen die Männer, daß eine Frau ihre Freude am Sex zeigt. Andererseits wuchert sofort die Angst, den weiblichen Erwartungen nicht entsprechen zu können. Was bleibt da anderes übrig, als ängstlich den Schwanz einzuziehen?

Vielleicht haben Sie sogar die Erfahrung gemacht, daß auch der berufliche Erfolg einer Frau einen Mann in Angst und Schrecken versetzen kann. Männer bezeichnen eine selbstsichere Frau oft abfällig als »Mannweib« oder »frustrierte Hexe«. »Sie sind eine Null«, schrieb mir unlängst ein Leser. Ich kann ihm gar nicht böse sein, weil ich weiß, daß er mich zu einem »Nichts« machen muß: Ein Nichts kann ihn nicht verletzen. Hinter verbalen Aggressionen verbergen Männer die Angst vor der Frau, die plötzlich nicht nur als Geschlechtspartnerin, sondern auch als Konkurrenz gesehen werden muß. Sie schweigt nicht, wenn sie etwas besser weiß, und sagt, was ihr nicht paßt.

Natürlich wünscht sich eine Frau einen Partner, der klug und tüchtig ist. Aber sie setzt diese Eigenschaften nicht mehr als selbstverständliche männliche Vorzüge voraus. Er muß sie ihr schon beweisen. Dieses kritische Verhalten verletzt die Norm männlicher Überlegenheit. Da hat der arme Tropf in frühester Kindheit das Ausüben von Macht gelernt, und plötzlich wirft ein intelligentes, unabhängiges weibliches Geschöpf die Machthierarchie durcheinander! Wenn sich davon die männliche Seele nicht einschüchtern läßt – wodurch dann? Durch die weibliche Schönheit zum Beispiel.

Auch wenn mir jetzt manche Frauen gerne an die Gurgel gingen, sage ich es trotzdem: Dank gekonnt eingesetzter Attraktivität fällt einer hübschen Frau vieles kampflos zu, worum sich ein Mann erst bemühen muß. Der raffinierte Kampf mit den weiblichen Waffen gehört nicht zum Rollenbild von gestern. Mit dieser Strategie agiert auch die Frau von heute.

Nein, Männer haben es wirklich nicht leicht. Daran sollten Sie denken, wenn Sie als selbstbewußte Frau einem angriffslustigen Mann begegnen. Wenn Sie von ihm Anerkennung und Liebe wollen, müßten Sie ihm erst das geschwächte Rückgrat stärken ...

134

Männerpo

Der Po ist nicht nur ein weibliches Sexsignal. Der Männerpo sticht auch Frauen wohltuend ins Auge ...

Unlängst hörte ich, wie ein Autofahrer einem anderen wütend jene Worte nachschrie, mit denen Goethe dem Allerwertesten zu literarischem Ruf verhalf. Warum justament dieses Wort? rätselte ich. Warum betreffen die meisten Schimpfworte ausgerechnet jenen Körperteil, der einer der sexuellen Hauptanziehungspunkte ist?

Daß der Podex (lat. Gesäß) zumindest verbal so mißhandelt wird, ist mit der Tabuisierung dieses Körperteiles zu erklären. Zu den appetitlichen Rundungen gehören ja auch die gesamten Ausscheidungsfunktionen – ein Vorgang, der vor allem den Geruchssinn beleidigt und daher tabuisiert wird. Auch auf den anmutigsten Frauen- und auf den reizvollsten Männerhintern lastet der »Ruch der Peinlichkeit«. Aber wie schon Papa Freud lehrte, meldet sich alles Verdrängte ja doch heftig zu Wort. Daher die zotigen Ausdrücke, die analen Schimpfworte, daher die buchstäblich »anrüchige Sprache«.

Dennoch strahlt die Verlängerung des Rückens ein Höchstmaß an sexueller Lockung aus. Daß Männer für Äpfel-, Birnen- oder Herzpopos meilenweit gehen, weiß jedes Kind. Aber auch Frauen werfen gerne einen Blick auf Adams schönste Seite. Unser erster Blick gilt zwar den Augen eines Mannes, aber bereits der zweite seinem Allerwertesten. Die anderen männlichen Attribute – Muskeln und Brusthaare – folgen erst mit weitem Abstand. Schade, daß viele Männer nicht wissen, wieviel Reiz ihr Hintern für uns Frauen hat! Würden sie sonst ihre Hosen unter dem Bauch gürten? Wie mit einem Windelpaket am Allerwertesten watschelt so ein armer Tropf dann daher. Auch ein ausgeleierter Hosenboden verunstaltet eine Körperpartie, deren Signale unterhalb der Bewußtseinsschwelle aller Frauen wirken. Ein flacher, nach vorne gedrückter Männerpo signalisiert, daß sein Besitzer Konflikte in sich hineinfrißt. Ein zusammengezwickter Hintern entlarvt einen Mann, der nicht spontan sein und weder eigene noch die Bedürfnisse einer Partnerin wahrnehmen kann. Dagegen verspricht ein gut proportioniertes, bewegliches Hinterteil mit ausgeprägter Muskulatur einen selbstbewußten, unverkrampften Liebhaber.

Meiner Freundin Eva sind wissenschaftliche Erkenntnisse schnuppe. »Man muß doch nur auf den Volksmund hören«, meint Eva. »Wenn von einem Mann gesagt wird er hat ›Ameisen im A…‹, er ist lahmärschig oder ein A…kriecher‹, weiß man schon eine Menge über ihn.«

Sobald es um den Po geht, hat Eva nicht nur ein offenes Ohr, sondern auch ein offenes Auge. Sie kennt vom oberbayrischen Trommelpo bis zum spätgotischen Spitzenklöppler alle männlichen Poformen, und sie weiß, wie wichtig der Po bei der Motorik des Liebesaktes ist: »Neben meinem Bett hängt nämlich ein Spiegel«, gestand sie mir, als wir bei einem Kaffee saßen und die vorübergehenden Männer pomäßig taxierten. Ein angenehmes Gefühl übrigens, die Augen über Männerpopos wandern zu lassen und über deren Aussagekraft zu philosophieren. Da geht einer, der hat die Flanken eines Hengstes …

Der Typ neben ihm, mit dem flachen, zusammengepreßten Hintern, wirkt neurotisch … Der Typ mit dem schlabbernden Hosenboden sieht aus wie eine Pampers-Reklame. Aber dieser da ist sexy in seiner Jeans, die zwei Halbkugeln fest umspannt. So einen Hintern hätten wir gerne. Rund, dynamisch und muskulös. Wozu sollte ich es beschönigen. Das weibliche Po-Ideal ist der Männerpo! Die meisten Frauen – Umfragen zufolge mehr als 75 Prozent – hätten gerne den Hintern, der als idealer Männerhintern gilt. Aber auf Männer wirkt auch ein ausladender Po einladend. Allein darauf kommt es

an.

Missionarsstellung

In den 68er Jahren kam die Missionarsstellung zu Fall. Jetzt bekennen sich Frauen wieder zu der »Königsform der Liebe«.

»Weißt du, warum man Missionarsstellung sagt?« fragte mich unlängst mein Freund Christoph. »Weil Missionare die Einheimischen einer Südseeinsel zu ihrem Glauben und zur Stellung Frau unten/Mann oben bekehren wollten. Die Leutchen trieben es nämlich in der Hocke.« Ganz schön anstrengend, diese Art, einander zu besitzen. Es gibt aber auch noch andere Erklärungen für die Lieblingsposition der meisten Frauen. Eine Theorie besagt zum Beispiel, daß Missionarsstellung ursprünglich »Immissionsstellung« hieß. Die Einführung des Penis – immissio penis – entspricht in der Lage Frau unten/Mann oben der Urzeugungsposition: Der Erdenschoß empfängt den Samen. Entwicklungsgeschichtlich gesehen müßte die Liebe von hinten die Urposition sein: Die abwertende Bezeichnung »more bestiarum« – nach Art der Tiere – verrät unsere kulturelle Entwicklung: Heute empfinden die meisten Menschen die Gesicht-zu-Gesicht-Stellung als persönlicher. Der Sex von hinten wird oft als unpersönlich und tierisch erlebt. Trotzdem findet die gute alte Frau-unten-Position viel zuwenig offenen Beifall. Ich vermute, daß die Missionarsstellung in den 68er Jahren zu Fall gebracht wurde. Damals wollte die Frauenbewegung den Frauen nicht nur gesellschaftlich mehr Bewegungsraum verschaffen, sondern auch im Bett. Ich erinnere mich an den Spruch: »Männer, unterstützt die Frauenbewegung, legt euch auf den Rücken!«
Inzwischen haben sich die erhitzten Gemüter beruhigt. Eine Frau kriegt nicht gleich einen Scheidenkrampf, weil sie »unten liegen« automatisch mit »unterlegen sein« gleichsetzt. Nach und nach wagen es die Frauen wieder, ihre Liebe zur »Maikäferstellung« zu be-

kennen. Es ist ja auch eine Menge dran an ihr! Die etwa deckungsgleichen Körper haben maximalen Hautkontakt. Den Händen der Frau bietet sich die männliche Kehrseite zum zärtlichen Streicheln.

Kann schon sein, daß die Missionarsstellung nicht so anmutig und künstlerisch wirkt wie vielleicht die indische Schraube. Aber den Mangel an Eleganz gleichen die sexuellen Vorzüge der Frau unten/Mann oben-Position leicht aus. Auch von der Psychologie des Liegens spricht viel für die Missionarsstellung. Der Philosoph Prof. Dr. O. Betz nennt die Rückenlage sogar die »Königsform« des Liegens.

Und noch ein handfestes Plus gibt es für die Missionarsstellung: Eine Frau ist schöner, wenn sie liegt. Fettpölsterchen senken sich der Schwerkraft folgend nach unten und verteilen sich figurfreundlich. Derselbe Mechanismus wirkt auch im Gesicht – es sieht faltenfreier, entspannter und jünger aus. Ich erinnere mich an den Rat, den mir vor vielen Jahren einmal eine wesentlich ältere Freundin gab:»Wenn du nicht wirklich Lust darauf hast, mache nie Liebe mit einem Mann, während du dich über ihn neigst.« Ihr Argument leuchtete mir ein: Alles hängt. Wozu diese Todsünde wider die Schönheit, wenn die Missionarsstellung nicht nur in bezug auf Lust, sondern auch hinsichtlich der Attraktivität buchstäblich Rückendeckung gibt?

Muttersöhnchen

Ein Mann soll seine Mutter lieben, aber gleichzeitig unabhängig von ihr werden ...

Erika hängt an Peter: fein.

Peter hängt an Erika: na wunderbar.

Mama hängt ebenfalls an Peter: was sonst?

Und Peter hängt an seiner Mama: Da liegt vielleicht der Hund begraben.

Nicht daß ein Sohn seine Mutter nicht lieben dürfte! Er soll sie lieben. Tief und innig. Ein Leben lang. Aber irgendwann auf dem beschwerlichen Weg zum Erwachsenwerden sollte es ihm gelingen, sich von seiner Mutter abzunabeln. Er soll sie weiterhin lieben, aber gleichzeitig soll er unabhängig von ihr werden. Viele Männer schaffen das nicht – sie bleiben ein Leben lang an die Mutter gekettet.

»Mamas Liebling« ist oft gut getarnt. Es muß nicht sein, daß er mit 35 noch in Mutters Nest hockt, sich von seinem Chef piesacken und von Bekannten ausnützen läßt. Ein Muttersöhnchen kann so forsch wie Schimanski oder so souverän wie Michael Douglas wirken. Ob ein Mann trotz Erfolg, Ehering oder wechselnden Freundinnen immer noch an Mamas Rockzipfel hängt, entscheidet sich in Augenblicken, in denen seine besondere Beziehung zur Mutter zur Crux für eine Partnerschaft und die »zweite Frau« wird. Wenn

- ... im Alltag die Mutter die Dritte im Bunde ist,
- ... es nur heißt »Mutti hier, Mutti da«,
- ... Mutters Vorstellungen von einem Leben zu zweit verwirklicht werden, und nicht die der Partnerin,
- ... für Entscheidungen immer noch Mama zuständig ist,
- ... sich ein gestandenes Mannsbild nach wie vor dafür rechtfertigt, es seiner Mutter nicht recht machen zu können,

139

- ... ein Gespräch über die Mutter nur in Form leidenschaftlichen Lobes oder bitterer Kritik möglich ist, dann hat ein Sohn seine Mutter noch nicht überwunden.

Den schmerzhaften Weg der Loslösung muß nicht nur der Sohn, sondern auch die Mutter durchstehen. Eine Mutter muß den Sohn buchstäblich weglieben, indem sie ihn zur Selbständigkeit ermutigt und ihm Belastungen nicht erspart. Leicht ist das nicht. Ich habe selbst einen Sohn und weiß, wie weh das »Weglieben« tun kann. Am ehesten gelingt es, wenn eine Mutter selbst geliebt wird und nicht ausschließlich von der Zuwendung ihres Sohnes abhängig ist. Drum stecke ich den Männern heute etwas hinter den Spiegel: Wenn Ihr wollt, daß Eure Ableger nicht ewige Muttersöhnchen bleiben, dann liebt und fördert deren Mütter. Unabhängige, lebenstüchtige und liebesfähige Männer sind meist Söhne von glücklichen, selbstbewußten Müttern ...

Nachurlaub

Wenn der Urlaub vorbei ist, wird der Sex schnell wieder zur Routine ...

Das Ausschlafen am Morgen und das ausgedehnte Frühstück im Bett sind Schnee von gestern? Auch die ausgelassenen sinnlichen Spiele an regenwarmen Nachmittagen sind bereits Urlaubsgeschichte? O Gott, O Gott, der Alltag hat sich wieder breitgemacht. Über den Sex, den Sie im Urlaub so herrlich genießen konnten, hat sich der Grauschleier der Routine gelegt. Muß das sein? Ich glaube nicht. Es ist keine Hexerei, sich den Alltagsmief aus den Gliedern zu schütteln und die sommerliche Erotik in den bevorstehenden Herbst zu retten ...

Ich gebe zu, daß der Urlaub ein Ausnahmezustand ist, der dazu anregt, Neues auszuprobieren. Veränderte Lebensbedingungen geben immer neuen Schwung. Aber was spricht dagegen, sich diese Stimmung auch daheim zu schaffen? Warten Sie nicht auf den nächsten Urlaub, um wieder »Ferien vom Ich« zu machen! Lockern Sie häusliche Routine mit Urlaubsritualen auf.

Egal, ob südamerikanische Rhythmen oder italienische Schnulzen – sorgen Sie zum Beispiel an einem Abend für stimmungsvolle Musik. Stellen Sie ein Fläschchen Schlumberger und ein paar kleine Happen bereit, und tanzen Sie in den siebenten Himmel. Tanzen Sie ganz eng, und lassen Sie die körperliche Nähe Ihres(r) Partners(in) auf Ihre Sinne einwirken. Sich aneinander geschmiegt im selben Rhythmus zu bewegen ermöglicht eine sinnlichere Annäherung als der Routinegriff zur anderen Seite des Doppelbetts.

Ferienstimmung entsteht auch in einem duftenden, warmen Bad. Beim Plätschern in der Wanne erwärmen Sie sich füreinander wie im Frühling Ihrer Liebe. Zünden Sie Duftkerzen an und halten Sie kühlen Wein griffbereit – ein Schlückchen zwischendurch macht die Wonne in der Wanne perfekt. Rustikaler Fichtennadelduft ist für das Bad zu zweit ungeeignet. Besser eignen sich weiche Düfte.

Erinnern Sie sich an das wohlige Prickeln, als ihnen Ihr(e) Gefährte(in) in der Sonne den Rücken einölte? Diese Nähe! Dieser Duft! Sorgen Sie für eine genüßliche Wiederholung, und massieren Sie einander. Auf die Technik kommt es nicht an, nur auf die zärtlichen Botschaften der Hände.

Oder was halten Sie davon, sich im Bett neue Kräfte zu holen? Schaffen Sie ins Bett, was Sie brauchen, um in Stimmung zu kommen. Süßigkeiten, Obst, Eier und Aufschnitt. Füttern Sie sich gegenseitig! Das macht Appetit auf sinnliche Genüsse!

Falls Sie oder Ihr(e) Liebesgefährte(in) alleine verreist waren, sollten Sie das Wiedersehen zu einem Fest machen. Ein Tip für die Männer: Tragen Sie Ihre Liebste einen Tag lang symbolisch auf Händen. Morgens kommen Blumen mit einer Liebeserklärung. Später findet sie einen Hinweis, wie es weitergeht – zum Beispiel zwei Karten fürs Theater. Rufen Sie kurz an, sagen Sie, daß Sie sich sehr auf diesen Abend freuen. Natürlich können auch Sie als Frau einen Mann einen Tag lang verwöhnen! Nicht nur Ihr Herzblatt wird staunen. Auch Sie dürfen mit unerwarteten Freuden rechnen.

Nacktheit

Es fragt sich, ob Männer halb ausgezogen nicht besser aussehen als nackt ...

Das Plakat sticht ins Auge: Ist das ein Bizeps! Nicht so monströs wie der von Schwarzenegger. Gerade richtig. Fest, ohne plump zu sein. Durchtrainiert, ohne den penetranten, rambomäßigen Touch. Die angedeutete, straffe Linie der schmalen Hüften ist auch nicht schlecht. Und erst der Brustkorb ... kräftig, glatt, genußvoll hingestreckt. Mann oh Mann, du machst nicht nur Lust auf Duft ...

Ich bin sicher nur eine von vielen, die Männer nicht nur in natura, sondern auch auf Hochglanz und auf Plakaten gerne halbnackt sehen. Schließlich haben wir eine Menge Nachholbedarf. Zu einem Zeitpunkt, als Frauen für Werbezwecke schon längst die Hüllen fallen gelassen hatten, gaben sich die Männer noch spröde. Nackte Männerhaut als Verkaufshilfe war tabu. Erst 1967 gab in Frankreich Franck Protopapa seinen nackten Hintern für Unterwäsche hin. Später präsentierte sich ein verschämter Yves St. Laurent, nur mit Hornbrille bekleidet, und warb für sein Parfum. Unvergessen ist mir Burt Reynolds. In den siebziger Jahren war's, da lag er nackt auf dem Bärenfell, im unwiderstehlich grinsenden Mund eine Rose, die Hand über seinem Geschlecht.

Inzwischen entlarven die Werbezahlen unsere Lust am Mann: Sobald nackte Männerhaut für Herrenslips oder Düfte wirbt, steigen die Verkaufszahlen aufs Dreifache – schließlich sind es die Frauen, die für ihre Partner Unterwäsche und Duftwässer kaufen. Der Mann ist aber nicht nur ein Sexobjekt geworden, er steht auch auf dem Prüfstand. Der Plakat-Luxusbengel mit Samthaut und Lockenkopf und der sportliche Kerl mit Falten und prallem Fleisch am richtigen Platz setzen Maßstäbe. Mit Produkten auf Hochglanz verglichen zu werden, ist für

143

uns Frauen eine ärgerliche, aber gewohnte Tatsache.
Jetzt spürt es der Mann am eigenen Leib. Es ist ver-
dammt hart, der Beste sein zu wollen.

Der TV-Sender RTL wollte dem weiblichen sexuellen
Blick einmal total nackte Männer bieten. In der Frau-
enshow »Weiber – von Sinnen« präsentierte sich erst-
mals ein nackter Mann. Er saß in einem Aquarium, in
dem sich sein Pimmel wehmütig wie eine Wasserpflanze
bewegte.

Wie finden wir denn das?

Ich persönlich finde halb ausgezogene Männer anre-
gender. Es ist zwar richtig, daß zum Ausgleich für nackte Frauen auch nackte Männer gezeigt werden. Aber
sehr stimulierend sind sie nicht. Das ruhende männliche
Geschlecht eignet sich aus ästhetischen Gründen nicht
zur optischen Präsentation. Es muß lebendig erfahren
werden …

Name

*Jeder Mensch erliegt der Magie seines Namens. Nicht nur
im Alltag, sondern auch beim Sex ...*

Bernhard ist die teuflischste Versuchung, seit es Männer
gibt. Er ist groß, dunkelblond, breitschultrig, ach, ich ge-
rate ins Schwärmen, wenn ich ihn mir vorstelle. Nur
einen Fehler hat Bernhard: Er nennt alle seine Freundinnen »Schatz«. »Schatz, du siehst hinreißend aus«,
»Schatz, du bist wunderbar.«

Mich wundert, daß noch keine von Bernhards diversen Schätzen gegen diese Bausch-und-Bogen-Anrede
revoltierte.

Ich würde Bernhard sagen, daß er mich gefälligst mit
meinem Namen anreden oder mich mit einem Kosenamen bedenken soll. Wie dieser auch lauten mag, er wäre
ein Beweis dafür, daß Bernhard über mich nachgedacht
und einen intimen Code für mich und unsere Beziehung
gefunden hat. Auch gegen eine liebevolle Verkürzung
des Namens hätte ich nichts einzuwenden. Abkürzungen
streicheln.

Ich vermute, Bernhard sind Kosenamen und auch die
richtigen Namen zu intim. Er bevorzugt Pauschalanre-
den, um die Namen seiner wechselnden Gespielinnen
nicht durcheinanderzuwursteln. Aber weiß Bernhard
nicht, daß ein anonymer Kosename, der auf jede Frau
paßt, im Bett so ernüchternd wie eine kalte Dusche
wirkt? Zwischen Küssen und Streicheln, zwischen Stöhnen und Kosen darf man »du« und den Namen flüstern.
Geschrien, gestöhnt oder gehaucht – es ist immer erregend, den eigenen Namen zu hören. Aber »Schatz«,
»Liebling« oder »Süße« darf Ihnen nie über die Lippen
kommen.

Ich weiß, daß viele Frauen und Männer den letzten
Kick zum Orgasmus bekommen, wenn sie beim Liebesakt ihren Namen hören.

Glauben Sie, das könnte auch ein ekstatisches »Schaatz!« bewerkstelligen? Ich glaube nicht. Nur der eigene Name löst Zuneigung und Vertrauen oder Verlangen und Erregung aus.

Ein Blick in unsere Entwicklungsgeschichte macht begreiflich, warum der eigene Name so tiefgreifende Wirkung hat. Bei den frühen Völkern konnte der Name als Symbol des Genannten dessen Stelle vertreten. Bei den Germanen durfte ein neugeborenes Kind so lange getötet werden, solange es noch keinen Namen hatte. Der Magie des Namens können wir uns einfach nicht entziehen. Die naive Freude über die Namens-Autoschilder »Nicki 6« oder »Heidi 9« beweisen das ebenso wie die Gewohnheit erfolgreicher Manager, sich sofort den Namen jenes Menschen zu notieren, mit dem man Kontakt hat. Beim nächsten Treffen wird der Betreffende mit seinem Namen angesprochen, faßt sofort Vertrauen und ist einem Geschäftsabschluß gegenüber positiv eingestellt. Bingo!

Jeder Mensch hört gerne seinen Namen, selbst dann, wenn dieser banal ist und man – so wie ich – gar nicht damit einverstanden ist. Trotzdem ist man eins mit seinem Namen, und Herz und Seele öffnen sich, wenn man damit angesprochen wird. Sie können ja die Probe aufs Exempel machen. Nennen Sie Ihre(n) Partner(in) öfter beim Namen, wenn Sie sie/ihn für etwas gewinnen wollen. Ich wette, daß Sie damit leichter »Gehör« finden als mit den besten Argumenten.

Niesen

N

Frauen werden schon von klein auf dazu gedrillt, sich nicht gehen zu lassen ...

»Achtung, Mami niest«, warnt mein Sohn Daniel, wenn ich zum Niesen ansetze. Kaum ist die Sturmwarnung ausgesprochen, umklammert der eine sein Besteck, setzt meine Mutter den Topf ab, und mein Liebster hält sein Glas fester. Ich niese, wozu sollte ich es beschönigen, hundsordinär.

Kürzlich, als ich während eines feinen Abendessens ungeniert lostrompetete, machten mir die teils vorwurfsvollen, teils angewiderten Blicke bewußt, daß befreiende Körperfunktionen für Frauen tabu zu sein haben. Während ein Mann niesen darf, ist das kultivierte weibliche Wesen zu einem erstickten Niesen verpflichtet. Das geht so: Die Lippen werden fest aufeinandergepreßt und der Nieslaut flugs verschluckt. Die Augen werden feucht, in den Ohren knackt's, »gmph!«, es ist überstanden. Dieses grausame Manöver erinnert mich an die retrograde Ejakulation des Mannes, bei der der Samen wieder zurück in die Blase getrieben wird. Was hier gegen den Willen geschieht, muß sich eine Frau abringen.

In der Nase bohren und den ans Tageslicht beförderten Schatz stolz begutachten, darf nur ein Mann. Mit der Bemerkung »Sag mir, wenn du auf Erdöl gestoßen bist« wird sein Tun sogar als Pioniertätigkeit gewertet. Bei Mädchen heißt es voller Abscheu: »pfui!«. Erzählt eine Frau, daß ihr Mann trommelfellgefährdend schnarcht, huscht ein stolzes Lächeln über das Gesicht des röchelnden Gefährten: Ein Leitwolf darf Laut geben. Mein Liebster meint gar, daß Frauen für das männliche Schnarchen dankbar und stolz sein müßten. Schließlich sei es ein Relikt unserer in Höhlen lebenden, männlichen Vorfahren, die mit lautem Schnarchen ihre Familie schützten, indem sie signalisierten, daß diese Höhle besetzt ist. Aber wehe, wenn eine Frau schnarcht! Meiner Freundin Gudrun empfahl ein nächtlicher Gefährte, »Hallowach« zu nehmen, damit er ungestört schlafen und sie putzmunter neben ihm bis zum Morgen ausharren könne.

Wir dürfen nicht niesen, nicht nasenbohren, nicht schnarchen und auch nicht gähnen. Ein lieber Freund von uns gibt beim Gähnen so massive Brunftlaute von sich, daß mein Hund regelmäßig zu jaulen anfängt. Während er »harrharr« gurgelt, verschluckt sich seine Frau beim unterdrückten Gähnen. »Die Natur verlangt das«, meinte er, als ich ihn darauf ansprach. Die Natur, liebe Freunde, würde es auch bei uns verlangen. Aber wir werden schon von klein auf dazu gedrillt, uns nicht gehenzulassen, nicht laut und nicht heftig zu sein. Genau das ist mit ein Grund, warum es so vielen Frauen nicht gelingt, dann heftig und unkontrolliert zu sein, wenn es gefragt ist – im Bett. Vielleicht denken Sie daran, wenn Sie das nächste Mal herzhaft niesen, nasenbohren oder sonstwas wollen …

Oberflächlich

0

So mancher Charmeur ist nicht einmal ein Mann für gewisse Stunden …

Kennen Sie Josef? Nein, den Josef, von dem ich spreche, kennen Sie wahrscheinlich nicht. Aber Sie kennen sicher einen, der wie Josef ist. Vor dem möchte ich Sie warnen.

Ob Bauchtanz, Dichterlesung oder Miß-Wahl – Josef ist immer dabei. Er ist nicht nur überall, wo was los ist, er ist dort dann auch der Hahn im Korb. Die Männer wollen mit ihm über Autos, Lokale und Mädels (wenn ich das schon höre! Ich hasse das Wort »Mädels«) reden. Die Frauen sind geschmeichelt, wenn er ihnen ein paar Minuten seiner kostbaren Zeit schenkt. Ich muß zugeben, Josef sieht blendend aus. Immer gepflegt und immer top angezogen. Braungebrannt, den weißen Pullover um den Hals gelegt, gute Haltung, die Goldrandbrille diskret weggesteckt, Lachfältchen um die erfahrenen Augen. Josef versteht sich nicht nur aufs Amüsieren, sondern auch auf Werbung in eigener Sache. Wo immer er auftaucht, liegt sofort ein »Oh-lala« und ein »Warum-eigentlich-nicht« in der Luft. Und je schöner die Frauen in seiner Umgebung, desto mehr geigt Josef auf. Nein, nein, ich will es ja gar nicht bestreiten:

In puncto Gesellschaftsleben und beim Flirten ist Josef ein As. Als Liebhaber, so habe ich mir sagen lassen, ist er keinen Pfifferling wert. Das Vorspiel, so klagten Josefs Ex-Geliebte, fand schon bei der Buchpräsentation oder beim kleinen Italiener statt. Die Sache selbst läßt sowohl das Temperament als auch die Phantasie und den Esprit vermissen, den man in der Öffentlichkeit so sehr an Josef bewundert. Anstatt Liebesgeflüster setzt er den Small talk von der Party fort. Und das Nachspiel geht bei ihm im Badezimmer über die Bühne. Da hat Josef endlich wieder Gelegenheit, sich ausreichend mit sich selbst zu beschäftigen.

O Hinreißend und umwerfend wird Josef erst wieder beim Abschiednehmen. Vermutlich ist er froh, die mühsame Kommunikation zu zweit überwunden zu haben. Abgesehen davon, belebt die Aussicht auf ein baldiges charmantes Agieren in größerem Kreis seine Sinne. Da ist er dann wieder der alte. Ganz Strahlemann und umwerfend charmant. Natürlich hat er gleich wieder eine Neue im Visier. Eine Blonde mit langen Beinen und Schmollmund. Damit er bei ihr schneller punktet, beißt er mich, da ich zufällig gerade neben ihm stehe, kokett ins Ohr und sagt so laut, daß es jeder hören kann: »Sei doch ein bißchen locker!« Unverschämtes Gegrinse zur Blonden. Zwinker, zwinker.

Ehrlich gesagt – ich finde Josef weder sexy noch interessant. Er ist kein Mann für gewisse Stunden. Ich zwinkere dennoch zurück. Nicht zu ihm, sondern zu der Blonden. Ich hoffe, sie hat mich verstanden...

Offenheit

*Eine Veränderung des gemeinsamen erotischen Erlebens
ist immer mit der Angst vor Zurückweisung verbunden ...*

Was ist denn schon dabei, dem Partner zu sagen, was
man sich in dem Augenblick, in dem er beim Sex zu derb
war oder eine Liebkosung zu früh unterbrach, wirklich
gewünscht hätte? Gar nichts ist dabei, seine eigenen
Empfindungen und Gefühle mitzuteilen.

Warum tun wir es dann nicht öfter? Warum haben gerade wir Frauen Probleme damit, beim Sex Bedürfnisse
und Wünsche auszudrücken? Weil es der Durchschnitts-
frau nach wie vor an der Fähigkeit zu sexueller Selbstbehauptung mangelt. Sie hofft, daß der Liebste spürt,
was sie im Bett gerne hätte. Aber da Liebe nicht zur Te-
lepathie befähigt, bleibt alles beim alten. Natürlich hat
auch eine Frau, die nie sexuelle Wünsche geäußert hat,
Sehnsucht danach, daß ihre geheimen Bedürfnisse erfüllt werden. Aber wie soll sie das nach Jahren des Ver-
zichtes auf sexuelle Selbstbehauptung erreichen?

Ich höre immer wieder, daß Frauen eines Tages nach
langem Frust explodieren und dem Partner unvermittelt
vorwerfen, daß er ein erbärmlicher Liebhaber ist. So gut
ich das Bedürfnis verstehe, endlich einmal zu sagen, wie
einem zumute ist, so wenig hat dieses Verhalten mit sexueller Selbstbehauptung zu tun. Eine Aggression dieser
Art ist für einen Mann nur selten ein heilsamer Schock.
Ich habe nicht erst einmal gehört, daß sich ein Mann
durch Angriffe auf seine sexuellen Fähigkeiten buchstäblich kastriert fühlte und mit Impotenz reagierte.

Wenn Sie von Anfang an von sexueller Selbstbehauptung keinen Gebrauch gemacht haben, können Sie sie
nur behutsam und schrittweise erwerben. Voraussetzung
jeder Änderung sexueller Gewohnheiten ist das konkre-
te Wissen darüber, was anders werden soll, welche Ziele
überhaupt angestrebt werden sollen: Ist das, was Ihr

Partner erregend findet, auch für Sie schön? Gibt es
etwas, was Sie aufregend finden, aber Ihr Partner nie
oder zu selten macht? Welche Berührungen tun in erster
Linie ihm, aber nicht Ihnen gut? Verhindern Scham und
Peinlichkeit, von angestammten erotischen Beziehungs-
mustern abzuweichen?

Nach dieser erotischen Bilanz sollten Sie alte Fehler
vermeiden und mit Ihrem Partner offen und richtig kom-
munizieren. Machen Sie nur Ich-Aussagen und verbin-
den Sie diese womöglich mit einer positiven Bemerkung.
Etwa so: »Ich mag es, wie du mich küßt, aber ich hätte
gerne, daß du mich mehr streichelst.« Vorsicht, die Versuchung, auf Du-Aussagen auszuweichen und damit das
vorhandene Problem wieder an den Partner weiterzu-
reichen, ist groß! Aber mit Du-Aussagen wie »Du streichelst mich nie« lösen Sie beim anderen zwangsläufig
das Gefühl aus, daß er allein an Ihren negativen Empfindungen schuld ist und als der Verursacher schmerzli-
cher Erfahrungen von Ihnen herabgesetzt wird.

In vielen Menschen steckt unbewußt die Erwartung,
Kritik käme immer von »oben«. Derjenige, der Kritik
übt, wird dann als Mensch erlebt, dem man sich unter-
ordnen muß. Sie können sich vorstellen, wie groß der Widerstand eines Mannes ist, der nach Jahren, in denen das
ganze Sexleben nach ihm ausgerichtet war, plötzlich das
Gefühl hat, Sie verlangen von ihm Unterordnung! Seine
blinde Abwehr verhindert jeden konstruktiven Lern-
prozeß und damit jede Änderung.

Dieselbe Abwehr hat eine Frau, die beim Sex so »zumacht«, daß ihr Partner wirklich zu kurz kommt: Sexuelles Desinteresse ist allzuoft die letzte Rache jener
Frauen, die von ihren Männern im Alltag unterdrückt
werden ...

Optik

O

Mit seinem Äußeren sendet man positive oder negative Signale ...

Es gibt sie immer noch, die Unverbesserlichen, Starr-sinnigen, die glauben, daß Frauen Männer nur nach ihrem Erfolg und ihren charakterlichen Vorzügen beur-teilen. Irrtum. Die Ansicht, daß Männer nur ein festes Einkommen und sonst gar nichts bieten müssen, ist so überholt wie Tante Lintschis Kanonenofen. Auch wir Frauen fällen mit den Augen eine erste Entscheidung. Natürlich galt für meine Großmutter noch der Spruch: »Der Mann ist, was er beruflich darstellt.« Aber für die Frau von heute gilt die Devise: »Der Mann ist, was wir von ihm sehen!«

Die eine mag die großen, blonden Männer, die andere kriegt bei den kleinen, handlichen Herzflimmern. Aber egal, ob groß oder klein, dick oder dünn – es gibt be-stimmte ästhetische Grundsätze, die für alle gelten. Wahrscheinlich kennen Sie die optischen Sünden, die Frauen oft dazu veranlassen, einen Mann buchstäblich als »unansehnlich« einzustufen und links liegen zu las-sen. Falls Sie sie vergessen haben, bringe ich Sie Ihnen wieder in Erinnerung:

- Zu enge Anzüge
- Schmutzige Schuhe
- Müde Hemden
- Flecken auf Sakko oder Hose
- Große Ringe
- Ungepflegtes Haar
- Ausgeleierte Krawatten
- Vernachlässigte Zähne
- Lange Fingernägel
- Trauerränder unter den Nägeln.

Ich gebe zu, daß das, was Frauen an Männern anziehend finden, nicht nur mit akkuraten Hemden oder Designer-

153

O Krawatten, sondern sehr viel mehr mit dem »gewissen Etwas« zu tun hat. Eine Stimme, die unter die Haut geht, oder eine bestimmte Art zu schauen. Die sexuelle Anziehungskraft, die von diesen Signalen ausgeht, kann so akut sein, daß man meint, den Weg bis zur nächsten Couch nicht mehr zu schaffen.

Das ändert aber nichts daran, daß Bilder, die von den Augen aufgenommen, sofort ins Denkzentrum weitergeleitet werden und hier über kreuz und quer laufende Nervenbahnen Erinnerungen und Phantasien hergestellt werden. Farben, Formen und Kleidung werden zu sexuellen Reizen, die Vorstellungen über die erotischen Freuden wachrufen, die Sie erwarten könnten. Ich kenne Frauen, die weiche Knie bekommen, wenn Ihr Blick auf die gepflegten Hände eines Mannes fällt. Eine Hand ist eben nicht nur eine Hand, die einen Schraubenzieher, Bleistift oder ein Bierkrügel hält. Eine Hand tastet, liebkost, streichelt und schenkt Wonneschauer. Und eine Krawatte ist nicht nur ein speckiges Schnürl um den Hals, sondern ein bedeutungsvolles Signal, das Phantasien wachruft. Ein bißchen Sorgfalt, und schon geht die erotische Saat auf. Ästhetische Bilder kitzeln nicht nur die Augen. Wer das noch immer nicht kapiert hat und sich trotz grauslichem Outfit für unwiderstehlich hält – dem ist nicht zu helfen.

Orgasmus

*Ist der Höhepunkt der Lust nicht mühelos zu erreichen,
wäre es besser, darauf zu verzichten ...*

Wie sich Susi quälte! Wie Gerhard rackerte! Im
Schweiße ihres Angesichts versuchten sie, die Lustprä-
mie – den Orgasmus – zu erzwingen. Zwei übereifrige
Arbeiter des Sex waren am Werk, die mit ihren verkrampften Bemühungen einen Liebesakt zerstörten, der
auch ohne Höhepunkt schön gewesen wäre.

Keine Angst, ich habe nicht vor, wie Big Brother
in George Orwells »1984« den »Orgasmus abzuschaf-
fen«. Ich will Ihnen nur vor Augen halten, daß es nicht
zu einer Mühsal werden soll, den Gipfelpunkt zu er-
klimmen. Wie oft passiert es, daß man bei einer Umarmung in Sinnlichkeit schwelgt, aber die Explosion der
Gefühle trotzdem ausbleibt. Macht nichts! Genießen
Sie das, was möglich ist. Es ist keine vergebliche »Lie-
besmüh«, wenn Sie sich ab und zu miteinander vergnügen, ohne daß dieser Genuß Früchte trägt. Bemühen Sie
sich nicht darum, mit Gewalt ein Ziel zu erreichen, das
Ihnen in diesem Augenblick nicht von selbst in den
Schoß fällt.

Ich weiß, daß wir als Geschöpfe einer Leistungsgesell-
schaft im sexuellen Höhepunkt so etwas wie die Gold-
deckung der erotischen Beziehung sehen. Beidseitiger
Orgasmus ist die Währung des Sex, und für einen gelei-
steten Einsatz darf man einander nichts schuldig bleiben. Hier Geschlechtsverkehr, da Höhepunkt. Erst dann
hat die Sache Sinn. Darf ich versuchen, Sie vom Gegenteil zu überzeugen?

Wenn Sie vehement auf die Orgasmus-Lust aus sind,
können Sie die Lust des Augenblicks nicht voll genießen.
Wie der Wanderer, dessen Blick auf das Aussichtsban-
kerl fixiert ist, die Schönheit rings um sich kaum wahrnimmt, so nimmt der Liebende, der nur das Ende eines

O Aktes im Kopf hat, die vielfältigen lustspendenden Möglichkeiten des Augenblicks kaum wahr.

Ich vermute, daß diejenigen, die über eine »seltsame Leere« nach dem Sex jammern, ihre Lustmöglichkeiten zu sehr auf ein Ziel hindiszipliniert haben. Durch angestrengtes Hinarbeiten auf einen bestimmten Punkt können sich Sinnlichkeit und Lust nur in einer schmalen Spur entwickeln. Da gibt's kein unkontrolliertes Ausufern, keine unerwarteten Wonneschauer. Den braven Sex-Arbeitern ist nur der Mindestlohn an Lust gewiß, nicht aber überraschende Lustprämien.

Noch etwas spricht dafür, den Orgasmus auch einmal Orgasmus sein zu lassen: Eine Erotisierung, die sich nicht entlädt wie ein angestochener Luftballon, verlängert den Zustand der Erregung. Weil man sich nicht verausgabt hat und nicht übersättigt ist, richtet sich das Verlangen unvermindert auf den Partner, verzaubert ihn, macht ihn anhaltend attraktiv und verführerisch. Wie jämmerlich dagegen ist das Gefühl, das ein mit Ach und Krach erzwungener Orgasmus bewirkt! Auch für den Fall, daß Sie dem Höhepunkt einen »therapeutischen Wert« beimessen, kann ich Sie beruhigen: Wenn einmal der Orgasmus ausbleibt, gibt es weder einen Säftestau, noch laufen die Nerven Amok. Im Gegenteil. Das Wissen, auch ohne »Endziel« und ohne den Beweis des »Funktionierens« erotische Freude aneinander haben zu können, macht gelassen und stark. Wenn Sie es kommen lassen, wie es kommt, stehen Ihnen mehr als die ausgetretenen Wege der Lust offen ...

Passivität

Passivität darf nicht immer mit Schlaffheit gleichgesetzt werden. Oft ist das Gegenteil der Fall ...

Kein Finger verkrallt sich im Rücken des Geliebten. Kein Aufbäumen des Körpers. Kein Schrei. Nur ein kaum hörbares Flüstern: »Ich sterbe.«
Was für ein Widerspruch.
In dem Augenblick, in dem Lust den Körper einer Frau überflutet, ist sie so lebendig wie nie. Auch wenn sie vermeintlich passiv ist, ist sie alles andere als schlaff. Das betäubende Gefühl des gewollten Mit-sich-machen-Lassens setzt eine ordentliche Portion Aktivität voraus.
Nach einer Premiere von Bertold Brechts »Dreigroschenoper« ging mir die letzte Zeile des Liedes der Polly nicht aus dem Sinn: »Ja, da muß man sich doch einfach hinlegen.«
Ach, Polly, wie recht du hast!
Haben wir doch endlich den Mut dazu, uns hinzulegen, passiv zu sein, in unserem Sinne! Passivität darf doch nicht immer mit Schlaffheit und Unterordnung gleichgesetzt werden. Das Gegenteil ist der Fall: Sexuelle Passivität ist etwas höchst Aktives. Ein konkretes Beispiel: Stefan öffnet Katrins Bluse, streichelt ihre Brüste und küßt jeden Zentimeter ihrer Haut. Stefan befindet sich ohne Zweifel in der aktiven Rolle. Aber auch Katrins Begehren ist höchst aktiv und fordert ihre ganz vitale Verausgabung. Oberflächlich betrachtet »macht Stefan alles«. Tatsächlich aber sind Katrins Begehren und Hingabe genauso potentiell aktiv. Wieviele Frauen wußten und wissen seit jeher, daß sich hinter ihrer Passivität eine Wucht von Gefühlen verbirgt! Aber warum stehen wir dann nicht selbstbewußt zu dieser Erlebnisform? Warum versuchen wir immer wieder, unsere sexuellen Empfindungen zu »bewirtschaften«, indem wir uns bemühen, den von allen Seiten kommenden Aufforde-

rungen nach noch mehr Einfällen und Aktionen beim Sex nachzukommen? Obwohl sich bewußtes sexuelles Handeln grundsätzlich gegen das sexuelle Fühlen einer Frau richtet! Hektisches Herumturnen im Bett ist vielleicht gut für die Kondition, die Erregung fördert es nicht.

Ich werde den Verdacht nicht los, daß wir mit einer bewußt eingesetzten sexuellen Aktivität die männlichen Vorstellungen von weiblicher Leidenschaft erfüllen wollen. Viele Männer legen Wert darauf, »daß im Bett etwas los ist«, daß es »action« gibt. Die männliche Vorstellung von weiblichem Genuß und weiblicher Leidenschaft richtet sich nach sichtbaren körperlichen Resultaten, wie sie Männer mit ihrer Erektion und Ejakulation erbringen. Nicht zufällig hat Woody Allen in seinem Film »Was Sie schon immer über Sex wissen wollten« den Penis als Flugzeug dargestellt und die Samenfäden als Fallschirmspringer, die darauf warten, im Moment der Ejakulation loszusprinten. Das ist »action«, da »tut« sich was! Aber was »tut« sich bei einer Frau? Keine sichtbare Erektion signalisiert ihr Begehren, kein äußeres Organ kann so wie beim Mann aktiv werden. Weibliche Erregung entzieht sich den Blicken und ist nicht immer mit Aktivismus verbunden.

Wenn ich also für die sexuelle Passivität plädiere, dann meine ich nicht eine zahnlose, kastrierte weibliche Sexualität. Ich meine ein selbstbewußtes, passives Auskosten der Lust, das sich gegebenenfalls weder zu Gegenleistungen noch zu spektakulären Darbietungen verpflichtet fühlt. Wenn Sie nur dann gierig zupacken, provozieren, toben, anfeuern, schreien oder beißen, wenn Ihnen wirklich danach ist, kann sich im rechten Augenblick auch die ganze Wonne des süßen Nichtstuns entfalten. Für Sie ebenso wie für den Mann, der noch sehr viel mehr als wir Frauen lernen muß, die hohe Kunst der Passivität für sich in Anspruch zu nehmen ...

Penisgröße

Entgegen allgemeinen Behauptungen ist es nicht gleich-
gültig, wie groß der Penis ist ...

Ich mag Toilettengraffiti und nehme mir immer Zeit, die
Wandzeitungen zu lesen. Dabei fiel mir wieder einmal
»der kleine Unterschied« auf: Frauen hinterlassen eher
tagebuchähnliche Notizen (»Ich liebe Herbert« oder
»Warum ruft mich G. nicht an?«). Männer geben uralten
Ängsten Ausdruck:
   »Tritt näher, er ist kürzer, als du denkst« oder »Lach
nicht über den Witz an der Wand, sondern über den in
deiner Hand.« Ich vermute, daß vielen Männern sowieso nicht zum Lachen zumute ist. Die markigen Sprüche
sind nämlich der Beweis, daß die Angst, »zu klein« zu
sein, so aktuell ist wie eh und je. Daran konnte auch der
gutgemeinte Hinweis auf das dafür verantwortliche
Kindheitstrauma nichts ändern: Wenn der kleine Junge
mit seinem winzigen Zipfel das mächtige Gehänge seines Vaters sieht, wird er für sein Leben lang traumati-
siert und fühlt sich fortan untenrum immer »zu klein«.
Entlastet die Behauptung, ein großer Pimmel werde sowieso nur als Machtinstrument und Waffe gebraucht, die
vermeintlich Kleinzipfeligen? Nein. Als könnte man
dasselbe nicht auch mit einem Kleinen! Beruhigen die
dramatischen Schilderungen der Frauenängste vor
einem großen Stück? Auch nicht. Daraus wird höchstens
ersichtlich, daß der große oder sagen wir lieber der normale Penis eine schlechte Presse hat. Es wird also Zeit,
daß ich auch einmal den stiefmütterlich behandelten
»Großen« lobe. Nicht nur wegen der Gerechtigkeit. Ich
kann auch die Briefe jener Frauen nicht mehr ignorie-
ren, die mir beteuern, daß die Größe des männlichen
Schwertes sehr wohl eine Rolle spielt.
   Englische Männerwitze unterteilen die Männerwelt in
»Errol Flynns«, dem ein Liebesknecht von sage und

schreibe 45 Zentimetern nachgesagt wird, und in »Knirpse«, die es auf knappe acht Zentimeter bringen. Stimmte das, was man dem amerikanischen Filmbeau nachsagt, war er mit dieser King-size-Ausgabe sicher nicht gesegnet. Zuviel des Guten kann einer Frau Schmerzen bereiten. Aber wesentlich unter der Norm zu liegen, ist auch ein Nachteil, das muß ich doch einmal aussprechen.

Gründe dafür werden mir genug genannt: Es gibt zu wenig Druckintensität. Es kommt nicht zu dem genußvollen Gefühl des Ausgefülltseins. Und die indirekte Klitoris-Stimulierung kommt nicht zustande. Bei einem 08/15-Akt steht ein Winzling ohne flankierende Maßnahmen, wie zum Beispiel zärtliche Finger, oft und oft vor einer absolut unlösbaren Aufgabe.

Wahrscheinlich ist das mit ein Grund, warum die Vergrößerung des Penis die Menschen seit alters her beschäftigt. Die »Chartham-Methode« verspricht durch tägliche Massage, warme Kompressen und Muskelübungen (der Mann tut so, als würde er den Harnstrahl unterbrechen) eine Vergrößerung des Penis. Immerhin: 87,5 Prozent hatten nach drei Monaten konsequenten Trainings angeblich 16,96 Prozent in der Länge und 15,88 Prozent im Umfang zugelegt. In den Katalogen der Sexversandhäuser werden Sets von Penisvergrößerungen angeboten, und sogar operative Methoden und Vakuumanwendungen werden offeriert.

Wozu die Mühe, wenn es doch auch ein Wuziwuzi Kleiner tut? Nein, wir haben die Bedeutung einer durchschnittlichen Penisgröße lange genug relativiert, damit denjenigen, die von der Natur gesegnet waren, falschen Stolz abgekauft, und die, die zu kurz gekommen sind, moralisch gestützt. Aber wenn er klein und dennoch oho sein will, muß er sich doppelt und dreifach anstrengen. Der durchschnittlich große Liebesdiener kann ohne viel Zutun ein Genuß der Sonderklasse sein.

160　　　Ehre, wem Ehre gebührt.

Phantasien

P

Wer erotische Phantasien entwickeln und zulassen kann, hat mehr vom Sex ...

Wer weiß es nicht: Erotische Phantasien sind für Männer eine Selbstverständlichkeit. Besonders blumig sind Männerphantasien allerdings nicht – meistens drehen sie sich um die Ekstase der Frau. Uns Frauen fliegen Phantasien nicht so spontan an wie Staub von der Straße. Ich stelle sogar immer wieder fest, daß Frauen sich für Phantasien schämen, sie unterdrücken oder leugnen. Aber woran denkt eine Frau, wenn sie selbst Hand anlegt? An Donald Duck? An Alf? Nein, auch in unseren Köpfen existieren erotische Bilder. Und was für welche noch dazu! Blumiger, phantastischer und vielfältiger als die der Männer. Dr. Uwe Hartmann von der Medizinischen Hochschule Hannover ermittelte die häufigsten Frauenphantasien:

– Sex mit dem eigenen Partner oder einem Fremden: Der Traummann ist der perfekte Liebhaber, der genau weiß, wonach sich eine Frau sehnt.
– Gruppensex: Hinter der Gruppensexphantasie steckt der uralte Wunsch, beim Sex zuzuschauen. Erschrecken Sie nicht – dieser Schlüssellochaspekt schlummert schon im kleinen Kind, wenn es versucht, durch das Schlüsselloch ein bißchen etwas vom Intimleben der Eltern zu erhaschen.
– Liebe mit einer Frau: Zu dieser ebenso häufigen wie irritierenden Phantasie kommt es durch die Vorstellung, daß niemand besser über die empfindsamen Punkte des weiblichen Körpers Bescheid weiß als eine Frau.
– Sex in freier Natur – das hat etwas. Erst recht Sex auf einer Party oder beim Abendessen mit dem Chef. Ich vermute, daß hinter der Phantasie von Sex in freier Natur der unbewußte Wunsch steckt, die Erotik bis zu

161

ihrem natürlichen Ursprung zurück zu verfolgen. Die Phantasie über Sex an öffentlichen Orten verschafft den Kitzel, ertappt zu werden.

– Sexerinnerungen: Ein aufregender Kuß, eine heiße Liebesstunde – jedes tolle Sexerlebnis, das Sie irgendwann einmal gehabt haben, kann zu einem Lustauslöser werden, den Sie bei Bedarf aus Ihrer Erinnerung holen können.

Übrigens: Über die Erinnerung gelingt es auch phantasiegehemmten Frauen, erotische Vorstellungen zu aktivieren. Probieren Sie's doch einmal! Befreien Sie ihre gefesselte Phantasie, und ich verspreche Ihnen, daß Sie mehr als bisher vom Sex haben. Wenn Ihnen nämlich erotische Bilder durch den Kopf geistern, werden Sie nicht von Hemmungen, Ängsten oder störenden Gedanken abgelenkt. Außerdem ermöglicht oft erst die Phantasie, was zärtlichen Händen und Lippen nicht gelang. Aber Phantasien zulassen zu können ist eine Sache, mit dem Partner darüber zu sprechen eine andere. Wenn Ihnen das auch noch gelingt, ist es damit genauso wie mit dem Sex: Geteilte Lust ist doppelte Lust ...

Positionen

Bettakrobatik stört den Lustaufbau, aber ein bißchen Abwechslung sollte sein ...

Wenn von Liebespositionen die Rede ist, reagieren sechs von zehn Menschen mit Abwehr. »Wozu die Akrobatik?« heißt es, Turnvater-Jahn-Übungen sind überflüssig.« Das ist schon richtig. Es geht auch nicht darum, sich für Leichtathletikmeisterschaften zu qualifizieren. Aber gerade in einer länger bestehenden Beziehung kommt es durch den ewig gleichen Ablauf des Liebesaktes zu einer starken Ritualisierung, die die sexuelle Begegnung bis zur unerträglichen Langeweile einengt. Am Anfang einer Partnerschaft ist man noch mobil und hat Freude an der Abwechslung. Aber dann!

Frauen empfinden einen Stellungswechsel als seelische Zumutung, Männer werden bequem. Schließlich erstickt die Routine die erotische Anziehung im Keim. Daß der ständige Dialog die Grundvoraussetzung einer lebendigen Partnerschaft ist, steht außer Zweifel. Doch abgesehen davon sollten Sie ab und zu eine andere Liebesposition ausprobieren, um einander auch körperlich immer wieder neu zu spüren.

Auf der Rangliste der Stellungen steht natürlich die Missionarsstellung auf Platz eins. Sie bietet den bestmöglichen Körperkontakt, und man kann herrlich miteinander schmusen. Daß so viele Frauen ausgerechnet diese Lage so ungern aufgeben, hat einen Grund: Die unter dem Mann liegende Frau hat das Gefühl, daß der Mann stark ist. Diese Vorstellung erleichtert die Hingabe und ermöglicht Unterwerfungsphantasien, die für viele Frauen die Voraussetzung zu sexueller Lust sind.

Eine völlig andere Gefühlslage, nämlich Freiheit und Dominanz, ermöglicht die Reiterstellung, Wenn die Frau oben ist, kann sie das Tempo und die Heftigkeit der Bewegungen bestimmen und selbst Hand anlegen.

163

Die Seitenlage ist kräftesparend und ideal für Momente, in denen beide Verlangen haben, aber nicht topfit sind. Auch wenn Sie die Umarmung ausdehnen wollen, ist die Liebe vom seitlichen Flügel ideal.

Die Liebesposition, bei der sich der Mann seiner Partnerin von hinten nähert – der »Coitus a tergo« – wird von vielen Männern, aber nur von relativ wenigen Frauen bevorzugt. Die mangelnde weibliche Begeisterung für den Verkehr von hinten ist auf zwei Tatsachen zurückzuführen: Erstens kann ein heftiger Liebesakt für Frauen recht schmerzhaft sein, wenn sie eine relativ kurze Scheide haben. Zweitens wird als eigentlich »menschliche« Seite des Körpers nur dessen Vorderfront empfunden, die ja auch den Blickkontakt und den besseren Gefühlsaustausch ermöglicht. Eine sexuelle Annäherung an einen Körperteil, den man selbst nicht sehen kann, verunsichert viele Frauen.

Nichts spricht dagegen, daß Sie Ihrer Phantasie freien Lauf lassen und Ihre Körper bei der Liebe ineinanderschlingen, winden und verknoten. Unbequem sollten Sie es allerdings nicht haben. Krafteinsatz, Konzentration auf Muskeln oder gar unangenehmes Ziehen in überbeanspruchten Sehnen – all das schließt zumindest für Frauen einen Höhepunkt aus. Aber es ist gar nicht notwendig, sich großartige oder ausgefallene Dinge einfallen zu lassen. Schon kleine Abweichungen vom Gewohnten erschließen neue Perspektiven, die anregen und stimulieren.

Premiere

P

*In der Theorie ist die erste Liebesnacht traumhaft schön.
In der Praxis ist es oft ganz anders ...*

Sie sahen einander in die Augen, und die Welt um sie
herum versank. Mit derselben schlafwandlerischen Sicherheit, mit der ihre Körper sich fanden und ihre Lust
aneinander stillten, fanden sie danach in den Schlaf.
Zwei selige Kinder, so eins miteinander, als hätten sie
das Geheimnis harmonischer Zweisamkeit wie ein Zwillingspaar schon im Mutterleib erfahren ...

Ja, so sieht die erste Liebesnacht in der Theorie aus. In
der Praxis ist alles ganz anders.

Gut, man sieht einander in die Augen, aber das ist auch
schon das einzige, was an dem Klischee der wunderbaren ersten Nacht stimmt. Daß die Welt um einen herum
versinkt, stimmt schon nicht mehr. Es fällt einem zum
Beispiel siedend heiß ein, daß man ausgerechnet heute
die ausgeleierte, durch häufiges Kochen abgenudelte
Unterwäsche anhat, die zwar herrlich kuschelig und bequem, aber nicht gerade attraktiv für Männeraugen ist.
Eine Bekannte erzählte mir einmal, daß sie ihr geliebtes,
aber grausliches Frotteehoserl schnell in die Handtasche
verschwinden ließ, um ihren Liebhaber nicht zu verstören. Er war angesichts ihrer Blöße mehr als baff, denn
obwohl sie beide ein Hoch hatten, lag dieses nicht auch
über der Stadt. Da war es herbstlich kalt und feucht. Weiter: Zu allem Überfluß muß man ausgerechnet dann
ganz, ganz dringend »raus«, wenn sich die Körper mit
»schlafwandlerischer Sicherheit« finden sollten. Aus lauter Angst, daß der junge, erotische Zauber Schaden nehmen könnte, dreht man auf dem Klo den Wasserhahn auf
und hustet laut und vernehmlich, um die profanen
Geräusche des Pipimachens und der Klospülung zu
übertönen. Schmiegt man sich dann entspannt lächelnd
wieder in seine Arme, gibt sein Magen alarmierende

Geräusche von sich. Man überhört sie höflich und stolpert mit dem Liebsten Richtung Schlafzimmer, weil der halbausgezogene Rock anmutiges Schreiten unmöglich macht und er seine Hände braucht, um die offene Hose zusammenzuhalten.

Endlich das Bett! Aber anstatt daß jetzt tatsächlich die Welt im Nebel der Leidenschaft versinken würde, geht das Drama überhaupt erst los. Er will völlig enthemmt lieben, sie will vorläufig nur kuscheln. Oder umgekehrt: Sie will unbefangen Sex genießen, er will von seiner gescheiterten Ehe erzählen. Gar nicht zu reden von den sexuellen Ängsten, die einen plagen!

Dann läuft das Ganze so lala, atemlos höchstens vor Nervosität und Verkrampfung. Aber man tut natürlich so, als wäre es das Nonplusultra gewesen. Anschließend bleibt er wach, weil er weiß, daß er schnarcht und sie nicht mit marterndem Gurgeln verschrecken will. Und sie schließt kein Auge, weil sie weiß, daß ihr im Schlaf immer die Kinnlade runterfällt und das nicht gerade verführerisch aussieht.

Wer hat uns den Schmarrn von der schlafwandlerischen Sicherheit, mit der zwei fremde Körper sich finden und ihre Lust aneinander stillen können, eingeredet? Was soll der Mumpitz vom seligen und gemeinsamen Schlaf?

Nein, mir kann keiner weismachen, daß die erste Nacht der Traum der Träume ist. Sie ist von Unsicherheit überschattet, und es fehlt die warme Lust der Intimität. Sie setzt ja die Nähe voraus, die man gerade erst herstellt. Die erste Nacht ist nur für diejenigen das Maximum, die nicht mehr brauchen als neue Reize. Genießer schätzen das, was danach kommt ...

Quickie

*Die Magie des Moments kann einen spontanen Liebesakt
zu einem hochbefriedigendem Erlebnis machen ...*

Gehen wir davon aus, daß der »Quickie«, also der
schnelle Liebesakt ohne Vor- und Nachspiel, schon seit
Menschengedenken existiert. Ich weiß, daß es viele gibt,
die die schnelle Lust schlichtweg unzumutbar finden.
Für mich persönlich ist Quickie nicht gleich Quickie. In
meinen Augen gibt es Minus- und Plus-Quickies.

Typisch für einen Minus-Quickie ist, daß nur einer
Lust auf eine Blitzattacke hat und daß sie nicht von zü-
gelloser Leidenschaft, sondern von Bequemlichkeit bestimmt ist. Ein Minimum an Aufwand soll ein Maximum
an Spaß bringen. Es ist wie Selbstbefriedigung, nur weniger eindeutig.

Der positive Quickie hat mit dem negativen Quickie
nur die Kürze und die Ortsgebundenheit gemeinsam. 40
Sekunden Sex müssen nicht immer eine demütigende
oder deprimierende Angelegenheit sein. Der Unterschied zwischen dem negativen und positiven Quickie
besteht in der gemeinsamen Lust. Beim positiven
Quickie wollen beide riechen, berühren, spüren und sich
auflösen. Egal wo, egal unter welchen Umständen. Wenn
beide wollen, lösen sich Formen, Zwänge und die Unbil-
len des Alltags in nichts auf. Es zählt nur eines: Man will
es sofort, ohne Rücksicht, ohne Einschränkung, ohne
Form. Hier und jetzt. Das zärtliche Vorspiel, die liebevollen Worte der Vorbereitung, der Charme der einlei-
tenden Andeutungen, all diese vertrauten Kategorien
und Rituale des Sex sind unbedeutend. Diese Entrückt-
heit des Empfindens macht die Magie des Moments aus.
Ein solcher Quickie ist mehr als eine flüchtige, bequeme
Nummer. Ein Quickie dieser Art ist im wahrsten Sinne
des Wortes die Verkörperung unserer intensivsten Gefühle und unseres Daseins.

Q Der positive Quickie ist auch ein Akt ohne Netz. Keiner schützt sich mit Spielregeln, keiner spielt dem anderen etwas vor. Wer einmal so ein Aufeinanderprallen erlebt hat, weiß den positiven Quickie genauso zu schätzen, wie er den negativen Quickie ablehnt.

Wir Frauen sind nicht immer und grundsätzlich gegen einen Schnellschuß. Wir spüren ganz genau, daß eine schnelle Umarmung nicht eine flüchtige Umarmung sein muß. Manchmal steckt in einem Quickie mehr Hitze, Leidenschaft und Befriedigung als in einem halbherzigen, langatmigen Szenario mit endlosem Blabla. Worauf es ankommt, ist eben die Magie des Moments, die einen spontanen Liebesakt nicht oberflächlich und erniedrigend, sondern zu einem kostbaren, exklusiven Ereignis macht. Der positive Quickie verheißt Lebensfreude, Selbstbewußtsein und Gefühlsintensität. Warum sollen wir darauf in einer Zeit, in der immer mehr über SLM (Sexuelles Lust-Mangelsyndrom) geklagt wird, verzichten?

Reizwäsche

Glamouröse Dessous sind eigentlich nur gewissen Stunden vorbehalten ...

Ich kann an Auslagen, in denen Spitzenhöschen, Strumpfbänder und Mieder appetitlich präsentiert werden, nicht vorübergehen. Der Anblick von Transparentwäsche, Miedern und Strümpfen fährt mir jedesmal wohlig in Kreuz und Magen. Rein theoretisch. Praktisch habe ich Reizwäsche gegenüber eine zwiespältige Einstellung. Ich kaufe mir zwar immer wieder eins dieser heißen Stücke und freue mich auch ehrlich über den neuen Brauch, daß Frauen einander sexy Wäsche schenken. Aber offen gestanden – ich ziehe sie nur selten an.

Sobald ich die heißen Stücke trage, beginnt das Dilemma: Der schmale Strumpfgürtel sieht zwar hinreißend aus, paßt sich aber weder der Rundung meiner Hüften noch meinen Bewegungen an. Die Strümpfe sind ja sexy, aber die Strapse, an denen sie befestigt sind, heben sich unter einem engen Rock wie Beulen ab. Das narzißtische Pläsier, Schmeichelndes ausschließlich zu meinem Vergnügen, also im Alltag zu tragen, wird mir auch dadurch vermiest, daß ich jeden kalten Windhauch auf der nackten Haut zwischen Höschen und Strümpfen spüre. Und wie das knappe Miederchen zwickt und zwackt! Ganz zu schweigen von dem Spitzenmuster des BHs, das sich wie das Spitzendeckchen meiner seligen Oma durch die Bluse durchdrückt.

Was ist los mit mir? Warum wird meine Sehnsucht nach schlichter, kochfester Unterwäsche ohne Firlefanz ausgerechnet dann übermächtig, wenn ich ein besonders aufwendiges Dessous anhabe? Warum kann ich mich in der sexy Wäsche nicht genauso sexy fühlen, wie mir das die Schaufensterpuppe suggeriert, die ein Nichts von brombeerfarbener Spitzenwäsche mit so einer aufregenden Mischung von Ekstase, Provokation und Selbstbewußtsein trägt, daß ich Herzflimmern bekomme? »Weil sie für eine Kunstwelt posiert«, tröstet mich mein Liebster. »Für die Kunstwelt der Dekoration.«

So ist das also. In meiner Wirklichkeit von Schreibmaschine, Küche und Großeinkauf im Supermarkt können die raffinierten Dessous ihren belebenden und selbstwertsteigernden Reiz nicht entfalten. Aber gerade dann würde ich ihn brauchen! Reizwäsche ist unzuverlässig – das ist der Grund, warum meine Einstellung zu ihr getrübt ist und warum ich mir meine alte Liebe zu ehrlichen, weißen Baumwollunterhosen nicht aus dem Herzen reißen kann. Glamouröse Dessous sind offenbar nur gewissen Stunden vorbehalten. Ich seh' ja ein, daß kochfeste »Liebestöter« nicht frischen Wind unter die Bettdecke bringen. Aber sie passen in meinen Alltag. Und aus dem besteht mein Leben ...

Rückkehr

Die Vertrauenskrise bleibt Ihnen nicht erspart. Das Glück darüber, daß ein verloren geglaubter Partner wiederkehrt, macht jedoch blind für Probleme ...

Im Badezimmer ist der Duft seines Rasierwassers nicht mehr zu spüren. Aber sein Bild steht noch auf der Kommode. Sein Wintermantel und die Skisachen sind auch noch da. All das brauchte er nicht, als er Sie bei Frühlingstemperaturen verließ. Nun will er wiederkommen. Der Traum vom Glück ist zerronnen. Er will wieder heim, sagt er. Er hat Sehnsucht, beteuert er. Er spürt, daß da noch Liebe ist, schwört er.

Und Sie?

Sie fühlen das auch. Wenn er nur wieder neben Ihnen einschläft und aufwacht, wird alles gut sein.

Na ja, ganz so sicher bin ich mir da nicht. Meist kommt es nach den ersten leidenschaftlichen Nächten zu einer Vertrauenskrise. Schließlich hat er Sie ja wegen einer anderen verlassen. Sie müssen sich schon ganz bewußt dazu durchringen, jemandem, von dem Sie enttäuscht wurden, wieder zu vertrauen. Vielleicht muß sich auch Ihr Partner zu dieser Einstellung entschließen. Wer weiß, was Sie ihm angetan haben? Nennen Sie doch das Kind beim Namen, und reden Sie über die Problematik.

Ich warne Sie auch davor, zu glauben, daß ihre Beziehung so stabil wie beim ersten Anfang sein wird. Eine gekittete Partnerschaft ist zumindest in der ersten Zeit sehr empfindlich. Das, was passiert ist, macht Illusionen nicht mehr möglich. Sie müssen akzeptieren, daß Ihr Schatz schwach, verführbar oder egoistisch ist. Aber eine realistische, vernünftige Haltung ist nicht das Indiz einer beendeten Liebe. Meist ist sie das sichtbare Zeichen dafür, daß zwei Menschen das Leben gemeinsam meistern wollen und können. Akzeptieren Sie diese Wand-

171

lung bewußt – bei sich selbst ebenso wie bei ihrem Partner.

Als Sie auseinandergingen, ist höchstwahrscheinlich viel Porzellan zerschlagen worden. Die Scherben liegen noch in so manchem Winkel Ihres und seines Herzens herum. Doch auch diese Hürde ist zu nehmen. Fassen Sie einander ruhig eine Weile mit Samthandschuhen an. Versuchen Sie beide, sich zumindest in der ersten Zeit täglich eine kleine Freude zu machen – und sei es nur ein Kompliment, das Sie einander machen, oder ein liebevoller Anruf zwischendurch. Aufmerksamkeiten sind für eine gekittete Partnerschaft wie ein Stützkorsett. Wenn sie erst wieder stabil ist, kommt sie ohne dieses Zeichen der Liebe leichter aus.

Weil wir gerade von Liebeszeichen reden: Beweisen Sie ihm, daß er nirgendwo so viel Verständnis findet wie bei Ihnen. Jegliches Triumphverhalten wäre Gift für Ihre Beziehung! Auch wenn Ihnen Edelmut schwerfällt, wenden Sie sich dem wiedergefundenen Herzblatt als Liebende und nicht als Siegerin zu. Mit einem mehr oder weniger deutlich ausgesprochenen »Jetzt siehst du, daß du ohne mich nicht leben kannst«, vertreiben Sie ihn womöglich ein zweites Mal. Diesmal vielleicht für immer.

Wenn Sie sich wirklich dazu entschließen, einen zweiten Anfang zu wagen, brauchen Sie Toleranz und Mut. Den Mut, sich zu Ihren Gefühlen zu bekennen und sie auch zu zeigen. Und den Mut, Ihr eigenes Mißtrauen zu begraben.

Wenn Sie sich die innere Bereitschaft für diesen Gefühlsaufwand zutrauen, dann geht es einer gekitteten Beziehung so wie dem berühmten Häferl mit dem Sprung: Es hält länger als alle anderen ...

Scham

Viele Liebende lassen sich von falschen Schamgefühlen einschränken. Schade. Denn nicht nur die Liebe macht blind, auch die Lust ...

An einem der vergangenen Wochenenden war ich bei Freunden auf dem Land. Zwischen Wandern und Abendessen wurde die Sauna angeheizt, und ohne uns abzusprechen, gingen Frauen und Männer getrennt in die Schwitzkammer.

»Sind wir eigentlich verklemmt?« rätselte meine Freundin Dorothea. »Das nicht«, meinte Ulla. »Man schämt sich eben.« Ja, man schämt sich eben. Aber warum schämt sich Dorothea, wenn ihr Mann das Licht aufdrehen will, während sie miteinander schlafen? Warum schämt sich Ulla, wenn ihr Freund sie bei intimen Küssen »da unten« ansieht? Weil wir alle – ich nehme mich davon nicht aus – ein gebrochenes Verhältnis zu unserem Körper haben. Natürlich gibt es ein durchaus berechtigtes Schamgefühl. Jeder von uns kennt es, das Gefühl, wenn ein intimer Körperteil oder ein privater Gedanke gegen den eigenen Willen preisgegeben werden mußte oder eine Tat entdeckt wurde, die gegen eine Regel verstößt.

Wenn man sich aber für sein Geschlecht schämt so wie Ulla – ist das auch berechtigt? Nein, behaupte ich. Berechtigt ist es nicht, aber verständlich. Wie soll man stolz auf eine Körperzone sein, die seit Jahrhunderten tabuisiert wird? Es ist kein Zufall, daß das weibliche Geschlechtsteil auch »Scham« genannt wird. Noch heute werden Kinder von unserer Scheu vor den Genitalien geprägt: Man hat dafür weder einen Namen, noch kann man ertragen, daß sich ein Kind lustvoll »mit dem da unten« befaßt. Dabei ist es eine Binsenweisheit, daß die Einstellung zum Körper und zur Sexualität zum Großteil von der Art und Weise abhängt, wie einem Kind der

Körper und alles Sexuelle präsentiert wird. Aber sogar, wenn man als Kind lernte, seinem Körper positiv gegenüberzustehen, können später Schamgefühle auftauchen.

Können Sie als Mann sich unbefangen nackt vor Ihrer Liebsten zeigen? Können Sie als Frau mit Ihrem nackten Körper balzen und kokettieren? Wenn ja, beglückwünsche ich Sie: Ihr erotisches Agieren wird durch nichts gestört. Wenn nein, besteht vermutlich zwischen dem Ideal, das Sie von sich selbst haben, und dem, was Sie von sich in der Realität wahrnehmen, eine Diskrepanz, die Ihr Schamgefühl erzeugt.

Es gibt etliche Frauen, die sich einem Mann nur mit einem Hemdchen bekleidet zeigen, weil sie durch Schwangerschaft und Stillen einen Hängebusen bekommen haben. Und es gibt Männer, die nur mit einem T-Shirt oder Pyjamaoberteil lieben, weil sie im Laufe der Jahre einen Bauch bekommen haben. So gut ich diese schamhafte Verhüllung nachempfinden kann, so überflüssig ist sie meist. Wer sinnlich ist, nimmt sowieso nur erregende Ausschnitte wahr – einen verhangenen Blick oder das Rund einer Schulter. Nicht nur die Liebe macht blind. Auch die Lust.

Auch durch das brutale Urteil eines Liebespartners kann man von Scham gequält werden. Aber die Scham über das, was Sie Ihrer Meinung nach in den Augen eines Gegenübers »herabsetzt«, muß Sie nicht ewig plagen. »Ich habe mich immer für meinen dicken Po geschämt«, gestand mir einmal eine mollige Blondine. »Bis eines Tages ein Liebhaber meine Hand genommen und mich darauf aufmerksam gemacht hat, wie geil sich für ihn meine Pobacken angreifen.« Die Moral von der Geschichte: Beten Sie nicht das Ideal an, das Sie sich von Ihrem Körper gemacht haben. Befreunden Sie sich mit der Realität! Und schämen Sie sich nicht für Ihren Körper – Sie haben sowieso nur diesen einen.

Schaulust

Das Schauen ermöglicht die Befriedigung unseres Hungers nach Schönem ...

Da sitzt er, ein Mann wie Samt und Seide. Sie wollen ihn angreifen? Nein, das geht wirklich nicht. Sie wollen an ihm schnuppern? Also bitte, auf Ideen kommen Sie! Sie wollen ihn schmecken, in aller Harmlosigkeit, versteht sich. Sind Sie noch zu retten? Zumindest das Wort soll er an Sie richten, damit Sie den Klang seiner Stimme hören können. Nicht einmal das ist möglich.

Was Ihnen bleibt, sind Augen-Blicke der Neugier, des Vergnügens, vielleicht sogar der Lust. Das Sehen als eine »Sinneswahrnehmung der Entfernung« ermöglicht einerseits jenen Anstand zu unseren Mitmenschen, den unsere distanzierende Kultur verlangt, andererseits sichert sie uns die Erfüllung unseres unersättlichen Verlangens nach Information, nach Schönem und Neuem.

Schaulust leitet Sie auf Schritt und Tritt.

Ich kann mich noch genau daran erinnern, daß ich mich als kleines Mädchen nicht satt sehen konnte, wenn der Sohn unserer Nachbarin gewickelt wurde und ich mir sein winziges Zipferl ansehen konnte. Bald blieben meine Blicke an rothaarigen Bubenköpfen und später an vielsagenden Männeraugen hängen. Aber nicht nur erotisches Interesse ist der Motor der Schaulust. In der Volksschule entzückten mich ein Kaleidoskop und glitzernde Schneekristalle. Heute kann für mich auch der Anblick alter Möbel oder eines schönen Baumes ein sinnliches Erlebnis sein.

Ihnen wird es nicht viel anders ergehen. Wie denn auch, wo wir doch alle dazu erzogen werden, Menschen und Dinge nicht zu berühren, nicht daran zu riechen und sie nicht zu schmecken, sondern aus der Ferne anzuschauen. Wir hungern geradezu nach immer neuen Reizkonstellationen! Von diesem Bedürfnis lebt nicht nur die

S

Mode. Auch so mancher Seitensprung ist damit zu erklären. Aber sprechen wir von Erfreulicherem. Zum Beispiel davon, daß es gar nicht so schwer ist, sich Augen-Blicke der Lust zu ermöglichen. Ein anders als gewöhnlich gedeckter Tisch oder ein bunter Blumenstrauß – all das ist Augenfutter, das nicht nur ins Auge, sondern mitten ins Gefühlszentrum geht. Ein wohltuender Anblick führt zu einer Erweiterung der Blutgefäße, und Sie fühlen sich angeregt und positiv gestimmt. Eros humanum est. Aber diese wohltuende Gemütsbewegung nimmt durch Gewöhnung ab – man wird »blind« für das bekannte Schöne. Da fällt mir ein Ausspruch meiner Großmutter ein: »Sei deinem Mann jeden Tag eine andere Frau.« Eine unmögliche, frauenfeindliche Redensart, ich weiß. Aber etwas Wahres ist doch daran: Für Männer ist Schauen und sexuelle Erregung oft und oft eins. Das vielzitierte Tier im Mann ist nämlich ein Augentier ...

Schmerzen

Manchmal ist der Körper klüger als der Kopf ...

»Ich verstehe es nicht«, vertraute mir die 28jährige Gerda an. »Obwohl mein Freund extrem liebevoll ist, tut mir der Sex weh.«

»Was soll ich davon halten?« fragte mich kurz darauf eine andere Frau in meiner Praxis. »Seit wir wegen meiner Schmerzen bei der Liebe nicht mehr miteinander schlafen, wirkt mein Mann direkt erleichtert.«

Zwei verschiedene Fälle, ein Symptom: Vaginismus. Mit diesem medizinischen Ausdruck werden die mehr oder weniger starken Schmerzen bezeichnet, die Frauen beim Einführen des Penis haben. Die Formen des Vaginismus reichen vom ersten Grad, für den das Nachlassen des Schmerzes nach dem Eindringen typisch ist, bis zum vierten Grad, dem Zusammenkneifen der Oberschenkel, des Gesäßes und Schmerzhaftigkeit schon bei bloßer Berührung. Die bisherige Erklärung für das Entstehen des Vaginismus: Sobald eine Frau ihren Partner seelisch nicht akzeptiert, sich ihm also nicht »öffnet«, kann sich ihm ihr Körper verschließen. Wenn ein Mann zu seiner Frau lieblos ist, ist »Zumachen« keine Störung, sondern eine normale Reaktion. Noch zwei Männertypen begünstigen einen Scheidenkrampf.

Dazu gehört der überfürsorgliche Mann, der seine Frau auf Händen trägt und ihr jeden Wunsch erfüllt. Wenn das Problem des Vaginismus auch nur in geringen Ansätzen auftaucht – der Überfürsorgliche würde es seiner Partnerin am liebsten abnehmen. Sie soll nur ja keine Opfer für ihn bringen! Sie soll nur ja nichts auf sich nehmen! Dieses übersteigerte Verantwortungsgefühl drängt die betreffende Frau in eine Situation, die der eines Kindes entspricht: Alles wird für sie geregelt, sie ist für nichts verantwortlich. Sie darf Kind sein. Da ein Kind keinen Geschlechtsverkehr hat und schon gar nicht für das Gelingen einer sexuellen Beziehung verantwortlich ist, verschließt sich buchstäblich die Liebespforte. Gerda könnte die Antwort auf ihre Frage hier finden ...

Ein anderer Männertyp ist der Drängende. Er stellt hohe Erwartungen und Ansprüche an das sexuelle Können seiner Partnerin. Wenn eine Frau nicht so kann, wie der Drängende es sich vorstellt, durchkreuzt dieses Versagen sein Konzept einer Sexbeziehung. Anstatt auf die Geliebte einfühlsam einzugehen und ihr schlummerndes sexuelles Potential behutsam zur Entfaltung zu bringen, drängt dieser Männertyp vehement auf eine Erfüllung seiner Vorstellungen. Die Folge davon ist, daß sich eine Frau vor diesen drängenden, beängstigenden Aktivitäten mit der Vaginismus-Symptomatik schützt.

Schließlich ist da noch der unsichere Mann, der Nutzen aus der Problematik des Vaginismus zieht. Er greift den Vorfall dankbar auf, um damit ein eigenes Problem – zum Beispiel Versagensängste – zu bemänteln. Auch hier kommt es prompt zu einer Wechselbeziehung. Die Frau »übernimmt« die Problematik des Partners. Sie schützt ihn davor, sich mit seinem Konflikt auseinanderzusetzen, indem sie »ihm zuliebe« einen Vaginismus entwickelt. Renate könnte sich hier wiederfinden.

Wenn Sie für ein Vaginismusproblem einen Beziehungskonflikt ausschließen können, sollten Sie an die einfachste Erklärung dafür denken: Technikfehler beim Liebesakt! Zu schnelles Eindringen, verbissenes Orgasmusschuften oder der Verzicht aufs Küssen sind nicht nur ein Liebes-Krampf, sie können ihn auch verursachen ...

Schnell

*Nicht übergroße Erregung, sondern Anspannung ist an
einem vorzeitigen Höhepunkt schuld …*

Soviel Aufmerksamkeit der Erektion des Mannes geschenkt wird, sowenig Beachtung findet sein Höhepunkt. Wozu denn auch? Hat er eine Erektion, ist ihm
der Orgasmus so gut wie sicher. Das schon, es stellt sich
nur die Frage: Wann?

Die meisten Männer, mit denen ich spreche, befürchten, daß sie zu früh durchs Ziel gehen. Erst kürzlich wollte mir ein 36jähriger Jurist einreden, daß seine Frau ganz
sicher zum Höhepunkt kommen würde, wäre er nicht so
schnell. Tatsächlich konnte er den Gipfelpunkt seiner
Lust eine halbe Stunde lang hinausziehen – seine Frau
bestätigte es mir. Trotzdem war er überzeugt, daß ein
Viertelstündchen mehr seiner Frau den ersehnten Orgasmus beim Liebesakt bescheren würde. Unter uns:
Was nicht in den ersten 15 Minuten passiert, passiert
wahrscheinlich gar nicht. Wenn ein Mann eine halbe
Stunde lang das Rein/Raus aufrechterhält, ohne daß
eine Frau damit einen Höhepunkt hat, dann ist es mehr
als unwahrscheinlich, daß sie nach 45 oder 60 Minuten
einen hat. In solchen Fällen bin ich dafür, daß der Mann
den Orgasmus nicht mit Gewalt hinauszögert, sondern
darüber redet, ob es nicht eine andere Methode gibt, mit
der seine Liebste schneller und vermutlich auch lustvoller »Ende gut, alles gut« sagen kann.

Schon vor vielen Jahren stellte Kinsey fest, daß 75 Prozent der von ihm befragten Männer innerhalb von zwei
(!) Minuten zum Orgasmus kommen. Keiner der Männer äußerte damals Bedenken darüber, daß er zu früh
sein könnte. Diese Angst sitzt den Männern im Nacken,
seit die Befriedigung der Frau wichtig geworden ist. Der
brennende Wunsch eines Liebhabers, seinen Mann zu
stehen, zu funktionieren, ausdauernd zu sein und durch-

zuhalten, erzeugt eine gewaltige Anspannung. Aber jede muskuläre Anspannung, speziell des Beckenbodens, beschleunigt den Orgasmus! Der Wunsch, den Höhepunkt hinauszuzögern, bewirkt das Gegenteil: Er kommt entweder nach ein paar Sekunden, beim Eindringen oder schon vorher.

»Es passiert mir einfach, ob ich will oder nicht«, sagte mir einmal ein Mann. So ist es auch. Bei einem innerlich angespannten Mann genügt bereits minimaler Hautkontakt und schon ist er seinen Samen los. Nicht weil er so erregt ist, das ist er nämlich gar nicht, sondern weil er so angespannt ist. Es wäre übrigens ein leichtes für den armen Tropf, Lust, Erregung und ein angemessenes Durchhaltevermögen zu gewinnen. Er muß nur Kontrolle über seine Ejakulation bekommen. Das ist leichter als das Erlernen des Pipimachens als Kleinkind. Die notwendige Information liefern einschlägige Bücher oder eine Sexualberatung.

Wichtig ist, daß Sie aufhören, sich mit falschen Mitteln selbst zu helfen. Bevor Sie sich Marathon-Akte abquälen, machen Sie von anderen sexuellen Spielarten Gebrauch. Oft ist ein Mann nicht zu schnell, sondern die Partnerin zu langsam. Auch wenn Sie Ihr Pulver tatsächlich zu schnell verschießen, können Sie sich solche Verlängerungszeremonien ersparen. Betäubungssalben für den übereifrigen Liebesdiener, vorheriges Masturbieren, krampfhaftes Denken an den Zahnarzt – alles sinnlos. Diese Maßnahmen schenken nicht lustvolle Minuten, sie vergrößern nur Ihre Anspannung und damit wieder die Neigung, zu früh zu kommen. Nehmen Sie sich Zeit, etwas wiederzuerlernen oder neu zu erwerben, was Ihnen auch im Zusammenleben und im Alltag nützen wird: Selbstbestimmung …

Schwangersein

Im Gegensatz zu vielen Vorurteilen, vertragen sich Schwangerschaft und Sinnlichkeit sehr gut ...

Ich erlebte es in einer zugigen U-Bahn-Station: Ein Pärchen stand eng umschlungen in einer Nische und küßte sich. Die junge Frau war schwanger und drückte ihrem Partner ihr Bäuchlein entgegen, über das er zärtlich streichelte. »Na so was«, ätzte ein Mann. »Das ist doch ein regelrechtes Liebesspiel.«

Freilich. Warum soll sich ein Mann denn nicht an der schwellenden Fülle entzücken, die das gemeinsam gezeugte Leben mit sich bringt? Warum soll eine Frau ihre erhöhte erotische Ansprechbarkeit während der Schwangerschaft leugnen? In keiner anderen Phase des Lebens ist der Körper einer Frau so lustempfänglich wie während der Schwangerschaft. Trotzdem tun viele so, als würden sich Mutterschaft und Sinnlichkeit nicht vertragen. Erst wurde die Schwangerschaft mit Krankheit, Schmerz und Last gleichgesetzt, jetzt wird sie auf einen medizinisch-technischen Vorgang verknappt. Wie viele Mütter studieren ausdauernd die Ultraschallaufnahmen ihres werdenden Kindes oder abstrakte Hormonwerte, ohne sich jemals mit ihren Empfindungen sich selbst oder dem Partner gegenüber auseinanderzusetzen! Gerade während der Schwangerschaft, wenn Gefühlsbarrieren aufgegeben werden, könnte sich eine neue sinnliche Qualität zwischen einem Paar entwickeln. Die meisten Männer finden werdende Mütter wegen ihrer vitalen Ausstrahlung sehr erotisch, haben aber Hemmungen, ihr sexuelles Interesse offen zu zeigen. Das Vorurteil, daß schwangere Frauen kein sexuelles Interesse haben und man sie mit einem derartigen Ansinnen in ihrer heiligen Mutterschaft beschmutzt, sitzt tief. Auch den Frauen fällt es schwer, ihre Veränderungen positiv zu verarbeiten und zu ihren erotischen Empfindungen zu stehen. Mißverständnisse und offene Wünsche also sowohl auf seiten der Männer als auch auf seiten der Frauen. Was bleibt da zu tun?

Denken wir doch endlich um: Werdende Mütter sind weder heilige noch unerotische Wesen. Schon gar nicht sind sie seelenloses Material für Schwangerschaftstechnik und Computeranalysen. Sollte es bei Ihnen als Frau soweit sein – seien Sie stolz auf die Gefühls- und Körpererfahrung Ihrer Schwangerschaft. Stehen Sie zu allen Ihren Empfindungen, zu Ihren sexuellen Sehnsüchten ebenso wie zu dem zeitweiligen Befremden über die Veränderungen, die mit Ihrem Körper geschehen. Wenn Sie einen Mann spüren lassen, daß Sie weder »unantastbar« noch leidend sind, kann jenes sinnliche Klima entstehen, in dem sich Mutterschaft nicht abgekoppelt von dem erotischen Erleben entwickelt. In einer Atmosphäre der körperlich-seelischen Harmonie und Nähe wird weder das erwartete Kind noch der Partner als Eindringling empfunden …

Schwangerwerden

Manchmal will eine Frau allen logischen Gegenargumenten zum Trotz schwanger werden …

Nahezu allen Frauen ergeht es irgendwann einmal so: Eigentlich nehmen sie es mit der Verhütung nicht so genau, aber ein Kind wollen sie nicht. Eigentlich war das Kind nicht geplant, aber ersehnt war es doch. Eigentlich weiß man, daß es die gefährlichen Tage sind oder daß das Aufpassen eine äußerst unsichere Verhütungsmethode ist, aber man spielt doch mit der Gefahr.

Warum tun wir das bloß?

Weil beim Thema Schwangerschaft zwischen dem bewußten, planenden Verhalten und den unbewußten Gefühlen eine nahezu unüberbrückbare Kluft besteht. Das kleine Wörtchen »eigentlich« beweist, wie sehr wir zwischen vernünftigen Überlegungen (»Mit diesem Mann oder in meiner Situation ist ein Kind undenkbar«) und einer schwer erklärbaren Lust an der Fruchtbarkeit (»Ich will schwanger werden«) hin und her gerissen sind. Ein Teil einer Frau will schwanger werden, ein Teil will nicht. Ich glaube, daß ist die Erklärung dafür, warum eine Frau eine ungewollte Schwangerschaft zum großen Erstaunen ihrer Umgebung zutiefst glücklich erleben kann: Ein Teil von ihr war schon vorher damit einverstanden. Wenn ich das Bild der Mona Lisa sehe, kann ich mir gut vorstellen, daß es ihr so ergangen ist. Ihr mysteriöses Lächeln sagt den verblüfften Freunden: »Eigentlich war meine Schwangerschaft nicht geplant. Aber gewünscht habe ich sie mir doch.«

Natürlich drängt sich jetzt die Frage auf, warum ein Teil einer Frau allen logischen Gegenargumenten zum Trotz schwanger werden will. Dafür gibt es mehrere Gründe. Welche Frau hatte noch nicht lebhafte Bilder von einem runden Bauch, von Kindsbewegungen, von Wachsen, Pochen und Klopfen, von Pracht und Fülle?

S Dann passiert es eben, daß sich in einer »schwachen Stunde« alle logischen Einwände in nichts auflösen und man der Verführung, diese Bilder wahr werden zu lassen, einfach nicht widerstehen kann. Manchmal ist auch Unsicherheit darüber, ob man nun die Fähigkeit zur Fortpflanzung besitzt oder nicht, dafür verantwortlich zu machen, daß man »kopflos« handelt.

Um Mütterlichkeit, Kindererziehung oder gar um Männerfang geht es da nicht. Es geht einfach um die Möglichkeit, schwanger werden zu können. Deshalb »passieren« diese unbegreiflichen Dinge vor allem auch dann, wenn man mit Hormonen die Periode verschob, lange Zeit die Pille nahm oder wenn in Sachen Schwangerschaftsverhütung alles gespenstisch sicher läuft. Das Spiel mit der Gefahr hat also seine Geschichte. Je realistischer Sie die Situation sehen und je offener Sie darüber mit Ihrem Partner reden können, desto eher verhindern Sie, daß das Spiel zum Drama wird.

Seitensprung

Wenn Männer fremdgehen, ist das etwas ganz anderes, als wenn Frauen es tun ...

Agnes ist Leo hinter einen Seitensprung gekommen. »Seitensprung? Was heißt denn Seitensprung!« verteidigt sich Leo. Keine fünf Minuten hat diese lächerliche Nummer gedauert. Leo kann sich nicht einmal mehr an Details erinnern. War besagte Dame blond? Vielleicht war sie brünett oder rot. Schade um jede Minute, die Agnes über diesen flüchtigen Scherz sprechen will.

Eines Tages passiert es dann: Agnes fühlt sich von einem Kollegen verstanden, und weil sie seit Leos Ausrutscher keinen Sex mehr mit ihm gehabt hat, können Sie sich ausmalen, was passierte.

Natürlich könnte sich die Geschichte eines Seitensprungs auch ganz anders abgespielt haben. Zum Beispiel so: Rita und Gerd machen reinen Tisch. Er gesteht ihr einen Fehltritt auf einer Geschäftsreise, sie beichtet ihm, daß während ihrer Kur für Bandscheiben etwas passiert ist. Noch eine Version gefällig? Bitte: Diana und Karl sind von der Eheroutine enttäuscht und voller Sehnsucht nach belebenden Liebesgefühlen. Irgendwann stellte Karl seine Schuhe unter ein anderes Bett. Irgendwann sank Diana in andere Arme, irgendwann einmal kam alles zur Sprache. Jetzt können wir alle drei Geschichten mit demselben Ende sehen: Der Mann spielt die Bedeutung seines Seitensprungs herunter. Wie aus einem Mund wird es von seiten der Männer heißen: »Das hat nichts mit mir zu tun. Und mit dir schon gar nichts! Ich habe nicht das geringste in die Sache investiert.« Das, was die Frau getan hat, ist etwas ganz anderes. Mit ihrem Seitensprung hat sie sich um sich selbst gebracht. Sie hat sich benommen wie eine Hure, während er nur schwach war oder, vor die Wahl gestellt, ob er sich

S

einsam selbst befriedigen sollte, doch die geselligere Variante der Befriedigung gewählt.

Nein, mir kann keiner weismachen, daß wir in diesem Punkt auch nur einen Schritt weiter sind als vor den lautstarken Verkündigungen der gleichen Rechte für Mann und Frau. Wenn ein Mann fremdgeht, sagt man, er ist unbeständig, ein Genießer oder triebhaft. Wenn eine Frau fremdgeht, sagt man, sie prostituiert sich. Und warum? Weil wir nach wie vor von der stillschweigenden Voraussetzung ausgehen, daß die Frau ihr Geschlecht ist und der Mann eines hat. Sein Penis ist nicht nur von der Anatomie her außen, er hat zu diesem Anhängsel auch eine äußerliche Beziehung. Kein Mann würde behaupten, daß der Penis der Sitz seines Wesens sei. Dagegen ruht die Vagina verborgen im Inneren der Frau und repräsentiert deren Innerlichkeit. Wenn sie ihr »Inneres« einem anderen öffnet, ist sie als Mensch unten durch. Beim Mann ist die Lust abgekoppelt von seinem Wesen, so wie der Penis von seinem Körper.

Bei vielen Frauen geht ein Seitensprung tatsächlich »tiefer« als bei Männern. Aber nicht, weil die Frau es ist, die den Mann eindringen läßt und aufnimmt, sondern weil sie mehr als der Mann inneren Aufruhr und Hingabe zulassen kann. In ihrem Kopf und in ihrer Seele können Hitze und Glut herrschen, ohne daß die Vagina auch nur von einem Zipferl erfüllt wird. Daher stört mich die undifferenzierte Festlegung der Frau auf ihr Geschlecht. Eine Muschi repräsentiert genauso wenig das Menschtum einer Frau wie ein Pimmel die Herrschaft des Mannes …

Selbstbefriedigung

S

Der einfachste Weg zum Orgasmus ist die Selbstbefriedigung ...

Nora, verliebt bis über beide Ohren, tut es meist dann, wenn sie mit ihrem Freund nicht beisammen sein kann. Rudolf, glücklich verheiratet, macht es ab und zu beim Baden in der Wanne. Lilly, alleinlebend, braucht es manchmal vor dem Einschlafen.

Sie wissen natürlich, wovon die Rede ist – von der Selbstbefriedigung. Die allgemeine Reaktion darauf: »Unmöglich! Selbstbefriedigung ist ein Laster. Eine Schwäche. Eine Sünde. Ein beschämender Ersatz.« Halt! Jetzt bin ich dran. Eines der Hauptargumente für die Selbstbefriedigung besteht für mich darin, daß sie in Zeiten, in denen man solo ist, eine natürliche und legitime Methode darstellt, sich zu entspannen. Ich finde es besser, sexuelles Verlangen in einem – zugegeben – einsamen Akt zu entladen, als sich auf Sex im Vorübergehen einzulassen. Nicht nur die Aids-Gefahr überschattet ein flüchtiges Techtelmechtel. Mit einem ungeliebten Partner intim zu werden macht einsamer als Selbstbefriedigung.

Abgesehen von diesen Erwägungen sollte die Beschäftigung mit dem eigenen Lusterleben auch dann nicht Gewissensbisse machen, wenn Sie einen Partner haben. In einer intakten Beziehung nehmen Sie ihm nichts weg, nur weil Sie sich einmal alleine mit Ihrem Körper befassen. Für Frauen kann die Selbstbefriedigung sogar positive Bedeutung haben: Sie lernen dabei ihren Körper und ihre sexuelle Reaktion kennen. Sie können unbeeinflußt vom Partner feststellen, was sie brauchen, um zum Höhepunkt zu kommen. Sie stehen nicht unter Zeitdruck, und Sie müssen nicht auf die Wünsche des Partners Rücksicht nehmen. Bitte mißverstehen Sie mich jetzt nicht – ich will Sie nicht zu einsa-

S

men erotischen Erfahrungen überreden. Aber ich will Ihnen klarmachen, daß Lusterlebnisse, die Sie als Frau alleine machen, durchaus im Sinne einer Partnerschaft sein können. Wenn Sie die dabei gemachten Erfahrungen in Ihre Beziehung einbringen, tragen Sie mehr zum gemeinsamen sexuellen Glück bei als durch Enthaltsamkeit. Darüber hinaus ist es entlastend für eine Beziehung, wenn eine Frau mit Orgasmusproblemen weiß, daß sie sich selbst zum Höhepunkt bringen kann. Nichts spricht also gegen die Selbstbefriedigung. Trotzdem werden vor allem Frauen deswegen von Gewissensbissen geplagt. Mädchen befürchten, sich damit ihr späteres sexuelles Empfinden zu verderben. Frauen halten sich für »abnormal«, wenn sie sich trotz einer erfüllten sexuellen Beziehung auch alleine stimulieren. Alles Unsinn! Frauen brauchen die erotische Zwiesprache mit ihren Liebesorganen, die sich den Blicken entziehen. Vielleicht bleiben manche Frauen deshalb ein Leben lang dabei und kultivieren die Selbstbefriedigung als Variante des sexuellen Handelns. Bei Männern nimmt die Masturbationshäufigkeit mit dem Alter und mit einer festen Beziehung ab. Ich sehe darin nicht unbedingt einen Vorteil. Schließlich könnte ein Mann mit einer positiven Einstellung zur Selbstbefriedigung gelassen bleiben, wenn seine Partnerin weniger Bedürfnis nach Sex hat als er.

Falls Sie jetzt meinen, daß Selbstbefriedigung grundsätzlich zum Problem werden kann, irren Sie. Seelische Probleme können zwar zu einer fragwürdigen Form der Selbstbefriedigung führen, aber dann sind sie deren Ursache, nicht deren Folge. Für einen seelisch stabilen Menschen ist Masturbation weder Zwang noch Sucht, sondern ein Bestandteil selbstbestimmter Sexualität ...

Sexbombe

*Es ist nicht immer leicht, an der Seite einer weiblichen
oder männlichen Sexbombe zu leben ...*

Bernhard träumte jahrelang von einer Sexbombe: »Du
weißt schon ... so eine, bei der dir als Mann die Hose zu
eng wird, wenn sie dir in die Augen schaut.« Bernhard
bemühte sich zwar, aus jeder seiner Partnerinnen eine
Femme fatale zu machen, aber trotz der tiefen Dekol-
letés, zu denen er seine Gefährtinnen überredete, wirk-
ten sie immer, als wären sie von der Heilsarmee.

Nun hat Bernhard eine Sexbombe gefunden. Sie ist
nicht auffallend zurechtgemacht, aber wenn sie auftaucht, bekommen die Männer Stielaugen, und die Frau-
en folgen ihr, irritiert und beunruhigt, mit Blicken auf
Schritt und Tritt. Ich kann es bezeugen: Edith ist die per-
sonifizierte Versuchung. Eigentlich müßte Bernhard
jetzt glücklich sein. Er ist es aber nicht. Er kann es einfach nicht ertragen, wie »verfügbar« Edith wirkt. Bernhard rotiert. Ich vermute, daß die zwei nicht mehr lange
ein Paar sein werden.

Bernhard, der arme Teufel, ist das Opfer einer wider-
sprüchlichen Ideologie, die uns allen von Kindesbeinen
an eingetrichtert wird. Sie lautet etwa so:

1. Sei verführerisch und womöglich mehr sexy als die
anderen.

2. Begehre aber gleichzeitig nur deine(n) Partner(in),
und sei auch in Gedanken treu.

Wie soll das bitte gehen? Den anderen zu begehren ist
doch der Kernpunkt der Erotik! Ohne zu begehren, ist
man nicht wirklich begehrenswert. Eine Frau kann nicht
verführerisch wirken, wenn sie nicht verführen will. Ist
aber diese gewisse erotische Bereitschaft spürbar, reagieren Männer, die sexuell ansprechbar sind, prompt
darauf. Das ist übrigens auch der Grund, warum ich keiner Frau Strapse und Reizwäsche empfehle, wenn sie

nicht wirklich Lust an der Verführung und Freude an dem Zeug hat. Die heißeste Wäsche nützt nichts, wenn die Frau, die darin steckt, ihren Partner nicht ihr Verlangen spüren lassen kann.

Natürlich kann auch ein Mann, der gegen andere Frauen immun ist, nicht begehrenswert wirken. Auch als Frau spürt man unbewußt sofort, ob er erotisch vibriert oder ob er in die sexuelle Emigration gegangen ist. Der Widerspruch ist den meisten Frauen nur zu gut bekannt: Wer will nicht das Exklusivrecht an einem Mann, von dem zwar alle Frauen hingerissen sind, der aber nur Augen für einen selbst hat!

Machen wir uns nichts vor: An der Seite einer echten männlichen (oder weiblichen) Sexbombe zu leben, tut immer auch weh. Aber vielleicht tröstet es Sie zu wissen, daß die andere, die Interesse und Blicke Ihres Partners auf sich zieht, in ihm meist nur die erotischen Wonnen wachruft, die er mit Ihnen erlebt ...

Sexerinnerungen

Manchmal sollten gemeinsame erotische Erfahrungen wie ein Schatz im Gedächtnis verschlossen werden ...

Natürlich erkannte ich ihn auf den ersten Blick. Wie denn auch nicht, schließlich war ich einmal verliebt in ihn. Das war allerdings im Jahre Schnee. Damals waren wir beide noch faltenlos, er hatte noch keine Halbglatze, und ich konnte noch ohne Brille lesen. Er beendete gerade sein Studium, ich machte meine ersten Schritte als Journalistin. Diese Zeit fiel mir ein, als ich ihn wiedersah. Wir lächelten uns zu, fröhlich, beide ganz offensichtlich glücklich darüber, auf dieser großen, anonymen Gesellschaft durch ein gemeinsames Stückchen Vergangenheit miteinander verbunden zu sein.

Dann kam die Enttäuschung.

Während ich ihm Bilder über unsere Besuche beim Heurigen und gemeinsame Freunde in Erinnerung rufen wollte, spielte er unentwegt auf unsere vergangenen Sexerlebnisse an.

»Kannst du dich noch an Alex erinnern?« lenkte ich ab. »Er war der einzige, der damals ein Auto hatte.« »Keine Ahnung«, erwiderte er mit unverhohlenem Desinteresse. »Aber weißt du noch, wie ich mir das Auto meines Bruders ausborgte? Die Fenster haben sich beschlagen, so heiß ist es auf dem Parkplatz am Cobenzl hergegangen ...«

Ich nahm ihm seine Anspielungen übel. Wie soll man mit einem Mann, den man Jahrzehnte nicht gesehen hat, entspannt über längst vergangene Liebespraktiken reden? Das setzt eine Intimität voraus, die schon lange nicht mehr da ist. Ich versuchte es mit einer Frage nach seinen Eltern.

Keine Antwort. Nur ein Glitzern in den Augen: »Du warst ganz schön scharf auf mich.«

Widerlich! Mit welchem Recht erinnert mich dieser

übergewichtige Kerl an erotische Empfindungen, die Jahrzehnte zurückliegen? Einmal probierte ich es noch: »Hast du dich eigentlich selbständig gemacht?«

»Ja, ja«, antwortete er zerstreut und kramte schon wieder eine andere Sexerinnerung hervor. »Ich habe noch immer ein Foto von dir. Du hast einen Pferdeschwanz und oben gar nichts. So ein Foto war damals eine Sensation.« Wieder ein schräger Blick, begleitet von einem schiefen Lächeln. »Oben rum warst du aber wesentlich stärker.«

»Hör doch auf«, schnitt ich ihm endlich das Wort ab.

»Aber warum denn?« fragte er gedehnt. »Sind Erinnerungen verboten?«

Nicht, wenn man sich im Einverständnis mit einer/einem gleichgestimmten Partner(in) oder alleine daran delektiert. Aber wenn die/der andere keinen Geschmack mehr an erotischen Reminiszenzen findet, dann sollte man delikate Gedanken gefälligst für sich behalten. Kann schon sein, daß der Mann, mit dem ich eine Zeitspanne meiner Jugend teilte, wirklich alles vergessen hat, was wir damals erlebten. Aber selbst wenn es so ist, daß er sich nur noch an die sexuelle Seite unserer damaligen Beziehung erinnern kann – um so schlimmer, daß er kein Hehl daraus macht. Wäre besagter Mann ein einfühlsamer Frauenkenner, hätte er nur eine Anspielung gemacht, gespürt, daß ich darauf nicht anspringe und übers Wetter, seinen Beruf, seine Kinder oder weiß der Teufel was geredet.

Ich habe für fast alle Männer, die in meinem Leben eine Rolle gespielt haben, immer noch zärtliche Gefühle. Aber seit dieser Begegnung weiß ich, daß das nur möglich ist, wenn gemeinsame erotische Erfahrungen wie ein Schatz im Gedächtnis verschlossen werden.

Sexsprache

Für bestimmte Gefühle und Körperteile fehlen uns immer wieder die richtigen Worte ...

Ich rede und schreibe gern über Liebe und Sex. Dadurch, und durch meinen Beruf, kenne ich eine Reihe von Worten für alle jene sexuellen Handlungen und Körperteile, die üblicherweise verschämt verschwiegen werden. Aber im Gespräch mit anderen merke ich, wie da herumgedruckst und umschrieben, angedeutet und gestottert wird, als ginge es um etwas Böses, Schreckliches, nicht mehr in Worte Faßbares. Ich gebe zu, daß es nicht leicht ist, über Gefühle und Körperteile zu sprechen, für die unsere Sprache nur medizinische Fachausdrücke, Vulgärausdrücke oder Kinderworte bereithält. Was im Sinnentaumel der Umarmung ein Erlebnis tiefster Befriedigung ist, wird dann in der Rede plötzlich peinlich, obszön oder lächerlich.

Irgendwann einmal in einer Beziehung kommen Sie aber an einen Punkt, wo eine unmißverständliche Ausdrucksweise notwendig wird, um ureigenste sexuelle Anliegen zu verwirklichen. In der ersten Phase der Verliebtheit wartet man noch ab und hofft darauf, daß der Partner spürt, was man will. Noch ist man verzaubert, noch erscheint nicht nur der »vergötterte« Partner, sondern auch jede körperliche Annäherung als geheiligt. Man »himmelt« den Geliebten an, »geht wie auf Wolken« und ruft in der leidenschaftlichen Umarmung sogar das Göttliche an: Jesus, Maria!

Aber die Anrufung der Heiligen nützt nicht viel, wenn es um die Erfüllung schlichter körperlicher Bedürfnisse oder um grundsätzliche Fragen geht. Da ist es schon besser, Klartext zu reden. Bei den Anrufern meiner Fernsehsendung merkte ich aber immer wieder, daß die verbale sexuelle Kommunikation oft noch schwieriger ist als die körperliche. »Wissen Sie«, meinte eine junge Frau

S einmal, nachdem sie nicht mehr auf Sendung geschaltet war, »wie ich es auch sage, man hat ja doch immer das Gefühl, Sex ist unedel und unrein.« Sie hat recht. Ausgerechnet der sexuellen Sprache, die oft nichts anderes will als anregen, ermutigen oder sichtbar machen, unterstellt man grundsätzlich schmutzige Absichten. Obwohl man von Politikern annimmt, daß sie mit Worten manipulieren wollen, begegnet man ihren Reden nicht mit annähernd soviel Aggressivität wie der sexuellen Rede. Dieser Widerstand geht so weit, daß diejenigen, die sich trauen, über Sexuelles zu reden, als pervers oder schweinisch eingestuft werden. Die Beschimpfungen, die ich immer wieder für meine »schmutzigen Reden« zu hören bekomme, sind so wüst, daß ich sie gar nicht wiedergeben kann. Sex ist »Schweinekram«, über den man auch nach den Veränderungen der sexuellen Revolution möglichst nicht spricht.

Lassen Sie sich trotzdem nicht dazu verleiten, die erotische Kommunikation auf Augenrollen, Keuchen und gutturale Laute zu reduzieren. »Sprich doch frei von der Leber weg«, empfahl Pietro Aretino schon vor 500 Jahren. »Sag doch ar, schwa, vo und fi. Nenn doch das ›Ja‹ Ja und das ›Nein‹ Nein … Oder behalt's für dich.« Halt! Dafür bin ich nicht! Behalten Sie's nicht für sich. Probieren Sie doch einmal die Sprache des Volkes aus. Jeder kennt die gewissen Worte, und jeder weiß was damit anzufangen. Sie können auch selbst Worte erfinden und ausprobieren, wie diese auf Sie und Ihre(n) Liebste(n) wirken.

Sexualneid

Hinter ehrenhafter Entrüstung steckt oft das Gefühl eigener Unzulänglichkeit ...

Der 23jährige Christoph kann seinem Vater nichts mehr recht machen. Er nörgelt ständig und läßt an den Mädchen, die Christoph besuchen, kein gutes Haar. Wenn Christoph einmal eine Nacht wegbleibt, tobt sein Vater, dabei hatte er noch vor ein paar Jahren erklärt, daß er sich von seinem Sohn zwar Verantwortung erwarte, aber nichts dagegen hätte, wenn er sein Leben genießen würde.

Hinter der Entrüstung von Christophs Vater verbirgt sich ein Phänomen, von dem viele Männer in den kritischen Jahren geplagt werden – der Sexualneid: Was man selbst nicht mehr hat, wird dem jüngeren nicht gegönnt.

Natürlich ist es nicht leicht für einen Mann, ausgerechnet in der Phase, in der er spürt, daß seine sexuelle Vitalität nachläßt, mit der sexuellen Kraft des Sohnes oder der Tochter konfrontiert zu werden. Wenn die eigenen Neigungen nach sexuellen Abenteuern und Abwechslung nicht sehr ausgeprägt sind oder – das soll ja vorkommen – ohnedies nicht unterdrückt werden, gelingt es eher, das sexuelle Treiben eines jungen Menschen zu akzeptieren. Aber wehe, wenn man das, was man sich selbst versagt, beim jüngeren, kräftigeren Sohn mit ansehen muß! Dann quält der Sexualneid so heftig, daß man sich Luft machen muß. Aber wie? In Form von Entrüstung – wie sonst? Wer sich empört, führt Spannungen ab, steht selber gut da und wird anerkannt.

Der Sexualneid plagt nicht nur Männer. Auch die Mutter der 16jährigen Nora hat seit einiger Zeit damit zu kämpfen. Wenn Nora auf eine Party eingeladen ist, kritisiert ihre Mutter die Musik, die Unterhaltung und den Zeitpunkt der Party. Noras Locken sind ihr immer zu wild, ihre Lippen zu rot und ihre Röcke zu kurz. Als sich

Nora einen engen Body kaufte, beanstandete ihre Mutter ihren fülligen Jungmädchenkörper. »Um darin gut auszusehen, darf man keine großen Brüste haben.«

Noras Mutter ist neidisch auf den prallen, unverbrauchten Körper ihrer Tochter. Eigentlich will sie hören, daß auch ihre Brüste schön und noch immer begehrenswert sind. Aber ihr Mann sieht sie schon lange nicht mehr als erotisches Wesen. Das macht es ihr so schwer, die sexuelle Schönheit ihrer heranwachsenden Tochter zu ertragen.

Auch in Partnerschaften ist der Sexualneid zu Hause. Es ist kein Geheimnis, daß der treue Partner für den, der fremdgegangen ist, nicht nur Zorn, sondern auch Neid empfindet. Schließlich genoß er, was sich der Treue versagte.

Der Neid gehört zu den sieben Todsünden und ist ein Tabuthema. Wer neidisch ist, behält das Gefühl der Mißgunst wie ein schmutziges kleines Geheimnis für sich. Das ist erst recht der Fall, wenn es sich um den Sexualneid handelt: Wer kann schon zugeben, daß er sich in der Sexualität, also ausgerechnet auf dem Sektor, aus dem ein Teil der Geschlechtsidentität stammt und wo jeder einzigartig sein will, unterlegen fühlt?

Aber es wäre sinnvoll, diese dunklen Empfindungen ans Licht zu bringen. Sobald das, was einen so sehr quält, als Sexualneid erkannt ist, verliert er einen großen Teil seiner negativen Macht: Wer dem Neid entgegentreten kann, kann das, was er selbst hat, schätzen und das Bestmögliche daraus machen ...

Sexurteil

Es ist nicht leicht, sich selbst in puncto sexuelle Fähigkeiten zu beurteilen ...

Ja, Sie haben richtig gelesen: Sind Sie gut im Bett? Ich weiß, das ist ein schwieriges Thema, und es ist vielleicht besser, wenn ich ganz vorsichtig anfange. Also noch einmal: Haben Sie als Frau das Gefühl, daß Sie für einen Mann eine erotische Offenbarung sind? Glauben Sie als Mann, daß Sie eine Frau rundherum glücklich machen können? Na? Fällt Ihnen dazu etwas ein? Vermutlich nicht. Es ist ja auch nicht leicht, sich selbst auf einem Gebiet zu beurteilen, für das es keine handfesten Kriterien gibt. Leichter wäre es, könnte man sich in den diversen Liebesdisziplinen Noten verleihen. Etwa so: Küssen 1, Streicheln 1, erotische Gesprächsführung 2, sexuelle Ausdruckskraft 2, Dramaturgie und Gestaltungsfähigkeit 1. Macht einen Notendurchschnitt von 1,5. Damit hätten Sie an der Schule für Erotik mit Auszeichnung bestanden. So einfach ist es leider nicht.

In der Realität sind wir auf Vermutungen und vage Hinweise angewiesen. Aber was kann mehr verunsichern als beiläufige, träumerische Bemerkungen über »die andere« oder »den anderen«. Was war denn so toll an »ihr«? Wahrscheinlich war sie sexuell unersättlich und hatte nach einem Tag Bürohektik, nach dem Ärger mit dem Chef, den Sorgen mit den Kindern und nach dem Einkaufen, Aufräumen, Kochen und Bügeln immer noch mörderische Lust auf Sex. Womöglich kannte sie irgendwelche Wahnsinnstricks aus dem Fernen Osten, mit denen sie ihren Geliebten auch noch weit nach Mitternacht von einem Orgasmus in den anderen gleiten ließ. Ganz bestimmt war sie auch leicht erregbar, bekam schon Gänsehaut, wenn »er« die Brille auf das Nachtkästchen legte, und einen multiplen Orgasmus, wenn er sie nur flüchtig berührte. Wer nicht schon

197

einmal solche Überlegungen gehabt hat, bitte aufzeigen.

Doch nicht nur die Frauen glauben, daß das Gras woanders grüner ist. Auch die Männer werden von Phantasien über die erotischen Fähigkeiten anderer Männer gemartert. Sie stellen sich vor, daß »der andere« bestimmt ein größeres Liebesorgan hat, daß er jederzeit und nicht nur einmal kann und daß er dann weder zu früh noch zu spät kommt.

Alles Blödsinn.

Frauen finden einen Mann »gut im Bett«, wenn er beim Sex seinem Instinkt folgen kann und spürt, wonach ihr zumute ist. Ein Mann ist gut im Bett, wenn er Sensibilität und Zärtlichkeit zulassen kann, ohne Angst davor zu haben, als schwach eingestuft zu werden. Vor allem aber ist er gut im Bett, wenn er ihr das Gefühl gibt, aufregend und etwas ganz Besonderes für ihn zu sein. Anders gesagt: Eine Frau findet einen Mann gut im Bett, der ihr die Gewißheit gibt, gut im Bett zu sein.

Noch sehr viel mehr gilt das für Männer. Männer sind noch mehr als Frauen darauf angewiesen, im Bett von einer Frau bestätigt zu werden. Immerhin kann ein Mann nicht, so wie wir Frauen, so tun als ob. Er muß eine Erektion zustande bringen, und er muß damit agieren. Dafür erwartet er sich ein Re-agieren. Und das möglichst deutlich. Einem Mann genügt es nicht, zu merken, daß das, was er tut, schon in Ordnung ist. Wenn seine Partnerin ihm das Gefühl gibt, Besonderes zu leisten, Außergewöhnliches zu vollbringen – dann findet er sie toll im Bett.

Bei der Frage »Gut im Bett – ja oder nein?« geht es weder bei der Frau noch beim Mann um sexuelle Tricks. Eine erotische Meisterleistung besteht nur darin, den anderen in seinem ganzen Wesen zu erspüren und zu fühlen, worauf es ihm ankommt. Wenn das gelingt, läuft der Sex von selbst ...

Single

Diejenigen, die dem Single-Zustand nicht verzweifelt ausweichen, finden am ehesten wieder einen Partner ...

Es ist also passiert: Er/sie hat Sie verlassen. Sie kommen sich im heimischen Doppelbett, beim Heurigen und beim Stadtbummel so verloren vor wie die berühmte Träne im Ozean. Nichts wünschen Sie sich sehnlicher, als wieder ein Zweiergespann zu sein. Wenn jetzt einer käme ... Wetten, daß Sie alles falsch machen würden? Ein Großteil der Briefe, die ich bekomme, stammt von Frauen (und Männern!), die mit ihrer neuen Freiheit einfach nicht umgehen können. Single zu sein, das müssen Sie lernen, wenn Sie nicht wieder eine Bauchlandung machen wollen.

Nach all dem, was ich auf diesem Gebiet erfahren habe, muß ich Sie vor zwei Dingen warnen:

1. Vor der vermeintlich großen Liebe und
2. vor dem Berufs-Single.

Zur vermeintlich großen Liebe: Glauben Sie nur ja nicht, daß der Erstbeste, der Ihren Weg kreuzt, gleich wieder die große Liebe sein muß. Wenn Sie die Sehnsucht nach Wärme, Hautkontakt und Sex schüttelt, als hätten Sie 40 Grad Fieber, und Ihnen tatsächlich ein Kandidat zur Verfügung steht, dann greifen Sie zu. Aber reden Sie sich um Himmels willen nicht ein, daß er die große Liebe sein muß. Er muß nicht. Und die Wahrscheinlichkeit, daß er es ist, ist etwa so groß wie zwei Lottosechser in einer Woche zu haben. Nehmen Sie das Erlebnis als das, was es ist – der Ausgleich eines Defizits. Tun Sie das nicht, bleiben Sie, buchstäblich blind vor Schmerz, womöglich an einem Typ hängen, der höchstwahrscheinlich noch schlechter zu Ihnen paßt als der, der Sie verlassen hat. Zu Punkt zwei, dem Berufs-Single: Ich kenne ein paar von der Sorte, und ich weiß, wie sie agieren. Sie haben den Elan und die Lebensfreude, die

Ihnen jetzt fehlen. Natürlich verlieben Sie sich und sagen es auch. Damit haben Sie Ihr Schicksal besiegelt. Nach diesem Geständnis wird »er« vermutlich nicht mehr oder nur dann anrufen, wenn es ihm paßt. Sie leiden tierisch, und Ihr angeknackstes Selbstwertgefühl zerbricht wie ein Hohlripperl. Wenn Sie dazu fähig sind, sich einen Berufs-Single zu leisten, einfach so, zum Drüberstreuen, ohne Hoffnungen und Ansprüche, dann gönnen Sie sich ihn. Wenn Sie aber nur mit ganzem Herzen dabeisein können – Hände weg!

Ich beobachte immer wieder, daß diejenigen, die sich nicht verzweifelt bemühen, dem Single-Zustand auszuweichen, die sich in ihr Schicksal mit so etwas wie geduldigem Optimismus ergeben, am ehesten wieder einen Partner finden. In unzähligen Seminaren versucht man, frisch gebackenen Singles diese Haltung anzutrainieren.

Unsere Großmütter bemühten sich auch ohne Training darum: »Auf jeden Topf paßt ein Deckel«, hieß es. Stimmt. Warten Sie's nur ab …

Sinnlichkeit

Genußerlebnisse sind zwar an die fünf Sinne, aber nicht an einen Partner gebunden ...

In der Werbung, im Alltag, überall locken Versprechen auf noch mehr Genuß und noch mehr Sinnlichkeit. Unzähligen Alleinlebenden wird dabei das Herz schwer: Wie kann man Sinnlichkeit erleben, wenn man keinen Partner hat? Man kann. Sinnlichkeit kann nämlich viel mehr sein als sexuelle Begehrlichkeit. Genußerlebnisse sind zwar an die fünf Sinne, also an das Hören, Riechen, Schmecken, Berühren und Sehen, nicht aber an einen Partner gebunden. Horchen Sie in sich hinein und fragen Sie sich: »Was sehe ich? Was rieche ich? Was fühle ich?« Durch diese Selbstbesinnung wird Ihre sinnliche Wahrnehmungsfähigkeit mobilisiert.

Viele der Dinge, die sinnlich stimmen, erinnern Sie vielleicht an Ereignisse, die Sie als kleines Kind glücklich machten. Die Rückkehr zu den seligen Zuständen der frühen Kindheit ist das geheime Wesen der Sinnlichkeit. Ein kuscheliges Bett vermittelt die tröstliche Behaglichkeit der Nestwärme. In einem lauwarmen Bad, bei dem das Wasser die Haut zärtlich umspült, kann man jene paradiesische Geborgenheit wiedererleben, die man als Ungeborenes, umspült von lauwarmem Fruchtwasser, im schützenden Leib der Mutter empfand. Auch Düfte können die Stimmung heben und das Alltagsleben sinnlich bereichern!

Daß Farben dem Leben größere sinnliche Qualität verleihen, ist eine Binsenweisheit. Der Farbhunger, der in jedem Menschen steckt, erklärt die Begeisterung, die Sie Jahr für Jahr im Frühling packt, wenn die winterlich graue Natur wieder Farbe bekommt. Sehen Sie sich doch einmal in Ihrer Umgebung um: Wieviel praktisches Grau begegnet Ihnen auf Schritt und Tritt, und wie wenig sinnenfrohe Farben erfreuen Ihre Augen! Knalliges Rot aktiviert, warme Rottönungen vermitteln ein Gefühl der Geborgenheit. Violetttöne setzen dramatische Akzente, Blauschattierungen wirken beruhigend, und dunkle Töne fördern das Konzentrationsvermögen.

Daß Musik auf das sinnliche Empfinden einwirkt, ist auch bekannt. Es ist nicht nötig, daß Sie Musik »verstehen«, entscheidend ist, daß Sie in der Musik »schwelgen«. Das körperlich-seelische Wohlbefinden folgt dann von ganz allein.

Nicht nur in der Musik, auch in Gedichten, Bildern und Büchern schimmert ein Sinnesgenuß durch, der mehr befriedigen kann als leere körperliche Rituale mit einem Menschen, dem man sich gar nicht nahe fühlt.

Natürlich bestreite ich nicht, daß ein zärtlicher Kuß und eine liebevolle Berührung im höchsten Maße lustvoll sind. Aber auch nichtsexuelle Sinneserfahrungen können Genußerlebnisse ermöglichen. Gibt es wirklich einen Grund, darauf zu verzichten?

Spiegelerotik

Spiegelung und menschliches Dasein sind seit alters her miteinander verbunden ...

Es war einmal eine schöne Königin, die wissen wollte, wie schön sie wirklich sei. Sie stellte sich vor einen Spiegel und fragte diesen: »Spieglein, Spieglein an der Wand, wer ist die Schönste im ganzen Land ...?«

Warum befragen nicht auch wir den Spiegel? In den meisten Frauen und Männern steckt sowieso ein uralter Hunger nach Spiegelbildern! Narziß, der schöne Jüngling aus der griechischen Mythologie, benützte in Ermangelung eines Spiegels die Wasseroberfläche, um sich darin wahrzunehmen. Und den Renaissancefürsten, die noch keine körpergroßen Spiegel hatten, sich aber dennoch ein Bild von sich machen wollten, haben wir prachtvolle Gemälde zu verdanken. Spiegelung und menschliches Dasein sind seit alters her untrennbar miteinander verbunden: Das eigene Spiegelbild findet sich sogar, wenn auch verkehrt, in der Iris des Gegenübers. Wenn Ihnen das nächste Mal Ihr Gefährte »Schau mir in die Augen, Kleines« zuflüstert – tun Sie's! Sie können darin eine Menge über sich entdecken. Noch mehr erfahren Sie natürlich von einem richtigen Spiegel.

Auch wenn nicht offen darüber gesprochen wird, gehört es doch zur Eigenart der weiblichen Sexualität, sich vom eigenen Körper erotisieren zu lassen. Für einen Mann ist es ziemlich unvorstellbar, vor einem Spiegel zu stehen und genüßlich über seinen Po oder seinen Bauch zu streicheln. Eine Frau kann das. Für sie schimmert in ihrem Spiegelbild das Besondere ihrer Persönlichkeit durch, das auf sie selbst erregend wirkt. In diesen Augenblicken gibt der Spiegel Antwort auf die unausgesprochenen Fragen nach dem sexuellen Ich – wie der Zauberspiegel, den schon die Priesterinnen der Fruchtbarkeitsgöttin Demeter befragten.

S Auch beim Sex, wo uns seit jeher Einblicke und Blicke
vorenthalten werden, könnte uns ein Spiegel recht nütz-
lich sein. Um wieviel schöner und aufregender als ein
schlechter Porno und um wieviel interessanter als ein
trockenes Aufklärungsbuch könnte ein Blick in den eigenen Schlafzimmerspiegel sein!

Die instinktlosen, unrealistischen filmischen Darstel-
lungen der sexuellen Begegnung erschweren uns Frauen
die Identifikation mit den Akteuren – daher verfehlen so
viele Pornofilme ihre Wirkung auf uns. Die vom eigenen
Spiegel reflektierte Lust ist echt, zärtlich und dementsprechend anregend.

Aus allen diesen Gründen bin ich für einen Spiegel im
Schlafzimmer. Gerade beim Sex ist eine Änderung der
Blickrichtung immer lohnend ...

Sport

*Für viele Männer ist das Tennisspiel alles andere als ein
Spiel ...*

Meine Freundin Inge spielt seit 14 Jahren Tennis. Ihr
Mann Niki seit 16 Jahren. Inge hat angeblich einen le-
gendären Aufschlag, Niki »paniert« seine Gegner gnadenlos. »Beinhart liquidiert habe ich ihn«, erzählte er
mir unlängst, als wir vor der Haustür ein Pläuschchen
hielten. Ich war beeindruckt. Kurz darauf sah ich Inge im
Tennisdress. »Ich schau' auf den Tennisplatz«, rief mir
Inge verdrossen zu. »Vielleicht finde ich jemanden, der
mit mir spielt.« Ich konnte mir nicht verkneifen zu fragen, warum sie nicht mit Niki spielte, der heute ebenfalls
schon am Tennisplatz war. »Mit Niki?« fragte Inge so er-
staunt, als hätte ich ihr den Heiligen Vater als Partner
vorgeschlagen. »Niki spielt nie mit mir. Er findet, daß ich
keinen Killerinstinkt habe.«

Da in meinem Bekanntenkreis nahezu alle Tennis
spielen und mir schon lange auffällt, daß die Frauen
immer nach einem Tennispartner jammern, machte ich
eine kleine private Umfrage: »Spielst du mit deiner Frau
Tennis?« Um es kurz zu machen: Kaum einer läßt sich
gerne auf einen Ballwechsel mit der Frau Gemahlin ein.
Die meisten fürchten, durch Spiele »unter Niveau« auf
Dauer an Spielstärke einzubüßen. Manche sind höchstens ein bißchen »zum Einschlagen« bereit, manche lassen sich zu einem ehrlichen Spiel herab wie zum Latri-
nenputzen. Traumpartien sind das nie. Eher Verrat am
Tennis. Auch Günther, ein mittelmäßiger Tennisspieler,
lehnt es kategorisch ab, mit seiner besseren Hälfte zu
spielen: Sie, die erst Jahre nach ihm Tennis lernte, hatte
es gewagt, ihr Können und ihre Begabung zu zeigen und
ihn zu schlagen. Nach jedem ihrer Siege war Günther
stocksauer. Eines Tages beschloß er, sich fortan lieber
von Niki besiegen zu lassen.

S Wenn in diesen Tagen mein Liebster wegen des Wimbledon-Turniers stundenlang vorm Fernsehapparat hockt und mir ob meiner Tennisabstinenz stumme, vorwurfsvolle Blicke zuwirft, denke ich mir meinen Teil: Mir ist es nicht unrecht, daß wir nicht Tennis spielen. Wer kann schon leichten Herzens zugeben, daß es auch in der besten Beziehung immer wieder um Macht, Einfluß, Siegen, Versagen und Wettbewerb geht! Solange dieser Kampf nicht offen ausgetragen wird, geht es noch. Am Tennisplatz kann nichts bemäntelt, verniedlicht und umschifft werden. Da gibt es plötzlich offene Rivalität und Kampf bis aufs Messer. Wenn man zum Sieger geboren und erzogen wurde, ist es keine Kleinigkeit, von einer Frau ins Verliererabseits gedrängt zu werden. Egal, wie sie es tut, ob durch mehr Können oder durch Spiele »unter Niveau« – für Männer, die aufs Dominieren und nicht aufs Miteinander programmiert sind, ist das Tennisspiel alles, nur kein Spiel ...

Stimulationen

Wenn es um die manuelle Reizung der Klitoris geht, sind Männer auf Informationen von Frauen angewiesen ...

Wie zärtlich er ist. Wie flink seine Fingerspitzen über ihre intimsten Körperzonen wandern. Wie wunderbar schmusig er streichelt.

Da fühlt sich eine Frau so richtig verstanden. Dafür ist sie auch bereit, zu verstehen. Schließlich muß sie ihm seine Bemühungen um ihr Vergnügen honorieren. Das ist doch selbstverständlich. Auch wenn es nicht ganz das Richtige war. Was sie denn wollte? Na ja, es war schon das, was er so zielstrebig versucht hatte, aber eben ein bißchen anders.

Schluß jetzt mit dem Herumgerede. Da bemüht sich ein Mann ganz offensichtlich um die sexuelle Befriedigung seiner Geliebten, und sie reagiert darauf nur wischiwaschi. Hat er es schlecht gemacht? Nein. War es richtig schön? Das auch nicht. Also raus mit der Sprache: Er hat es zu akkurat gemacht.

Wenn ich aufgrund der Briefe, die mich erreichen, eine Wald- und Wiesenstatistik errechne, dann sind sieben von zehn Männern nicht in der Lage, beim Liebesspiel ihre Finger richtig einzusetzen. Viele gehen zu weit und erwarten sich ausschließlich von der Vagina das A(h) und O(h) der Lust. Fehlanzeige! Von einem niederländischen Team weiblicher Wissenschaftlerinnen wurde die Reaktionsfähigkeit dieser Liebeszone mittels elektrischer Stimulationselektroden geprüft. Das Ergebnis muß vor allem für jene Männer niederschmetternd sein, die glauben, daß es genügt, wenn sich ihr Wonnespender im Liebesgral befindet: Der weibliche Handrücken ist wesentlich empfindlicher als die Scheide! An keinem anderen Punkt des weiblichen Geschlechtes herrscht so deprimierende Funkstille wie in den Tiefen der Vagina. Als absoluter Dynamo der Lust erwies sich – wieder einmal

S

– die Klitoriszone. Aber, und jetzt kommt das Entscheidende, die Rede ist von der Zone rund um den heißen
Punkt. Die hochempfindliche Lustperle direkt zu stimulieren ist genauso falsch wie es ganz bleiben zu lassen.
Direkte Stimulationen lassen fast immer unangenehme
Sensationen entstehen und verhindern den für den
Höhepunkt notwendigen Lustaufbau. Ich kenne Frauen,
die auf eine direkte Berührung der hochgradig empfind-
lichen Klitorisspitze mit schweren Aggressionen reagieren. Ein Leser schrieb mir einmal, daß er sich frage,
warum ihm eine Liebespartnerin auf die Hand geschlagen hätte, wo er sie doch gerade voller Inbrunst ver-
wöhnt habe. Na warum wohl? Vielleicht wußte der Arme
nicht, daß Frauen bei der Selbstbefriedigung das Won-
neknöpfchen nur äußerst selten reizen. Sie tun es entweder seitlich oder an den Schamlippen, oder sie berühren die ganze Zone rund um den Mittelpunkt der
Lust. Im übrigen wird ja auch beim Liebesakt die Klitoris nicht direkt, sondern indirekt durch einen höchst
komplizierten und leider ziemlich unbekannten Zugme-
chanismus stimuliert.

Ich weiß, das klingt alles ziemlich nüchtern und tech-
nisch. Aber ist es deswegen weniger wichtig? Ist es wirklich besser, einen Mann buchstäblich im dunkeln tappen
zu lassen, anstatt offen zu sagen, worum es hier eigentlich geht?

Ich glaube, daß es sinnlos ist, in puncto Sex immer
noch mehr Einfühlungsvermögen von den Männern zu
erwarten, wenn man ihnen nicht gleichzeitig ein paar
handliche Fakten dazu liefert. Daher ist es in meinen
Augen nur die halbe Wahrheit, ausschließlich die Wichtigkeit der Klitorisstimulation zu betonen, ohne auch
deren Geheimnisse zu verraten.

SM

*Der Kontrast von Aggression und Zärtlichkeit kann etwas
sehr Reizvolles sein ...*

Sie sind also der Meinung, daß Sex ein alter Hut ist. Anziehung, Begehren, Nachlassen des Verlangens, Langeweile, Ende. Dann begegnet man einem neuen Partner.
Anziehung stellt sich ein, Begehren ... hatten wir das
nicht schon? Natürlich hatten wir das schon. »Na also«,
sagen Sie jetzt schadenfroh, »es ist eben doch immer wieder dasselbe.«

Stimmt nicht, behaupte ich. Auch der Sex ist Trends
unterworfen. Denken Sie nur an die prüden fünfziger
und die wilden sechziger Jahre. Oder an die Trendwende
Ende der siebziger Jahre, die Rückkehr zum »Gefühl«.
Ob Frauen zuviel lieben oder Männer lieben lassen, sei
dahingestellt. Auf jeden Fall will man wieder spüren und
beben. Der Gefühlspegel kann durch vieles erhöht werden. Durch Romantik, aber jetzt erschrecken Sie bitte
nicht, auch durch SM (Sado-Maso). Ich vermute, daß SM
zur Zeit deshalb so »in« ist, weil derartige Praktiken
mehr spüren und fühlen lassen. Ich rede nicht von dem
zwanghaften Verlangen nach körperlichem Schmerz
oder moralischer Unterwerfung – dem liegen bestimmte
frühe Ereignisse zugrunde, die meist nur mit Hilfe eines
Therapeuten zu eruieren sind. Ich spreche von dem
Trend, SM-Praktiken auszuprobieren. Einfach so. In
Briefen und bei meinen Sendungen fiel immer öfter die
Frage: »Ist es normal, wenn ich solche Ideen habe?«

Es ist normal.

Es gibt kaum einen Mann, der sich nicht schon einmal
mit Phantasien dieser Art beschäftigt hat. Und auf die
Gefahr hin, mir eine feministische Rüge einzuhandeln,
behaupte ich: Die Vorstellung von Schmerz und Unterwerfung erregt nicht nur die Männer, sondern auch
Frauen.

S Für viele Frauen und Männer erhöht oft erst das Element des Kampfes die Temperatur des Sex. Auch das Schmerzerleben kann den Tonus des Fühlens steigern – bei Orgien hat Schmerz immer eine große Rolle gespielt. Hier muß ich allerdings etwas klarstellen: Es ist nicht die Rede davon, eine Frau gegen ihren Willen körperlich oder seelisch zu quälen! Im »Normalfall« handelt es sich um ein reizvolles Spiel, um eine Möglichkeit, den Kontrast von Heftigkeit und Zärtlichkeit zu genießen und das Verlangen nach Auslieferung und Preisgabe zu stillen.

Wenn jetzt in Filmen und Romanen das SM-Thema verramscht und Ihre Phantasie angestachelt wird, sollten Sie nicht vergessen, daß Schmerz und romantische Liebe durchaus einmal eins sein können. Genauso wenig sollten Sie natürlich vergessen, daß Sex als solcher nicht leidvoll ist und Frauen nicht von Natur aus zum Leiden bestimmt sind ...

Täuschung

T

Wer im Bett etwas vortäuscht, wird bald vom Sex und vom Partner enttäuscht sein ...

Sind Sie schon einmal in die Sexfalle getappt? Nein? Dann sind Sie ein Glückspilz. Wie schnell es passieren kann, sich im Irrgarten der Gefühle zu verstricken, zeigt Ihnen die Geschichte von Günther und Anna.

Die beiden kennen sich erst kurz. Sie sind bei Freunden eingeladen, kommen nach ein Uhr früh heim und sind rechtschaffen müde. Aber Günther hatte sich als Sexathlet und Anna sich ihm als sexuell unersättlich dargestellt. Jetzt fühlen sie sich unter Beweisnot.

Günther hat zwar kein Verlangen nach Sex, aber als sich Anna entkleidet, sagt er: »Immer, wenn du dich ausziehst, bekomme ich Lust auf dich.« Er denkt: »Hoffentlich ist sie genauso müde wie ich.« Anna sagt: »Mir geht es genauso.« Sie denkt: »Wenn er schon unbedingt will, ist es hoffentlich schnell vorüber.« Als er ihr das Höschen abstreift, fühlt sie sich verpflichtet, auch etwas für ihn zu tun, und beginnt ihn sanft zu streicheln. Für sein Empfinden leider viel zu sanft. Trotzdem reagiert er pflichtschuldig mit einem Stöhnen. Anna versucht, an seine Erregung anzuschließen, und zieht ihn über sich, obwohl ihr noch gar nicht danach ist. Günther sieht darin die Aufforderung, ganz zu ihr zu kommen, und sagt artig: »Ich liebe dich.« Er denkt: »Hätte ich doch nicht angefangen!« Aus Angst, seine Erektion zu verlieren, bemüht er sich um eine erotische Phantasie, und es geht tatsächlich weiter. Anna: »Du bist wunderbar.« Sie denkt: »Es ist schon spät, ich muß morgen früh raus, und eigentlich tut es weh.« Günther hält die Anspannung ihres Beckens für das Zeichen zunehmender Leidenschaft und verstärkt seine Bewegungen. Anna: »Oh, oh!« Sie denkt: »Ich muß die Sache abkürzen und ihm einen Orgasmus vorspielen.« Anna stöhnt, schreit und zuckt ein Weilchen

Therum. Günther will sie nicht allein stöhnen lassen und setzt gehorsam ein. Anna steigert sich zu einem Crescendo und denkt: »Das ist eine reife schauspielerische Leistung von mir.« Wie durch ein Wunder wirkt die Vorstellung, Günther geht durchs Ziel.

Anna denkt: »Er sollte mich jetzt schlafen lassen.« Sie sagt: »Es ist schon nach zwei.« Günther hört heraus, daß es Anna zwar spät, aber gerade deshalb ihre erotische Aktivität gut findet. »Hast du noch Lust?« fragt er und streichelt matt ihre Hüften. Anna denkt: »Das darf doch nicht wahr sein!« Sie sagt: »Ich schon, aber du mußt doch müde sein?« Günther (mit einem verzweifelten Blick auf die Uhr): »Dafür bin ich nie zu müde.« Anna denkt: »Wie kann ich das noch abbiegen?« und beginnt ihn von neuem zu streicheln.

Weder Günther noch Anna können das Scheinbild korrigieren, das jeder vor dem anderen aufgebaut hat. Das Ergebnis sind gequälte Kraftakte und vorgetäuschte Orgasmen. Natürlich habe ich die Geschichte überzeichnet. Aber Spuren davon hat jeder schon erlebt. In der zarten Version ist das kein Malheur. Oft stützt man mit Mogeleien das eigene und das Selbstbewußtsein des Partners. Aber grundsätzliche Unehrlichkeit in Sachen Sex ist gefährlich. Hat die Sexfalle zugeschnappt, können Sie Ihr nur noch mit größter Anstrengung entkommen. Dagegen ist der Aufwand, dem Partner nicht als Scheinbild, sondern ohne Maske zu begegnen, ein Kinderspiel ...

Telefonsex

In der erotischen Kommunikation spielt das Telefon oft eine sehr wichtige Rolle ...

Telefonsex hat Hochkonjunktur. Angst vor Aids, Bequemlichkeit, Kontaktprobleme und unausgelebte sexuelle Sehnsüchte bescherten dem Telefon in der Lust-Technologie einen Platz an der Sonne. Vielleicht haben Sie sich schon gefragt, was denn eigentlich so toll ist an der erotischen Kommunikation per Telefon. Zum Beispiel der Reiz des Unbekannten. Das fremde Mädchen am anderen Ende des Drahtes ist in der Phantasie des Anrufers immer die Idealfrau. Für ein paar Minuten entsteht der süße Wahn, endlich der Frau der Träume begegnet zu sein. Was für eine Lust, mit ihr Wort für Wort dem ersehnten Höhepunkt entgegenzutreiben! Das größte Plus einer erotischen Telefonpartnerin ist aber, daß sie keinen noch so ausgefallenen Wunsch in die falsche Kehle bekommt. Im Gegenteil, sie gibt dem Anrufer das Gefühl, ganz eins mit seinen Wünschen zu sein.

Über den moralischen Stellenwert von Telefonsex wollen wir hier nicht reden. Fest steht, daß er für viele Einsame und Verklemmte Ventilfunktion hat.

Aber Telefonsex ist nicht nur etwas für zwei, die einander nicht kennen. Auch zwei, die einander nahe sind, können Spaß daran haben. Ich kenne einige Pärchen, die zwischendurch auch per Draht miteinander verkehren. Warum denn nicht? Ein fernmündlicher Verkehr kann Ohr-gasmen bescheren, obwohl der Partner weit weg ist. Darüber hinaus kann die Liebe am Draht offener und maßgeschneiderter sein als die direkte Begegnung. Wenn man nicht den kritischen Blicken des Partners ausgesetzt ist, traut man sich Dinge auszusprechen, die sonst nie über die Lippen kämen. Umgekehrt finden gewagtere Formulierungen eher ein offenes Ohr. Das Telefon macht's leichter, spontan zu sein. »Ein irritierter

TBlick von ihr schüchtert mich so ein, daß ich sofort still bin«, sagte mir Walter, der es nur am Telefon wagt, seiner Freundin von seinen erotischen Phantasien zu erzählen. Heikles wird seit jeher lieber am Telefon als von Angesicht zu Angesicht ausgesprochen. Lukas nahm das Telefon zu Hilfe, um das Sexvokabular zwischen ihm und seiner Frau zu bereichern. »Wir redeten immer nur um den heißen Brei herum«, erzählt er. »Wenn Tina sagte: ›Streichle mich unten‹, wußte ich nicht, wo. Am Po? Auf den Fußsohlen? Bei einem Telefonat hat sich Tina zum erstenmal getraut, die Dinge beim Namen zu nennen.« Inzwischen ist ein Jahr vergangen, und Tina beherrscht die Kunst der sexuellen Rede. Ist das nur für Lukas ein Vorteil oder auch für Tina? Vor allem für sie. Denn die Sprache ist es, die Dinge vom bloßen Sein zum Bewußtsein bringt. Seit Tina für ihre sexuellen Körperteile und Wünsche Worte finden kann, ist der Sex für sie weitaus erfüllender und aufregender.

Liebe am Telefon – das kann Sex für Fortgeschrittene sein. Ein Spiel, das Einfühlung, Phantasie und gegenseitiges Vertrauen voraussetzt. Daß es auf diese Fähigkeiten erst recht in der unmittelbaren Begegnung zwischen Mann und Frau ankommt, wissen wir alle. Aber was spricht dagegen, wenn zwei, die Sehnsucht nach einander haben, auch per Telefon feststellen, daß sie einen gemeinsamen Draht finden können?

Tempo

Wenn ein Partner beim Sex ein Schnellstarter und der andere ein Spätzünder ist, gibt es Probleme ...

Anita will. Fredie will auch. Aber wenn Anita so richtig in Fahrt ist, hat Fredie bereits geduscht und seinen Pyjama angezogen. Bei Traude und Werner ist es umgekehrt: Bis Werner endlich seinen Höhepunkt erreicht, schläft Traude, satt und befriedigt, mindestens dreimal ein.

Zwei, die dasselbe Ziel anstreben, erreichen dieses leider nicht immer einträchtig und harmonisch. Kleine Unregelmäßigkeiten lassen sich ausgleichen, aber wenn einer von beiden ein Schnellstarter und der andere ein Spätzünder ist, kann es Probleme geben. Relativ unkompliziert ist die Kombination schnelle Frau/langsamer Mann. Die weibliche Biologie macht es möglich, daß der Befriedigung des Mannes zumindest körperlich nichts im Wege steht. Soviel ich weiß, feuert in den meisten Fällen eine Frau, die ihren Höhepunkt bereits hinter sich hat, ihren saumseligen Gefährten an und tut, was sie kann, damit auch er sich in Wohlgefallen auflöst. Sich nach dem eigenen Happy-End apathisch zurückzuziehen, bringt nichts: Die Liebe hört dann nimmer auf. Mit Fragen wie »Dauert es noch lange?« oder »Was ist denn heute mit dir los?« wird zwar auch ein Ende provoziert, aber fragen Sie nicht welches. Der männliche Penis ist äußerst sensibel, pariert strengen Frauenworten nicht und arbeitet nicht unter Zwang.

Bei der Kombination schneller Mann/langsame Frau steht es schlecht um deren Befriedigung: Selbst wenn er wollte, kann er meist nicht weitermachen, bis sie nachkommt.

Wenn es sich um einen sehr, sehr jungen Mann und eine sehr, sehr junge Beziehung handelt, ist ein Schnellschuß keine Tragödie. Ein bißchen Zärtlichkeit genügt, und neues Leben blüht aus den Ruinen. Aber im Nor-

Tmalfall ist die Beziehung nicht mehr taufrisch und auch der Mann keine zwanzig mehr – die acht bis zehn Minuten, die er bis zum Gipfelsturm braucht, sind einer Frau oft wirklich zu wenig. Was dann? Variationen zur Vollendung der weiblichen Lust wären zwar auch zielführend, werden aber leider nicht praktiziert. Aber was spricht eigentlich dagegen, zwei unterschiedliche sexuelle Rhythmen einander anzugleichen? Die Faustregel dafür lautet: Das Vorspiel sollte etwa so lange dauern, wie beispielsweise die Frau bei der Selbststimulation braucht, um zum Höhepunkt zu kommen. Und das war's eigentlich, was ich heute anbringen wollte: Das gute, alte Vorspiel ist kein simples Aufwärmprogramm, sondern eine wunderbare Möglichkeit, das sexuelle Empfinden zweier Liebender nach dem Reisespruch »Die Fahrt zum Ziel ist der halbe Spaß« anzugleichen ...

Tierisch

*Es hat seine Gründe, wenn Frauen Männer lieber ange-
zogen als nackt sehen ...*

Als meine Freundinnen hörten, daß ich in einer Sendung über die Ästhetik des Männerkörpers diskutierte,
waren sie nicht mehr zu stoppen. Ästhetik des Männerkörpers? Kann ein Männerkörper überhaupt ästhetisch
sein? »Nur wenn er angezogen ist«, meinte Karin kategorisch. »Im Anzug ist ein Mann attraktiv. Nackt sieht er
aus wie ein Aff'.« Hmmh. Da stimme ich mit Karin nicht
ganz überein. Mir gefällt ein nackter Männerkörper,
meine Phantasie wird durch ihn angeregt. Kräftige Arme
geben mir die Illusion des Haltens, ein breiter Rücken
vermittelt das Gefühl von Stärke. Eine fettlose Hüftpar-
tie wirkt dynamisch ... Ich konnte Karin nicht überzeugen. »Nackte Männer sind kein schöner Anblick«, be-
harrte sie. »Ihr Geschlechtsorgan ist unappetitlich. Haben sie einen schmächtigen Körper, will man sie wie ein
Kind behandeln. Sind sie kräftig, wirken sie grob.«
Na ja, ganz unrecht hat Karin vielleicht doch nicht. In
vielen Männern werden noch – mehr als in uns Frauen –
die Anteile des tierischen Frühmenschen sichtbar. Während die weiblichen Wesen die Reize der sexuellen Attraktivität entwickelten, bildete der männliche tierische
Frühmensch verstärkt Autoritätssignale aus – ein kräfti-
ges Kinn, buschige Brauen, einen derben Körper, starke
Behaarung. Die rohe Körperlichkeit bleibt bei Männern
in Anzügen verborgen, gleichzeitig aber bleibt ihre Kraft
spürbar. Das ist der Grund, warum Frauen wie Karin, die
sich vor der männlichen Kraft fürchten, Männer lieber
angezogen als nackt sehen. Erst wenn sie zu einem Mann
Vertrauen gefunden haben und ihn lieben, finden sie
seine »tierischen« Merkmale schön. Ich weiß noch sehr
genau, wie schockiert ich war, als ich als junges Mädchen
entdeckte, daß mein damaliger Gefährte Haare am

TRücken und auf den Schultern hatte. Ich kann mich auch noch sehr gut an den Moment erinnern, als ich das erste Mal einen erigierten Penis sah. Wie gefährlich und drohend, dachte ich damals, wie tierisch …

Heute bin ich nicht mehr so leicht aus der Ruhe zu bringen. Inzwischen weiß ich, daß die Brust-, Rücken- und Schulterbehaarung Überbleibsel aus den Anfängen unserer Entwicklung sind: Der dichte Haarbesatz wirkte auf ein Gegenüber vergrößernd und eindrucksvoll – eine Art biologischer Epauletten. Gorillas haben heute noch auf den Schultern Haarbüschel, die sich aufrichten, wenn ein Gegenüber eingeschüchtert werden soll.

Doch was soll's – liebende Augen ästhetisieren das Objekt des Verlangens. Eine Frau, die liebt, fürchtet sich nicht mehr vor der Kraft eines Männerkörpers, sie empfindet sie sogar als erotisierend. Sie findet auch den Pimmel ihres Gefährten schön. Ob er sich wie eine müde Schnecke oder wie ein krummer Pfeil präsentiert, ist unwichtig.

Dasselbe gilt natürlich auch für liebende Männer. Auch wenn Ihr Bäuchlein rund und Ihr Busen nicht mehr taufrisch sind – Ihr Körper ist ihm eine Freude. Er ist einladend, warm und weich. Er ist sein Zuhause. Zur Beruhigung der Männer, die nicht gerade wie Kevin Costner aussehen, zitiere ich eine Erkenntnis des Schriftstellers Milan Kundera: »Frauen suchen gar nicht den schönen Mann. Frauen suchen den Mann, der schöne Frauen gehabt hat.«

Tränen

T

Männer sind manchmal irritiert darüber, wenn am Höhe-
punkt der Lust Tränen fließen ...

Meine Güte, was wollte Markus mehr? Die Situation
war doch genauso, wie er sie erträumt hatte: Die Frau in
seinen Armen war nicht nur attraktiv, warmherzig und
klug, sie war auch leidenschaftlich verliebt in ihn. Trotzdem war Markus beunruhigt, denn seine Geliebte war
auf dem Gipfelpunkt ihrer Lust von einem Tränenaus-
bruch überwältigt worden. Markus zermarterte sich den
Kopf: Hatte er etwas falsch gemacht? War er so toll gewesen, daß Sandra total ausflippte? Womöglich dachte
sie an einen anderen? Oder bereute sie es etwa, mit ihm
ins Bett gegangen zu sein?

Armer Markus! Er weiß nicht, daß Tränen beim Orgasmus nie ein negatives Zeichen sind. Sicher, es gibt
während oder nach einem Liebesakt Tränen, die aus
Enttäuschung, Angst oder Reue fließen. Aber die Tränen, die sich ganz unwillkürlich während des Höhe-
punktes Bahn brechen, haben nur einen Grund: Ein ganz
besonders intensives Fühlen. »Hingabe« könnte man
auch dazu sagen. Auf jeden Fall aber gehört die Aufgabe
der Selbstkontrolle dazu. Nur dann, wenn der Wille Körper und Gefühle nicht mehr im Zaum hält, können Tränen fließen. Auch wenn eine Frau in diesem Moment
alles andere als glücklich aussieht – sie ist es, sie ist es!
Keine noch so raffinierte Liebestechnik und kein noch
so ausgedehnter Orgasmus vermittelt auch nur annähernd das Glücksgefühl, das mit spontanen Tränen
verbunden ist. Daß sich die Tränenschleusen öffneten, ist
das Zeichen für ein umfassendes Sich-Öffnen. Die Lust-
gefühle bleiben nicht in den Genitalien örtlich begrenzt,
sie überfluten den Körper und das Sein. Der Mann, der
einer Frau Tränen der Lust entlockt, muß nicht einmal
ein besonders begnadeter Liebhaber sein. Er muß aller-

219

Tdings so viel Vertrauen und Sicherheit in einer Frau wecken können, daß sie es wagt, sich ganz und gar preiszugeben. Leicht ist das nicht. Es gibt kaum eine Situation im Leben, in der man entblößter und verletzbarer ist als beim Liebesakt. Ein Mensch, der sich zeigt, wie er ist, liefert sich aus, wird angreifbar und schwächt in diesem Sinne seine Position. Aber in Wirklichkeit ist die Fähigkeit zur Schwäche eine Stärke: Was soll jemand, der sich preisgegeben hat, noch fürchten?

Nicht nur die Angst vor Verletzbarkeit ist ein Grund dafür, daß es bei der körperlichen Liebe so selten gelingt, die Kontrolle aufzugeben. Auch die unbewußte, noch aus der frühesten Kindheit stammende Angst davor, Halt gebende Grenzen aufzugeben und sich im anderen zu verlieren, fallengelassen, verlassen zu werden, verhindert oft die absolute Hingabe.

Frauen gelingt es öfter als Männern, daß am Höhepunkt ihrer Lust Panzerungen aufbrechen, Schleusen sich öffnen und ungehindert die Tränen fließen. Kennen Sie einen Mann, der beim Orgasmus schon einmal spontan in Tränen ausgebrochen ist? Ich nicht. Eine Erklärung dafür könnte sein, daß der Mann für den Akt eine gewisse Aggressivität braucht, während der passive Genuß die Hingabe erleichtert. Es könnte aber auch sein, daß Frauen selbstbewußt genug sind, um sich in den Armen des anderen verlieren zu können, ohne sich als Verlierer zu fühlen. Aber wer weiß, vielleicht gelingt es auch den Männern eines Tages, ihren Tränen freien Lauf zu lassen. Schließlich haben sie ja erst in den letzten Jahren gelernt, ohne Scham zu heulen, wenn sie unglücklich sind. Warum sollten sie sich das Weinen dann versagen, wenn sie am glücklichsten sind?

Traurigkeit

Es gibt viele Gründe dafür, daß nach dem Schweiß der Ekstase auch Tränen fließen ...

Ich war traurig. Am liebsten hätte ich den Tränen freien Lauf gelassen. Und das, obwohl wir uns gerade intensiv geliebt hatten. Erst wußte ich keinen Grund dafür. Später konnte ich meine Stimmung deuten: Gerade weil das Einswerden in der Umarmung so spürbar geworden war, war ich nachher traurig.

»Es ist ein Gefühl von Verlust«, sagte meine Freundin Silvia, mit der ich mich darüber unterhielt. Das ist es! Nach den schönsten Momenten der körperlichen Liebe stimmt ein wehmütiges Verlustgefühl traurig. Diese »Verzweiflung nach dem Glück« geht auf eine Verschmelzungsphantasie zurück, die wir alle tief in uns tragen. Der sehnsüchtige Wunsch nach dem Einssein mit einem anderen wurzelt in der unbewußten Erinnerung an die Zeit, in der man als Ungeborenes noch eins mit der Mutter war. Diese vorgeburtliche Einheit prägt sich so tief in unser Empfinden ein, daß sie uns in unserem Liebesverhalten als Verschmelzungsphantasie ewig begleitet. In den Momenten des Orgasmus werden diese Phantasien aktiviert. Das macht die Magie der sexuellen Begegnung aus, aber auch die Traurigkeit danach. Flaut die Erregung ab, spürt man deutlich, daß man die eigenen Grenzen nicht sprengen kann und trotz aller Sehnsucht nach dem Du ein Einzelwesen ist.

In der Grauzone zwischen Erregung und Rückkehr zur Wirklichkeit kann es aber auch dazu kommen, daß man seelische Schmerzen verarbeitet, die man längst vergessen glaubte. Damit wird »unerklärliche« Traurigkeit oft erklärlich. Ein anderes Motiv für die »postcoitale Tristesse« sind zu hohe Glückserwartungen. Frauen, die mit ihrem Leben unzufrieden sind, nach dem Sinn ihres Daseins fragen, erleben die Traurigkeit »nachher«

sehr oft und sehr intensiv. Wenn schon alles andere enttäuschend ist, wird vom Partner erhofft, daß er die inneren Spannungen glättet. Aber kein noch so potenter, einfühlsamer Partner kann den verlorenen Lebenssinn vermitteln.

Natürlich gibt es auch handfeste Gründe dafür, daß nach dem Schweiß der Ekstase die Tränen fließen: Maximaler Genuß kann so unerträglich werden, daß auch andere Formen der Entladung nötig sind. Schließlich kann aus Lust Frust werden. Da hat man sich vielleicht heftig darum bemüht, die Wegstrecke zum Orgasmus zu schaffen, aber der Reisegefährte in Sachen Lust ist wesentlich früher am Ziel. Das wäre ja noch gar nicht so schlimm, es gibt ja auch andere Möglichkeiten, um »Ende gut, alles gut« sagen zu können. Aber so weit kommt es nicht, denn während die unbefriedigte Frau alleine ausglüht, schnarcht ihr Liebster. Die Frau, die sich da nicht erlaubt, traurig zu sein, tut mir leid. Sie muß nicht nur alle Kraft aufwenden, um den Frust hinzunehmen, sie mobilisiert womöglich auch noch zusätzlich Energien, um sich ihre Enttäuschung nicht anmerken zu lassen. Solchermaßen gepanzert, steht der nächste Liebesakt unter einem schlechten Stern. Da ist es besser, sich zu seiner Enttäuschung zu bekennen und zu sagen: Bonjour, tristesse!

Trennung

T

Es ist nicht leicht, miteinander auszukommen. Aber das bloße Auseinanderrennen macht eine Beziehung auch nicht besser ...

Schwierigkeiten in der Partnerschaft? Langeweile im trauten Heim? Probleme beim Sex? Nicht verzagen! Die »kreative« Trennung ist für alle Beziehungs-Wehwehchen das Mittel der Wahl. Sagt man. In meinen Augen ist die »kreative« Trennung meist nur ein hilfloser, magischer Erneuerungsritus. Das Auseinandergehen und der räumliche Abstand vom Partner werden als Mittel gesehen, mit denen sich Partnerschaftsschwierigkeiten, Langeweile oder Sexprobleme ohne weiteres Zutun beseitigen lassen. Ich erlebe aber immer wieder, daß das Gegenteil der Fall ist: Die »kreative« Trennung ist meist der Anfang vom Ende.

Als Sonja und Toni nach 18 Jahren Ehe »Abstand gewinnen und schauen wollten, ob es dann besser geht«, ahnten sie nicht, daß ihr Streben nach vorübergehender Freiheit in einem endgültigen Auflösungsprozeß enden würde. Auch Karin und Peter mußten klein beigeben: Nachdem sie vier Jahre zusammengelebt hatten, kam mit der vermeintlich »kreativen« Trennung zwar ein romantisches Einander-Wiederfinden, aber dann das definitive Auseinandergehen. Zu Beginn der Trennung ist man ja noch voller Hoffnung und Zuversicht, daß alles wieder gut wird. Das Alleinsein und das sentimentale Genießen der Einsamkeit lassen kurzfristig die Gefühle wieder aufwallen: Wie wunderbar es doch war, an »seiner/ihrer« Seite einzuschlafen, seine/ihre Wärme zu spüren! Wie lieb man den fernen Partner doch hat! Täuschen Sie sich nicht. Die »Lonesome-Cowboy-Romantik« verschleiert noch mehr, was tatsächlich schiefgelaufen ist. Ohne die aktive Auseinandersetzung mit den Ursachen der Schwierigkeiten und ohne das Bemühen, die

223

Teigenen Wünsche und die des Partners auf einen gemeinsamen Nenner zu bringen, kommt eine aus den Fugen geratene Partnerschaft nicht wieder ins Lot.

Die Fehler oder Illusionen, die zu einer Krise führten, werden vom bloßen Auseinanderrennen nicht behoben. Selbst wenn man einander nach schmerzhaften Entzugserscheinungen wieder in die Arme fällt, scheitert man erneut an den alten Problemen. Was, bitte, war dann »kreativ« an dieser Form der Trennung?

Auch bei Sonja und Toni brach nach einem jähen Aufwallen der Gefühle durch die Distanz der Rest ihrer emotionalen Verbindung zusammen. Wenn Sie wollen, darin war die Trennung insofern »kreativ«, als sie ein Ende auslöste, zu dem es vielleicht gar nicht gekommen wäre. Was Sonja und Toni gebraucht hätten, wären ein bißchen guter Wille, Nähe und Zuwendung, aber nicht »kreativer« Abstand gewesen.

Nein, mir kann keiner einreden, daß die »kreative« Trennung ein Wundermittel gegen Liebesprobleme ist. Kreativ sein heißt dem Wortsinn nach, Ideen zu haben und diese gestalterisch zu verwirklichen. Die Idee einer Trennung ist nicht kreativ, denn die Trennung allein löst die Probleme nicht. Sie kommen so verläßlich wieder wie der Steuerbescheid. Wenn Sie schon kreativ sein wollen, dann investieren Sie alle Ihre Energien, Ihr Interesse, Ihre Ideen und Ihre Gefühle in die bestehende Beziehung und in Ihren Partner. Von dieser Kreativität wird nicht nur Ihre Liebe profitieren, sondern auch Sie als Persönlichkeit und Ihre individuelle Lebensqualität.

Treue

Obwohl sich nahezu alle Liebenden zur Treue bekennen, wird das Treue-Ideal immer wieder gebrochen ...

Ist Ihnen Treue wichtig? Ja? Ich dachte es mir. 85 Prozent der Menschen bekennen sich zum Ideal der Monogamie. Trotzdem passiert es im Durchschnitt jedem zweiten Mann und jeder zweiten Frau, daß sie, ihrem Ideal zum Trotz, untreu werden. Nicht nur das ist verwunderlich: Warum riskieren sie für so etwas Primitives wie sexuelle Befriedigung – so wird der Treuebruch ja gerne gesehen – Familie, Kinder, Existenz, Ansehen, berufliches Fortkommen und weiß der Teufel was noch? Weil hinter einem fortgesetzten untreuen Verhalten mehr steckt als bloß die Gier nach einem Busen, nach kräftigen Männerarmen oder ekstatischen Liebesschreien.

Meiner Meinung nach kommt es zu einem Treuebruch nicht nur wegen einer sexuellen Anziehung. Oft ist in der bestehenden Beziehung der sprichwörtliche Hund begraben. Das heißt um Himmels willen nicht, daß man sich, hat man sich erst einmal für jemanden entschieden, nie mehr von einem anderen erotisch angesprochen fühlt! Natürlich kommt das immer wieder vor. Sie, ich, jeder von uns hat aber die Freiheit, darüber zu entscheiden, ob er dieser Attraktion nachgeben will oder nicht. Wenn Sie diese Freiheit nicht haben, sondern Ihren stürmischen Emotionen immer hilflos ausgeliefert sind, stimmt etwas nicht.

Möglichkeit Nr. 1: Die Liebe ist tot.

Möglichkeit Nr. 2: Das Abenteuer soll dazu dienen, das Machtgefälle in einer Partnerschaft auszugleichen. Wer sich in einer Beziehung als ohnmächtig erlebt, kann dazu neigen, sich mit Hilfe einer anderen Beziehung aufzuwerten.

Möglichkeit Nr. 3: Mit dem richtigen Verhältnis von Nähe/Distanz zum Partner hapert es. Wer sich zu sehr eingeengt fühlt, will sich vielleicht mit einer Außenbeziehung »Luft verschaffen«.

Möglichkeit Nr. 4: Es wird unbewußt eine Beziehungskonstellation aus der frühen Kindheit wiederholt. Beispiel: Ein notorisch untreuer Ehemann versucht, sich mit Hilfe einer Geliebten von seiner dominanten Mutter, die er in der Gestalt seiner Ehefrau wieder erlebt, zu lösen.

Möglichkeit Nr. 5: Die unbewußte Angst vor dem Älterwerden und dem Sterben soll durch junge Liebespartner gebannt werden.

Möglichkeit Nr. 6: Sex wird als einzige Chance gesehen, sich zu bestätigen und als liebenswert zu erleben. Läuft die häusliche Libido nicht mehr so recht, und das ist oft schon nach vier Jahren der Fall, wird die dringend benötigte Bestätigung häufig woanders gesucht.

Möglichkeit Nr. 7: Es gibt auch den einmaligen Ausrutscher, der selbst dem Frömmsten der Frommen passieren kann.

In diesem Fall: Schwamm drüber! In den anderen Fällen halte ich es für besser, offen und ehrlich zu sein und sich nicht auf die sexuelle Faszination auszureden, sondern die Hintergründe des Strauchelns aufzuspüren.

Aber Untreue muß sich nicht unbedingt im Bett abspielen! Genauso oft wird die Treue außerhalb des sexuellen Bereiches gebrochen. Zum Beispiel wenn er/sie sich aus aktuellen, egoistischen Motiven nicht zum/zur Partner(in) bekennt. Oder wenn er/sie die/den andere(n) für seine Zwecke benützt und ihr/ihm gegenüber immer unaufrichtig ist.

Nein, ich lasse mir den Blick für die Bedeutung der Treue nicht trüben. Eine Liebesnacht mit einem Dritten ist ohne Frage ein direkter Betrug und tut sehr weh. Noch schlimmer aber ist es, sich auf seine treue Gesinnung zu berufen und dabei dennoch den Menschen zu verraten, mit dem man einmal ein »Bündnis« – nichts anderes steckt im Treuebegriff – eingegangen ist ...

Treueprinzip

*Auch wenn es um Treue geht, sollte eine einleuchtende
Ideologie nicht ungeprüft übernommen werden ...*

Treue ist Anstand und Aufrichtigkeit. Untreue ist Verrat und Unaufrichtigkeit. Stimmt's? Es stimmt eben nicht. Der Treuebegriff ist leider nicht so klar wie eine frisch geputzte Fensterscheibe.

Gerda ist seit Jahren mit einem Mann liiert, der nach Meinung der anderen diese zauberhafte Frau gar nicht verdient. Sie ist treu wie Gold und wird wegen ihrer hohen Moral bewundert und verehrt. Aber was heißt hier Moral! Gerda empfindet sich selbst ohne Persönlichkeitsstrukturen. Sie klammert sich an einen Mann, der ihr – gerade weil er ein Hallodri ist – die fehlende Identität, nämlich die Identität einer »Heiligen«, gibt. Ihre mangelnde Individualität und nicht ihre »hohe Moral« sind der Grund dafür, daß sie einem Treue-Ideal anhängt, über das wir uns eigentlich viel zuwenig den Kopf zerbrechen.

Eine andere Geschichte: Ein harmloser Seitensprung während des Urlaubs hatte für Evelyn keine Bedeutung hinsichtlich ihrer tiefen Beziehung zu Markus. Doch für Markus steht fest: keine Treue, keine Liebe. Also ließ er sich trotz Evelyns verzweifelten Beteuerungen scheiden. Mit weniger starrem Denken hätte diese Liebe vielleicht ewig Bestand gehabt.

Noch ein typischer Fall: Bevor Paul und Karin zusammenzogen, machte er sie darauf aufmerksam, daß sie um Himmels willen nicht damit rechnen dürfe, für ihn immer alles sein zu können. Auch Paul wollte nicht alles für Karin sein. Beide versprachen einander, ihren Erfahrungsmöglichkeiten nicht im Weg stehen zu wollen. Anders gesagt: Sie richteten sich eine »offene Beziehung« ein. Aber sowohl Paul als auch Karin können sich nicht erklären, warum sie ihre diversen Abenteuer selt-

Tsam gleichgültig erleben, wie es eigentlich kommt, daß sie beim Sex nur miteinander Gefühlsräume erreichen, die ihnen bei ihren Affären verschlossen bleiben. Wahrscheinlich würden sich beide dagegen wehren, würde man ihnen sagen, daß die unbefriedigenden Empfindungen, die sie bei ihren Abenteuern haben, nicht nur der Beweis einer treuen Gesinnung, sondern auch eine Form der Treue sind.

Was wir von diesen und ähnlichen Geschichten lernen sollten? Daß es naiv ist sich ein »Treueprinzip« ungeprüft anzueignen. Der für ein Paar gültige Treuebegriff hängt von der Dynamik dieses Paares und der Persönlichkeitsstruktur des einzelnen ab und nicht von der Bereitschaft, eine einleuchtende Ideologie zu übernehmen. Daß man damit – sozusagen im Blindflug – sein ganz persönliches Lebensglück findet, wäre zu schön, um wahr zu sein ...

Unten ohne

Viele Frauen und Männer fühlen sich ohne Unterwäsche sexy und frei ...

Wissen Sie schon das Neueste? Unterhosen sind mega-out. »Unten ohne« ist in. Laue Sommerlüftchen dürfen ungehindert über Schenkel streicheln und das Allerheiligste kitzeln. »Es ist zum Jauchzen«, schwärmte mir Linda vor. »Ich fühle mich sexy und voller Energie.«

Ich kann Linda verstehen. Wenn man korrekt gekleidet ist, hat man ein anderes Körpergefühl, als wenn durch den Verzicht auf das Höschen eine Auseinandersetzung mit just jener Körperregion provoziert wird, die im allgemeinen bedeckt, versteckt und womöglich »vergessen« werden soll. Der nackte Unterleib ermöglicht nicht nur ein Gefühl von paradiesischer Freiheit und Vitalität – durch den Bruch mit der Kleidertradition fühlt man sich auch stärker als sonst als geschlechtliches Wesen. Unterhosen dienen ja nicht nur als Wärmeschutz und Hygienemittel, sondern auch als Maßnahme, Erregendes und Verführerisches im täglichen Miteinander auszuschalten.

Die an- und erregende blanke Haut der Geschlechtszonen ist nur dann nicht tabu, wenn gebadet oder geliebt wird. Auch am FKK-Gelände dürfen Sonnenstrahlen und Wind die Liebesorgane kitzeln und kosen. Unter den geschützten Bedingungen der Freikörperkultur dürfen wir so tun, als wären wir freie Naturwesen.

Wir sind es natürlich nicht.

Vielleicht ist gerade deshalb das Gefühl, mit einem passenden »Darüber« den gesellschaftlichen Normen zu genügen, aber »darunter« nackto blanco zu sein, so anregend.

»Wenn ich Jeans ohne etwas darunter trage«, gestand mir Linda, »bin ich richtig high.« Lindas Mann sagte mir, daß ihr Gesicht an den Tagen, an denen sie unten herum nackt geht, verändert sei: »Es ist noch nackter als ihr Unterleib.«

Mich wundert das nicht. Das Gefühl, das intimste und tabuisierteste Körperteil nicht mit Unterwäsche zu maskieren, wirkt wie ein Aphrodisiakum. Mehr noch – das nackte Geschlecht gibt auch ein Gefühl der Macht. »Ich fühle mich stark und durch und durch als Mann«, beschrieb mir Günther, der im Hochsommer seine weißen Jeans ohne was darunter trägt, seine Gefühle. Der Soziologe H. P. Duerr meint, daß in jedem Menschen eine ausgeprägte Genitalscham stecke, weil den Menschen irgendwann zwischen 4000 und 2000 v. Chr. gedämmert sei, daß ihre Genitalien häßlich seien und daher versteckt werden müßten. Dieses urtümliche Gefühl der Scham zu überwinden und selbstbewußt zu der erotischen Landschaft des Geschlechtes zu stehen – das macht meiner Ansicht nach das Gefühl der provokativen Stärke aus.

Vielleicht fragen Sie sich jetzt beunruhigt, ob wir denn alle den Verstand verlieren und einen Salto rückwärts in die hosenlose finstere Epoche der Vergangenheit machen. Tun wir nicht. Aber es ist auch kein Zufall, wenn sich eine besondere Form der körperlichen Wahrnehmung, des körperlichen »feelings« bildet. Jean Gallop, eine feministische Dozentin an der University of Wisconsin, forderte erst unlängst dazu auf, mehr »mit dem Körper zu denken«. Wenn uns ein von Unterwäsche befreiter Körper ab und zu daran erinnert, Körperwesen zu sein, kann das kein Nachteil sein ...

Verführung

*Die Kunst der Verführung steigert die sinnliche und
emotionelle Leidenschaft ...*

»Er macht so ein Theater«, sagte unlängst die selbstbewußte, resolute Nora über ihren neuen Freund. »Ob und
wann ich Lust auf Sex habe, bestimme ohnedies nur ich!
Wie mache ich ihm klar, daß ich kein Verführungsrem-
midemmi brauche?« Hoffentlich konnte ich Nora davon
überzeugen, daß sie ihren Galan nicht von seinem Ver-
führungsremmidemmi abhalten soll. Das Bedürfnis zu
verführen und zu umwerben ist – Gott sei Dank – bei vielen Männern stark ausgeprägt. Wenn ein Mann dieses
Schlages in seinem Streben gebremst wird, geht oft seine
Fähigkeit flöten, sich zu erregen.

Ich gebe ja zu, daß es auf den ersten Blick nicht ein-
leuchtet: Warum soll in einer Zeit, in der den Frauen
endlich dieselben Wünsche und Rechte wie den Männern zugestanden werden, jemand, der zu demselben
Ziel unterwegs ist, umworben werden? Weil die Illusion,
außergewöhnlich zu sein und das genußreiche Erwachen
des Körpers Sinnlichkeit und Gefühle steigern. Warum
wollen Sie darauf verzichten? Natürlich ist es weniger
mühsam und sicher auch billiger, mit einer neuen Flamme ohne Umschweife zur Sache zu kommen. Aber außer
den wenigen Sternstunden des schnellen Sex ist ein auf-
wendiger Weg zum Ziel fast immer ein Fest an innerer
Strahlung. Die Kunst der Verführung ist ein reizvolles
Spiel, das den ästhetischen und intellektuellen Genuß
einschließt. Erotik ist nicht gleichbedeutend mit sexueller Freiheit und Sextechniken, dazu gehören einfühlsa-
me Gespräche, ausdrucksstarke Blicke, verführerische
Kleidung und sogar der Rahmen, in dem man einander
begegnet. Bei einem liebevoll zusammengestellten Essen in schöner Umgebung verdichten sich die Gefühle
und die Erotik des Drumherums zu einer Sinnlichkeit, in

der nicht die nackte Wahrheit, sondern deren Ankündigung die heißesten Phantasien entstehen läßt.

»Wozu der Zirkus?« fragte Nora. »Ich will ja nicht verführt, sondern geliebt werden!« Na und? Das eine schließt das andere nicht aus! Trotzdem glauben viele, daß Verführung etwas Sündiges sei. Schließlich begann schon die Schöpfungsgeschichte in der Bibel mit einer Verführung. Und noch vor Jahrzehnten bedeutete »Verführung«, daß eine Frau zu sexuellem Handeln überrumpelt wurde. Kein Wunder, daß vor allem Mädchen dazu erzogen werden, gegen ihre Verführbarkeit anzukämpfen. Aber heute bedeutet Verführung nicht gekonnte Lüge oder Verstellung, denn keine Frau muß zu etwas verführt werden, was sie aus Angst vor gesellschaftlicher Ächtung vermeiden will. Sollte ihr zu erotischen Wonnen der Mut fehlen, sind Hemmungen die Ursache dafür. Da kann einer Frau nichts Besseres passieren als eine gekonnte Verführung! Ich kenne keine Frau, die ein erotisches Erlebnis bereut hätte, zu dem sie ein einfühlsamer Liebhaber verführen konnte. Im Gegenteil: Männer, die ihre Partnerin erotisieren können und ihr ermöglichen, sich fallenzulassen, werden immer geliebt.

Auch wenn eine Verführung bewußt inszeniert wird, ist ihre Wirkung nicht kleiner und ihr Genuß nicht geschmälert. Denn in jeder Verführung, egal, ob sie mit Worten oder Kleidung, mit Blicken oder Berührungen geschieht, steckt die totale Konzentration auf den/die Partner(in). Was kann da noch schiefgehen?

Verflossene

Vorsicht, wenn ein Partner an einer früheren Beziehung kein gutes Haar läßt ...

»Eigentlich war Sonja schrecklich primitiv«, meinte Josef unlängst über seine Verflossene. »Erinnere mich nicht daran. Ich war ja nie richtig verliebt in sie.« Sonja ist da anderer Ansicht. Sie erzählt, daß sie mit Josef zumindest eine Zeitlang eine große Liebe verbunden hat. »Eineinhalb Jahre waren wir wirklich glücklich miteinander«, behauptet Sonja. »Lächerlich«, beteuert Josef. »Die Sache zwischen uns war immer nur so lala.«

Ähnliches erlebte ich kürzlich bei Lilly. Ich erinnere mich haargenau an ihre leidenschaftliche Beziehung zu Peter und habe noch Lillys tränennasse Augen vor mir, als sie mir mitteilte, daß sie und Peter heiraten würden: »Ich bin ganz krank vor Liebe«, sagte sie mit bewegter Stimme. »Ich wünsche mir ein Kind von ihm.« Damals habe ich Lilly verstanden. Heute verstehe ich sie nicht. Nicht, weil sie von Peter seit einem Jahr geschieden ist – mein Gott, das kommt vor, nur in den seltensten Fällen hält eine Liebe ewig. Ich verstehe Lilly nicht, weil sie, seit kurzem in Georg verliebt, ihre ehemals innige Beziehung zu Peter runtermacht. Sie faselt etwas von Torschlußpanik, die sie zu der Ehe mit ihm veranlaßt habe. Am liebsten würde Lilly behaupten, daß die Geschichte mit Peter und auch die Beziehungen vor ihm gar nicht existiert haben, daß Georg überhaupt der erste Mann in ihrem Leben sei. Ich vermute, Lilly schreckt vor dieser Behauptung nur deshalb zurück, weil sie immerhin schon 37 Jährchen zählt und ihr kein Mensch glauben würde, daß Georg ihr erster Mann ist. Lilly spricht diese Ungeheuerlichkeit zwar nicht aus, aber sie tut so als ob ...

Aber nicht nur Lilly tut so, unzählige andere Männer und Frauen tun es auch: Sie bagatellisieren und leugnen eine vorangegangene Beziehung. Sie lassen an dem verflossenen Partner kein gutes Haar und bestreiten die Gefühle, die sie für ihn hatten. Ich frage mich, warum sie das sogar dann tun, wenn der alte Partner diese Entwertung nicht verdient und der neue Partner sie nicht verlangt. Mir wird immer ganz mulmig zumute, wenn ich Zeuge von emotionalen Vernichtungsfeldzügen werde und dabei sehe, wie sich der Betreffende satt und zufrieden in die Arme eines(r) neuen Partners(in) schmiegt: Wenn es für einen Menschen notwendig ist, einen ehemaligen Partner und die positiven Gefühle, die man für ihn hatte, zu leugnen, dann ist das ein Hinweis darauf, daß man den Anforderungen, die eine Trennung an jeden stellt, nicht gewachsen ist. Derjenige, der eine vergangene Liebe ohne Grund entwertet und leugnet, hat nicht nur Null Komma nichts dazugelernt, es ist auch auf seine Reife und damit auf seine Gefühle kein Verlaß.

Vergessen

Männer neigen zu unbefangenem, schnellem Sex. Frauen wollen zumindest in der Erinnerung eines Mannes existent bleiben ...

Nora, hübsch, selbstbewußt und alles, nur nicht spießig, hat sich in einen verheirateten Mann verliebt. »Ich war zu allem bereit«, gestand mir Nora. »Es ist nur deshalb nicht zum Letzten gekommen, weil er es mir unmöglich gemacht hat.«

Unmöglich gemacht? Hat er nach Knoblauch gestunken? Aber wo, so etwas Banales war es nicht. Hat er von den Vorzügen seiner Frau geschwärmt? Nein, das hat er nicht. War er geizig? Auch das nicht. Er hatte Nora vorgeschlagen: »Laß uns einmal miteinander schlafen, und dann vergessen wir die Sache.«

Auch wenn ich es mir jetzt mit vielen Männern verscherze, muß ich es doch aussprechen: Ein Angebot dieses Kalibers ist der Beweis dafür, daß der betreffende Mann Null Komma nichts von Frauen versteht. Nora konnte auf diesen Vorschlag beim besten Willen nicht eingehen. Genausogut hätte ihr Galan sagen können: »Ich fühle nichts, ich möchte mich nur an dir befriedigen.« Das klingt selbst in den Ohren der tolerantesten Frau obszön. Wo sie doch etwas ganz anderes will – sie will einen Mann faszinieren. Auch dann, wenn sie genausogut wie er weiß, daß es bei dem einen Mal bleiben wird, will sie ihn verzaubern und zumindest in seiner Erinnerung existent bleiben.

Ich glaube, es ist kein Zufall, daß es mehr Männer als Frauen gibt, die eine Frau, mit der sie nur einmal im Bett waren, nach ein paar Jahren nicht mehr wiedererkennen: »Sie« war bereit zum »Ja«, »er« zum Vergessen. Daß daraus nicht mehr werden konnte als ein unpersönliches Erlebnis, sachlicher Sex, ist klar. Aus Angst vor diesem Gefühlsdefizit und aus der dunklen Sehnsucht heraus, dauerhaft begehrt zu werden, legen viele Frauen Wert darauf, daß der Partner den Liebesakt lange ausdehnt nach dem Motto: Je anhaltender die Erektion, desto größer die erotische Faszination. Daß das nicht so ist, weiß jedes Kind. Aber sobald es um Liebe und Sex geht, wird für Frauen oft und oft eine andere Logik gültig. Wie sonst ist es zu erklären, daß eine Frau so tut, als ob auch sie nur auf unpersönlichen Sex aus ist, und dann passiert es doch: Sie verliebt sich nach der ersten Liebesnacht prompt in ihren Lover. Nicht weil der so überirdisch toll ist, sondern weil für Frauen eben immer wieder Magie im Spiel ist.

Fast jede Frau weiß, daß ihr ganzes Fühlen durch Sex magisch verwandelt werden kann. Und kaum eine fürchtet sich davor. Männer sind da oft ängstlicher – sie wollen die magische Verwandlung auf 15 Zentimeter beschränken. Diese Schutzmaßnahme kann zwar davor bewahren, sich zu verlieren, aber gewinnen kann man(n) auch nichts. Nicht einmal schöne Erinnerungen ...

Verlustangst

Viele Frauen und Männer brauchen die Eifersucht für ihre erotischen Phantasien ...

Verena und Ulrich ließen sich scheiden. Vier Monate später heirateten Verena und Ulrich wieder. Verena hatte ihren Mann immer nur gepiesackt. Jetzt ist sie verliebt wie noch nie.

Ich vermute, daß bei Verena ein Phänomen wirksam wurde, das viele Ehen oft über Jahrzehnte hinweg zusammenhält: Eifersucht. Als sich Ulrich entschloß, Verenas Freiheitsträumen nachzugeben und einer Scheidung zuzustimmen, wurde er für Verena vom bloßen Objekt zum Objekt der Begierde. Jetzt, da er für sie nicht mehr jederzeit zu haben war, jetzt, da er sich von ihr zurückgezogen hatte, wurde er für sie wieder interessant. Ich kann mich noch genau an den Abend erinnern, an dem ich mit Verena nach dem Kino zum Heurigen ging und in einer lauschigen Ecke Ulrich mit einer attraktiven Frau sitzen sah. Verena zitterte am ganzen Körper. Ein Blinder hätte sehen können, daß sie eifersüchtig war. Am nächsten Tag kam Verena – unaufgefordert – bei Ulrich vorbei. Um ihm seinen Tetanus-Impfausweis zu geben. Bei dieser Gelegenheit fragte sie Ulrich, ob er nicht mit ihr ins Konzert gehen wolle. Na ja, vier Monate später haben sie wieder geheiratet.

Auf die Gefahr hin, von Frauen als Kollaborateurin bezeichnet zu werden, behaupte ich: Frauen brauchen die Eifersucht für ihre erotischen Phantasien genauso wie die Männer – sie brauchen sie sogar noch mehr.

Wer weiß, ob Verena das Interesse an Ulrich verloren hätte, wenn er sich ihr schon früher entzogen oder sie eifersüchtig gemacht hätte. Verlustangst ist ein verläßliches Aphrodisiakum. Wenn Sie befürchten, einen Menschen zu verlieren, sehen Sie ihn sofort mit anderen Augen. Alle seine Möglichkeiten, Sie glücklich zu machen und zufriedenzustellen, werden Ihnen bewußt – wie damals im intensivsten Stadium der Verliebtheit. Es genügt das Gefühl, daß der andere gerade etwas abgekühlt ist, und schon erwachen die erotisierenden Verlustängste.

Vielleicht wehren Sie sich jetzt gegen die Vorstellung, der Angst, also einem krankhaften Zustand, Lust und Glücksgefühle zu verdanken. Warum eigentlich? Sehen Sie diese Angst doch auch als eine gesunde Möglichkeit, Ziele und Quellen des Glücklichseins zu erkennen und eigene Kräfte zu mobilisieren! Schließlich lieben Sie in dem Verlorengegangenen nicht nur seine Fähigkeit, Sie glücklich zu machen. Wenn er Ihnen wieder gegenübersteht, Sie berührt, küßt, liebt, repräsentiert er gleichzeitig Ihre eigene Leidenschaft und Ihren Willen. Derjenige, der behauptet, daß diese Ingredienzien nicht aphrodisierend wirken, lügt. Wir alle wissen, daß Sorgenkinder immer am meisten geliebt werden. Nicht, weil sie Sorgen machen, sondern weil sie auch lebende Monumente der eigenen Kräfte sind ...

Vorspiel

Frauen wissen oft nicht, was sie brauchen, um die Erregung zu wecken und zu steigern ...

Mit dem Vorspiel klappt es hinten und vorne nicht. Wenn das Schäferstündchen schlägt, verhalten sich viele genauso wie beim Lesen eines Buches: Die Einleitung wird überblättert und das Ende verschlungen. Frauen klagen immer wieder darüber, daß Männer den Liebesakt »nicht lange genug« ausdehnen. »Er kommt schon nach sieben, acht Minuten«, heißt es beispielsweise. »Da komme ich beim besten Willen nicht auf meine Rechnung.« Das glaube ich aufs Wort. Viele Männer können eine Erektion nicht länger als vier bis zehn Minuten aufrechterhalten. Aber anstatt um ein paar Minuten des eigentlichen Aktes zu feilschen, kann doch ein ausgedehntes Vorspiel der Weg zum Ziel sein! Eine simple, aber erfolgversprechende Faustregel: Für Frauen, die wesentlich länger als der Partner brauchen, um zum Höhepunkt zu gelangen, sollte das Vorspiel etwa so lange dauern, wie sie benötigen, um bei der Selbstbefriedigung den Orgasmus zu erreichen.

Ich werde aber das ungute Gefühl nicht los, daß viele Frauen gar nicht wissen, was sie brauchen, um die Lust anzufachen. Lieber finden sie sich mit einem 08/15-Gegrapsche ab, bevor sie in sich hineinhören und dann ihre Bedürfnisse ausdrücken. Regen zärtliche Gespräche oder erotische Worte an? Gibt es Körperzonen, die besonders heftig auf zärtliche Berührungen reagieren? Kann schon sein, daß »er« gerne den Busen knetet – aber ist das auch Ihr Vergnügen? Ein Vorspiel, das nur dem Mann gut tut, ist wie mit einer Hand klatschen.

Warten Sie als Frau nicht ab, ob Sie Ihr Partner »vorher« zufällig mit dem beglückt, was Ihnen Lust bereitet. Setzen Sie Ihre Bedürfnisse durch! Ohne Vorwürfe, aber mit zärtlichem Nachdruck. Diesbezügliche Gespräche

V führen Sie am besten nicht unmittelbar vor dem Sex. Nach einer schönen Umarmung, wenn man eng aneinandergekuschelt liegt, kann man Dinge aussprechen, ohne daß sie gleich als Kritik empfunden werden. Am meisten erreichen Sie, wenn Sie positive Erlebnisse verstärken. Etwa so: »Wie du mich am Po angefaßt hast, das war ganz toll für mich.« Oder: »Wie ist es eigentlich, wenn ich dich am Po streichle? Ich finde es herrlich.« Hilfreich ist auch ein kleiner Trick: Tun Sie das, was Sie sich wünschen, bei Ihrem Liebsten. Es ist anzunehmen, daß er instinktiv Gleiches mit Gleichem vergilt.

Obwohl ich nicht glaube, daß man mit einem zweistündigen hartnäckigen Bearbeiten der Klitoris »vorher« einen Orgasmus »nachher« erzwingen kann, bin ich doch überzeugt davon, daß eine Frau einfach eine gewisse Zeit braucht, um in Fahrt zu kommen. Genießen Sie diese Zuwendung und Aufmerksamkeit ohne Gewissensbisse. Auch Männer haben mehr von der Liebe, wenn sie sich darauf einstimmen. Selbst wenn Ihnen sein liebesbereites Geschlechtsorgan ins Auge sticht – ein erigierter Penis ist noch lange nicht der Startschuß für den Sex. Ein Mann kann mit einer Erektion hingebungsvoll einen Lichtschalter reparieren, also kann er auch noch ein bißchen zärtlich sein. So wichtig ein gewisses Verweilen beim Vorspiel ist – wenn es zu lange dauert, ist es auch nicht das Wahre. Gar so weit liegen nämlich die unterschiedlichen Erregungskurven von Mann und Frau auch nicht auseinander. Es gibt sogar eine Menge Frauen, die gar kein Vorspiel brauchen. Wenn es ein Mann versteht, außerhalb des Bettes zu zeigen, wie lieb er seine Partnerin hat, wie anziehend er sie findet und wie wichtig sie ihm ist, dann beschränkt sich das Vorher-miteinander-Spielen oft auf ein Minimum. Dagegen bringt ein noch so ausgebufftes Vorspiel Null Komma nichts, wenn man(n) den ganzen Tag kalt, lieblos und egoistisch ist …

Vorstellungen

Das Gehirn ist zwar ein edles Organ, aber zuweilen auch ein Liebesspielverderber ...

»Das wichtigste Sexualorgan ist das Gehirn.« Sie kennen den Ausspruch, daran zweifle ich nicht. Ich bin mir aber nicht sicher, ob Sie seine volle Bedeutung kennen. Wenn Ihnen dazu nur sexuelle Phantasien als Zündstoff der Lust einfallen, darf ich dem noch ein bißchen etwas hinzufügen.

Im allerersten sexuellen Rausch ist es vielleicht noch nicht entscheidend, in welcher Form Ihr Gehirn bei Ihrem Liebesleben mitmischt. Schon der bloße Anblick eines Partners beschert einen Hormonkick Aber dann! Irgendwann ist die Lust futsch. Vielleicht sagen Sie jetzt, daß Sie ohnedies »anspringen«, wenn es erst einmal dazu gekommen ist. Aber springen Sie auch von sich aus an? Wenn nicht, kann das ein Hinweis darauf sein, daß Ihr Hirn falsche Informationen über Sex gespeichert hat und Sie sich selber um die Lust bringen, die Sie haben könnten. Unter amerikanischen Therapeuten wird gerne der Ausspruch des Komikers Dick Martin kolportiert: »Blase mir ins Ohr, und ich gehe mit dir, wohin du willst.« Hoffentlich glaubte keine der Frauen, die ihm den Gefallen taten, diese Form des Ohr-gasmus bei allen Männern auslösen zu können. Die Übertragung sexueller Vorlieben auf andere ist nämlich eine der häufigsten Fehlspeicherungen. Im Alltag ist eine Fehlinformation kein Malheur – irgend jemand sagt Ihnen ziemlich bald, wie es wirklich läuft. Beim Sex läßt man Sie dumm sterben. Anstatt dezent aufzuklären, vermeidet man die unlustbetonte Situation.

Da es für Frauen im allgemeinen schwieriger ist als für Männer, befriedigt zu werden, schließen sie von sich auf den Mann und strampeln sich für seine Lust ab, anstatt endlich einmal ganz egoistisch zu genießen. Tatsächlich aber ist der Höhepunkt des Mannes vorhersehbar. Der Löwenanteil seiner Lust besteht darin, deutlich zu erleben, zu welchen Stürmen der Wollust er Sie hinreißen kann. Ich kenne viele Männer, für die das Gefühl, bei einer Frau als Liebhaber zu versagen, wesentlich schlimmer ist als der Verzicht auf erotische Zugaben von ihr. Ergebnis: Beide sind enttäuscht, und über allen Zipfeln ist Ruh'. Eine Fehlleistung des männlichen Gehirns besteht darin, zu glauben, daß das Kriterium der Männlichkeit ein bei jeder passenden und unpassenden Gelegenheit erigierter Penis sei. Den meisten Frauen ist das schnurz. Ihre Erregung und Bereitschaft für den Liebesakt kommt ja nicht durch die Erektion des Partners zustande, sondern dadurch, wie gut es dieser versteht, eine Atmosphäre der Erotik, Entspannung und des Vertrauens zu schaffen.

Ich weiß, daß es nicht leicht ist, innere Vorstellungen aufzugeben. Schließlich werden wir ein ganzes Leben lang dazu erzogen, uns von den wichtigen Dingen des Lebens innere Wertvorstellungen zu schaffen und danach zu leben. Aber langfristig befriedigender Sex kann mit den Bedeutungen, die man ihm irgendwann einmal durch irgendein Erlebnis gegeben hat, nicht auskommen. Menschen sind nicht nur verschieden, sie verändern sich auch im Laufe der Jahre, und mit ihnen verändert sich die gelebte Sexualität.

Daß das Gehirn das wichtigste Sexualorgan ist, ist unbestritten. Aber nicht als Lieferant fester Verhaltensmuster, sondern als Mittel, immer wieder neue Erfahrungen machen zu können. Wenn das weite Land der Erotik nicht zur Einbahnstraße verkümmern soll, müßten Sie es als Versuchsgelände betrachten. Denken Sie darüber nach, bevor Sie sich auf Ihre nächste Liebesstunde einlassen ...

Vorwürfe

Hinter immer wiederkehrenden Vorwürfen verbergen sich unverarbeitete Ängste und Konflikte ...

Natürlich habe ich wieder geätzt. Ich wollte es wirklich nicht tun, aber es war stärker als ich. Obwohl es gar keinen aktuellen Anlaß gab, tat ich's. Was, Sie kennen ihn auch, diesen Trieb, im Bedarfsfall auf eine alte Geschichte zurückzugreifen? Oder sind Sie eher in der Situation, in der Sie Vorwürfe wegen einer längst verjährten Geschichte bekommen? »Damals hast du nicht angerufen. Ich bin den ganzen Nachmittag zu Hause gesessen und habe gewartet.« Oh Gott, jetzt geht die alte Leier schon wieder los. Der ewige Vorwurf. Erneutes Schuldgefühl auf der anderen Seite. Wiederholter Rechtfertigungsversuch und schließlich Verärgerung darüber, daß diese leidige Geschichte nun schon zum x-ten Mal aufgewärmt wurde. Egal, wieviel schöne und positive Erlebnisse bereits dazwischen liegen, der alte Vorwurf kommt so sicher wie der Steuerbescheid. »Du sagst mir ja nie, was du vorhast« – nur weil man einmal selbständig etwas geplant hat. »Den ganzen Abend hast du mich ignoriert« – nur weil man einmal Interesse für einen anderen Menschen gezeigt hat.

Auch wenn ein Vorwurf schon so alt ist, daß sein Bart am Boden schleift, verbergen sich dahinter doch unverarbeitete Ängste und Konflikte. Zum Beispiel der Konflikt, seine eigenen Vorstellungen nicht ausdrücken und durchsetzen zu können, gleichzeitig aber von der bestehenden Regelung frustriert zu sein. Oder die Angst, für den anderen nicht wichtig genug zu sein. Anstatt die Dinge offen auszusprechen, wird der alte Vorwurf aus der Tasche gezaubert: Mit der Erinnerung an die unselige Geschichte will man unbewußt Schuldgefühle im Partner wecken. Denn wer Schuldgefühle hat, ist eher bereit, auf den anderen einzugehen.

Diese psychologische Faustregel stimmt zwar im allgemeinen, trifft aber in dieser speziellen Situation nicht zu. Was passiert, wenn man zum x-ten Mal eine alte Geschichte aufgetischt bekommt, wissen wir alle: Entweder man wird wundersam taub oder man hackt zurück. Ich muß zugeben, daß sich derartige Mechanismen leicht in eine Partnerschaft einschleichen können. Aber das heißt noch lange nicht, daß man sich damit abfinden muß. Ich persönlich habe mir vorgenommen, beim nächsten Mal nicht automatisch die übliche Leier loszulassen, sondern mich zu fragen: Was stört mich denn wirklich? Was macht mir angst? Wo liegt das eigentliche Problem?

Erst einmal muß man sich selbst klarmachen, was einen bedrückt und welche Bedürfnisse man nicht erfüllt bekommt. Dann kann ein offenes Gespräch das bisherige Drehen im Kreis beenden und einen Schritt auf den anderen ermöglichen. Hoffen wir's ...

Wohnkultur

Es ist nicht egal, wie ein Mensch wohnt. Die Wohnung ist die dritte Haut ...

Verliebte, die zum ersten Mal vor der Wohnungstür eines neuen Partners stehen, fühlen dasselbe wie Forscher angesichts unbetretener Landstriche: Noch ist alles möglich – Begeisterung und Faszination ebenso wie Enttäuschung oder Belustigung.

Wenn Sie für Ökonomie und Einfachheit sind, strahlt Ihre Einrichtung diese Ideale aus; Ihre Möbel können auch Zeichen einer tiefen Verbundenheit mit der Familie sein oder ein vehementes Interesse an einer Verbindung mit der jungen Generation verraten. Die Gegenstände unseres Lebensraumes verkörpern die Ziele und die Identität eines Menschen und können daher in Sekundenschnelle die Einstellung einer neuen Bekanntschaft ändern. Ich bin sicher nicht die einzige, für die ein Wohnungsbesuch mindestens so spannend wie eine Lebensbeichte ist. Daher mein Rat: Unterschätzen Sie nicht die Wirkung, die Ihre häusliche Atmosphäre auf ein neues Gegenüber hat! Die Umgebung, die Sie sich schaffen, verrät Ihre geheimsten Wesenszüge. Auch wenn Sie noch so geschickt bluffen – Ihre Möbel können Sie verraten ...

Viele Minuspunkte bringen Schonbezüge – sie lassen unbewußt Genußunfähigkeit und wenig Spontaneität vermuten. Gezielte Aufmerksamkeit schenkt man dem Lieblingssessel, denn er verrät das Autoritätskonzept eines Menschen: Je pompöser und großartiger der Lieblingssessel ist, desto mehr Wert legt der Besitzer vermutlich darauf, daß seinen Wünschen Folge geleistet wird. Eine plüschbezogene Lustwiese mit eingebauten Lampen und Radio hat auf die meisten Frauen eine ernüchternde Wirkung: Massenhaft eingebaute Extras lassen überhaupt einen akuten Mangel an Phantasie befürchten. Hüten Sie sich davor, Zeitgeist-Bücher dekorativ herumliegen zu lassen, ohne auch nur einen einzigen Blick hineingeworfen zu haben. Wenn man Pech hat, wird man von einem besser informierten Besuch als intellektueller Angeber eingestuft. Mißtrauisch wird man auch, wenn man feststellen muß, daß der/die hinreißende neue Flamme bequem bis zum Geht-nicht-mehr ist und sich – ohne es zu müssen – mit geschmacklosen, ausrangierten Möbeln von Verwandten oder Vormietern zufriedengibt.

Aber beruhigen Sie sich – wenn »er« beziehungsweise »sie« feststellt, daß Ihr häusliches Umfeld nicht nur ein erfreulicher Spiegel Ihrer Persönlichkeit ist, sondern auch zum eigenen Selbstbild paßt, ist es genausogut möglich, daß eine bisher zurückhaltende Neueroberung alle Vorbehalte sausen läßt. Möbel sind eben nicht bloß tote Gegenstände – sie sind unsere dritte Haut. Darum hat die Wohligkeit, die ein neuer Partner in Ihrer Wohnung spürt, durchaus mit sinnlicher Berührungsbehaglichkeit zu tun …

Wut

Die passive Aggressivität eines Mannes wendet sich gegen ihn selbst und äußert sich in Form von Potenzstörungen ...

Otto ist ein guter Mann. Ein lieber Kerl. Sanft und gefällig. Er kocht für sich und seine Freundin Silvia. Er hört ihr zu, wenn sie von ihrem Beruf erzählt. Otto ist auch anpassungsfähig. Da Silvia lieber in den Bergen Urlaub macht, verzichtet er schon seit Jahren auf seine heißgeliebten Meerurlaube. Otto ist einfach ein Schatz. Was Otto nicht ist, ist schnell gesagt: potent. Beim Vorspiel ist Otto noch dick da. Er kann küssen, streicheln, zärtlich berühren, alles, was seine Freundin wünscht. Kaum dringt Otto in seine Liebste ein, ist das Ende schon da. Otto bemüht sich wahrhaftig. Und das nicht nur ganz allgemein, sondern auch und vor allem beim Sex.

»Es ist so unlogisch«, wundert sich Silvia. »Endlich einmal begegne ich einem Mann, der eine Frau wirklich liebt und schätzt – und was ist? Er ist ein sexueller Versager.«

Wie auch anders! Ein Mann, der wie Otto absolut jede Aggression einer Frau gegenüber unterdrückt, kann kaum eine ungestörte Potenz haben. Die Aggression, die er der Frau gegenüber ja doch empfindet, wendet sich gegen ihn selbst. Sie trifft ihn dann genau dort, wo sich seine Vitalität ausdrücken sollte – in seiner Potenz.

Eine meiner Umfragen zeigte, daß von den aggressionsgehemmten Männern 50,4 Prozent an Potenzstörungen, am häufigsten unter vorzeitiger Ejakulation, leiden. Hinter diesen Störungen steht eine große, aber verdrängte Wut, die diese Männer auf Frauen haben. Und hinter dieser Wut wiederum steckt eine tiefe Angst vor Frauen. Zum Beispiel vor den Doppelbotschaften, die die Frauen an die Männer geben.

Einerseits sagen sie, daß sie Aggressionen an Männern hassen, andererseits geben sie ihnen zu spüren, was sie an Männern attraktiv finden, nämlich ein bestimmtes aggressives Verhalten in Form von Stärke, Erfolg und Durchsetzungsvermögen. Wie soll sich der arme Kerl nun verhalten? Auch die innere Abhängigkeit, die viele Männer Frauen gegenüber empfinden, erzeugt oft ohnmächtige Wut auf sie. Genauso häufig kommt es vor, daß Männer einen ungelösten Mutterkonflikt auf ihre Partnerinnen übertragen. Auch daraus resultiert Wut. Schließlich verursacht eine wackelige männliche Identität Wut auf die Frau, die – erwiesenermaßen – über eine sicherere, selbstbewußtere Geschlechtsidentität verfügt. Auch ein uneingestandener Machtkampf innerhalb der aktuellen Partnerbeziehung, Gefühle der Unterlegenheit oder Mangel an Anerkennung können Wut erzeugen.

Es ist nicht einfach für einen Mann, sich zu seiner Wut auf die Frau zu bekennen. Er braucht sie ja wie einen Bissen Brot! Aber das Bemühen, sich seine Aggressionen einzugestehen, zu den Ursachen seiner Wut Zugang zu finden, lohnt sich. Ein Mann, der sich seiner Gefühle bewußt ist, kann sie kontrollieren und produktiv damit umgehen. Derjenige, der sich seiner Wut und seinen Ängsten nicht stellt, macht sich selbst zum Opfer und bürdet sich die Rolle eines Versagers auf. Der Partnerin gegenüber äußert sich die im Alltag unterdrückte Aggression nun doch als strafende Sanktion: Mit seinem vorzeitigen Erguß oder seiner mangelnden Erektion bringt er seine Liebste um die von ihr ersehnte Lust und Befriedigung ...

Wünsche

Es ist nicht ungefährlich, wenn Sie unter Berufung auf die wahre Liebe die Lust aus Ihrer Beziehung verbannen ...

Dieter träumt davon, beim Oralsex zum Höhepunkt zu kommen. Herbert erregt die Vorstellung, daß seine Frau verführerische schwarze Wäsche für ihn anzieht. Das Problem der beiden: Sie reden darüber nicht mit ihren Frauen, obwohl diese die Vorlieben ihrer Männer noch aus der Zeit ihrer ersten Liebe kennen. Jetzt hat Herbert eine Freundin, die seinen Herzenswunsch erfüllt. Dieter geht hin und wieder zu einer Prostituierten und zahlt für seine Lust.

Über dieses Thema habe ich mich unlängst mit einer Prostituierten unterhalten. »Was glauben Sie, warum die Männer zu uns kommen?« fragte sie. »Weil ihnen die Frauen, die sie lieben, nicht einmal harmlose Wünsche erfüllen.« Kaum ist Liebe im Spiel, werden wir alle zu Neopuritanern. Männer muten ihren Frauen plötzlich nicht mehr zu, daß sie auf die eine oder andere erotische Vorliebe eingehen. Frauen berufen sich auf ihre Gefühle und ihre Würde und sind nur noch für die Missionarsstellung zu haben. Unsere Auffassung von »wahrer Liebe« verbannt die Leidenschaft und Erregung aus der sexuellen Begegnung. Die Argumente dafür sind bekannt: Weil wir einander lieben, ist Oralverkehr unzumutbar. Weil wir einander lieben, machen wir es nicht mehr voreinander selbst, so wie damals, in der heißen Anfangszeit unserer Beziehung. Weil wir einander lieben, sind nur mehr kochfeste Liebestöter erlaubt, lesen wir keine erotischen Romane, und überhaupt. Unsere Liebe ist uns heilig. Mit dieser triumphierenden Beschlagnahmung der Sinnlichkeit durch die Liebe erweisen Sie sich und Ihrer Partnerschaft keinen guten Dienst. Erotische Phantasien werden ja nicht beseitigt, nur weil man sie nicht mehr zuläßt. Was einst gemeinsame Lust und Nähe erzeugte, wird zu einem schmutzigen Geheimnis, das zu Prostituierten, Abenteuern oder zu Dauerfreundinnen verführt.

Der ehelichen sexuellen Agonie gebührt zwar die Siegespalme der Anständigkeit, aber bei der außerhäuslichen sexuellen Begegnung explodiert die Lust.

Vorausgesetzt, das sexuelle Verlangen ist grundsätzlich noch da, wäre das nicht notwendig. Wer sagt denn, daß sich frauliche Würde und sinnliche Liebesspiele nicht vertragen? Wer sagt, daß sich für einen Mann die Liebe zu einer Frau und sein Wunsch, sie auch als Objekt seiner Begierde zu sehen, ausschließen?

Leider gibt es genug Männer, die die Frau, die sie lieben, nicht mehr begehren können. Aber sollten Sie in der glücklichen Lage sein, einen Mann zu haben, der Sie nicht auf den hohen Sockel falsch verstandener Weiblichkeit stellt, sondern Lust und Leidenschaft mit Ihnen teilen will – weisen Sie ihn nicht zurück! Jetzt sind Sie empört: »Soll ich mich vielleicht prostituieren?« entgegnen Sie entrüstet. Nein. Das hieße ja, daß Sie Gefühle heucheln sollen. Soweit käme es nicht, würden Sie sich nicht darauf berufen, daß einem braven Ehetrudchen gewisse Dinge nicht zumutbar sind. Ich warne Sie. Erstens steckt etwas gefährlich Seriöses in der großen Liebe, und zweitens gibt es genügend andere Frauen, die noch nicht in die falsche Moral der Liebe verstrickt sind! So wie Sie vor Jahren machen diese unbefangen mit, was Sie heute ablehnen. Dann passiert es nicht zum erstenmal, daß sich sexuelle Lust mit Gefühlen auflädt und eine Beziehung zerbricht, aus der Sie die Lust im Namen der Liebe verbannt haben ...

Zärtlichkeit

Z

Für viele Liebende ist Zärtlichkeit Traum und Alptraum zugleich ...

»Für mich gibt es immer nur Streicheleinheiten, wenn mein Mann Sex will«, klagte unlängst eine Frau in meiner Praxis. Ich höre immer wieder, daß für viele Männer Zärtlichkeit und Sex eins ist. Umfragen zufolge steht tatsächlich jeder dritte Mann mit der Zärtlichkeit auf Kriegsfuß. »Zärtlichkeit ist ja wirklich die ideale Methode, eine Frau für den Sex zu erwärmen«, bekräftigte ein Bekannter. Aber Zärtlichkeit ist doch nicht nur eine sexuelle Hilfstechnik! Zärtlichkeit ist eine seelische Grundhaltung, mit der Zuneigung und Anteilnahme ausgedrückt wird. Männer, die immer nur aus Kalkül zärtlich werden, müssen damit rechnen, daß die Partnerin auf solche verstümmelten Liebesstunden bald keine Lust mehr hat: Berührungen, die ausschließlich sexuell ausgerichtet sind, verhindern innere Verbundenheit.

Aber auch Frauen haben Probleme mit der Zärtlichkeit: Sie neigen dazu, Sex anzubieten, um mehr Emotionalität zu bekommen. Ich kenne etliche Frauen, die sich nur deshalb auf flüchtige Abenteuer einlassen, um gehalten und gestreichelt zu werden. Und nicht wenige Ehefrauen heucheln Lust, um kuscheln zu können. »Wenn ich nicht Geilheit vortäusche«, resigniert die 32jährige Anneliese, »komme ich doch nie zu einem zärtlichen Hautkontakt.« Ein Geschlechtsverkehr, der aus solchen Motiven zustande kommt, macht das Zärtlichkeitsdefizit nicht kleiner. Schließlich äußert man ja nicht den Wunsch nach mehr Zärtlichkeit, sondern nach Sex. Den bekommt man dann auch. Meistens sogar »extra dry«, denn der Partner wird durch das vorgetäuschte Verlangen zu sexuellen Sonderleistungen motiviert. Frauen, die Zärtlichkeit suchen und dafür Sex bieten, empfinden die Potenz des Partners als seelenlos oder gar

Z

aggressiv. Viele fühlen sich – gar nicht zu Unrecht – mißbraucht, viele reagieren mit Wut und Gereiztheit. Sexueller Überfluß macht eine Mangelsituation nur noch schlimmer.

Ich sehe auch immer wieder, daß Frauen nicht deshalb fremdgehen, weil sie besonders triebhaft sind oder weil die Atmosphäre außerhalb der Ehe so heiß, sondern weil es zu Hause zu kalt ist. Wenn einer Frau die zärtliche Nestwärme fehlt, wird sie die ersehnte Zärtlichkeit in einer anderen Beziehung suchen. Die Partner dieser Seitenspringerinnen sind dann völlig baff. »Wir haben doch oft miteinander geschlafen!« Freilich. Aber nur etwa 12 Prozent der Frauen fühlen sich allein durch einen Orgasmus wirklich befriedigt. Dagegen ist für mehr als 80 Prozent der Frauen ein Liebesakt auch dann befriedigend, wenn sie zwar keinen Höhepunkt hatten, aber die Zärtlichkeit nicht zu kurz kam.

Besonders traurig ist es, wenn sich Frauen bei ihren Kindern die Zärtlichkeit holen, zu der der Partner nicht bereit ist. So tröstlich dieser Ersatzkontakt für eine zärtlichkeitshungrige Frau auch sein mag, so unverantwortlich ist er. Kinder sind noch unverbildete Sinneswesen, die alles registrieren, was unausgesprochen in der Luft liegt. Mit dem stark ausgeprägten Gespür für Atmosphärisches fühlen Kinder die Depression, das Gefühlsdefizit und die Spannung, die hinter diesem Zärtlichkeitsaustausch stecken. Anstatt vertrauensvolle Nähe zu spüren, nimmt das Kind das Unbehagen der Mutter mit allen Poren auf. Mehr noch: Durch dieses egoistische Abreagieren wird dem Kind Lebenskraft entzogen. Viele Kinder erfahren schon sehr früh, daß sie beim Genuß von Nähe und Zärtlichkeit nicht wirklich gemeint sind. Wer diese Erfahrung an der Mutterbrust machen muß, trägt doppelt schwer an ihr …

Zuschauen

*Es lohnt sich, die Selbstbefriedigung auch einmal zu zweit
zu praktizieren ...*

Der amerikanische Popkünstler Andy Warhol gestand
einmal in einem Interview, daß er Sex nur mit einem
Menschen praktiziert und genießt: mit sich selbst.
Woody Allen legte ein noch glühenderes Bekenntnis zur
Selbstbefriedigung ab. »Selbstbefriedigung ist Sex mit
einem Menschen, den man liebt!« Sicher ist, daß Selbst-
befriedigung Sex mit jemandem ist, der weiß, was er will.
Das scheint mir der wichtigste Grund dafür zu sein, »die
Liebe mit sich selbst« auch einmal zu zweit zu praktizie-
ren.

Die Vorteile dieser erotischen Spielart liegen auf der
Hand: Erstens weiß niemand so gut wie man selber, was
man in einer bestimmten Stimmung gerade braucht,
zweitens ist Onanie kräftesparend, und drittens muß
man nicht die Verantwortung für die Befriedigung des
Partners übernehmen. Auch wenn es gewisse Leute nicht
gerne hören, ich bleibe dabei: Hin und wieder gibt es keinen Ersatz für den Ersatz.

Den meisten Männern ist das schon seit jeher klar. Sie
taten »es« schon als kleiner Junge und tun es laut Statistik auch noch heute. Wir Frauen hingegen haben nicht
so eine unbefangene Beziehung zur Selbstbefriedigung.
Aber warum versuchen Sie und Ihr(e) Liebste(r) nicht
einmal zu zweit, na ja, Sie wissen schon, was ich meine.
Wenn Sie ahnten, wie viele Frauen und Männer gerne
sehen würden, wie der/die Partner(in) Hand an sich legt,
ob sie/er es mild tut oder wild, oder sie/er es in die Länge
zieht oder schnell zum Ziel kommt – Sie würden es noch
heute tun.

Worin der Reiz einer solchen Szene liegt, ist nicht voll-
ends geklärt. Daß der Anblick des Verbotenen den Puls
erhöht, reicht mir nicht als Begründung. Ich glaube, es ist

Z der qualifizierte Umgang mit dem eigenen Geschlecht, die unnachahmliche Perfektion, die den Beobachter betören. Daß man dabei auch das allerletzte Zipfelchen Intimität aufgibt, daß man etwas zeigt, was einem bisher immer nur alleine gehört hat, erhöht den Reiz.

Viele Frauen wagen es nicht, ihre Freude am Zuschauen einzugestehen. Viele sind nicht fähig, im Beisein eines Mannes selbst Hand anzulegen. Vielleicht sind sie weniger stolz auf ihr Geschlechtsorgan als Männer. Vielleicht sind sie es noch nicht gewöhnt, aktiv und selbstverständlich damit zu agieren. Vielleicht halten sie erotische Spielarten schneller als Männer für einen Verrat an der Liebe.

Was immer der Grund sein mag, ich behaupte: Es lohnt sich immer, den Partner oder die Partnerin für die Masturbation zu zweit zu gewinnen. Sagen Sie jetzt bitte nicht, daß die Onanie der Anfang vom Ende sei. Ich plädiere ja nicht dafür, sich anstatt eines Liebesaktes selbst zu befriedigen, sondern im Rahmen eines solchen. Gemeinsam. Wechselseitig. Egal wie, Hauptsache, daß es ab und zu dazu kommt.

Da die Selbstbefriedigung ein bewußtes Umgehen mit den Bedingungen der Lust voraussetzt, ist die Masturbation zu zweit nicht beziehungsfeindlich, sondern das Gegenteil davon. Immerhin bietet sie eine einmalige, für den partnerschaftlichen Sex unschätzbare Chance – das Lernen am Modell. Wie viele Gespräche, Mißverständnisse, Peinlichkeiten und Verletzungen können ein paar Minuten lustvoller Beobachtung ersparen! Auch beim Sex ist Experimentierfreude die Basis jeder Entwicklung und Verfeinerung. Sie ist das Ziel des Kenners, der das Thema beherrscht und mit Variationen immer wieder erneuert.

JOSEF KIRSCHNER
Die 100
Schritte zum
Glücklichsein

*Wie Sie aus eigener Kraft
Ihr Leben verändern*

HERBIG

224 Seiten, ISBN 3-7766-2005-6

Josef Kirschner

Die 100 Schritte zum Glücklichsein

Das ultimative Trainingsprogramm von Josef Kirschner

Ein ganzes Leben lang werden wir von anderen nach ihren Vorstellungen und Maßstäben erzogen. Alle versprechen uns: „Es ist zu Deinem Besten",
Wer es satt hat, ein Leben lang nach der Pfeife anderer zu tanzen, hat nur eine Chance: Er macht sich aus eigener Kraft glücklich, mündig und frei.

Herbig